AF715157

Ich musste raus

CONSTANTIN HOFFMANN

Ich musste raus

13 WEGE AUS DER DDR

mitteldeutscher verlag

3., unveränderte Taschenbuchauflage 2024

Umschlaggestaltung: Birte Janzen
Gesamtherstellung: Mitteldeutscher Verlag, Halle (Saale)

ISBN 978-3-95462-738-7

Printed in the EU

Inhalt

Vorwort

In der DDR träumten viele schon in der Jugend vom Alter. Warum? Weil nur alte Menschen das Land verlassen durften. Da es immer zu wenig Arbeitskräfte gab, machten die Genossen von der ewig regierenden Staatspartei SED eine einfache Kosten-Nutzen-Rechnung auf: Wer arbeiten kann, muss bleiben, wer nicht, darf gehen. Ausnahmen bestätigten die Regel.

Meine Entlassung aus dem System war für den 30. September 2021 vorgesehen. Mit 65 Jahren würde ich zum ersten Mal Paris sehen, die Alpen, das Mittelmeer und die westlichen Bezirke der geteilten Stadt Berlin. Die Rolling Stones wären dann schon im Himmel, oder in der Hölle. Egal. Ich hätte sie jedenfalls niemals live erlebt.

Ich war 19, als ich für mich entschied: „Mit mir macht ihr das nicht. Ich muss hier raus." Mit 24 war ich frei. Seitdem fragten mich immer wieder Leute erstaunt: „Wie hast du denn das hingekriegt?" Und wenn sie die Geschichte gehört hatten, sagten sie: „Mensch, das musst du aufschreiben!" – „Ach", antwortete ich, „da kenne ich ganz andere Storys, von Freunden und Bekannten, die sind noch viel schärfer." Alle lebten einst, so wie ich, in Halle an der Saale oder in der Region. Ich fragte sie und sie waren bereit, ihre Geschichten zu erzählen. So entstand dieses Buch.

In der DDR lebten in den Jahren ihres Bestehens im Durchschnitt rund 17 Millionen Menschen. Viele konnten dem Sozialismus in den Farben der DDR nichts abgewinnen und wären lieber heute als morgen nach Westdeutschland übergesiedelt. Das wusste die Regierung und ließ deshalb die Grenze schwer bewachen. Im sogenannten Todesstreifen wurde

DDR-Grenze um Westberlin, 1986. ©Erhard Kranz

auf Flüchtlinge geschossen. Ein Schlupfloch war zunächst noch Berlin, weil dort die westlichen Siegermächte des Zweiten Weltkrieges ein Wörtchen mitzureden hatten. Doch am 13. August 1961 bauten die Genossen mit Rückendeckung der sowjetischen Besatzungsmacht die Mauer. Der Westen hielt still. Bis dahin waren rund 2,7 Millionen Menschen aus der DDR geflüchtet.[1] Bis zu ihrem Ende verließen noch einmal fast eine Million Ostdeutsche die DDR,[2] davon rund 300.000 ungenehmigt.[3] Zehntausende riskierten ihr Leben, um freizukommen. Zwischen 1961 und 1988 überwanden 40.101 Menschen die Sperranlagen zur Bundesrepublik und

1 Stefan Wolle: Aufbruch in die Stagnation – Die DDR in den sechziger Jahren. Bundeszentrale für politische Bildung. Bonn 2005, S 19.

2 Rainer Eckert: Was stimmt? DDR – Die wichtigsten Antworten. Verlag Herder. Freiburg 2007, S. 94.

3 Die Vergessenen Opfer der Mauer. Stiftung Gedenkstätte Berlin-Hohenschönhausen, S. 27.

zu Westberlin.[4] Gut 70.000 schafften es über andere sozialistische Länder. Einige zehntausend kehrten von Besuchsreisen in die Bundesrepublik nicht zurück.[5]

Wie viele DDR-Bürger ihr Leben bei der Flucht verloren, ist bis heute unklar. Die „Arbeitsgemeinschaft 13. August" sprach im Jahr 2008 von 1.303 Toten. Die „Gedenkstätte Berliner Mauer" ging im selben Jahr davon aus, dass 600 bis 800 Menschen bei Fluchtversuchen erschossen wurden, ertranken oder auf andere Art und Weise im Zusammenhang mit dem DDR-Grenzregime starben. Direkt an der Berliner Mauer fanden mindestens 136 Menschen den Tod, teilte das Zentrum für Zeithistorische Forschung Potsdam im Jahr 2008 mit. Dass es bis heute keine klare Bilanz der Opfer gibt, liegt vor allem daran, dass die Grenztruppen und das Ministerium für Staatssicherheit diese Todesfälle, wo immer möglich, verheimlichten und verschleierten; selbst gegenüber Familienangehörigen.[6]

Wer bei der Flucht gefangen wurde, kam ins Gefängnis. Zwischen 1961 und Ende 1988 weisen DDR-Statistiken rund 110.000 Verfahren wegen ungesetzlichen Grenzübertritts aus. Mehr als 71.000 Personen wurden verurteilt.[7] Die westdeutsche Regierung ließ sich angesichts dieses Elends auf einen umstrittenen Handel ein. Sie kaufte politische Häftlinge aus ostdeutschen Gefängnissen gegen Geld, später gegen Waren und

---

4 Hans-Hermann Hertle: Die Berliner Mauer. Monument des Kalten Krieges. Bundeszentrale für politische Bildung. Bonn 2007, S. 57.

5 Die vergessenen Opfer der Mauer. Flucht und Inhaftierung in Deutschland 1961–1989. Stiftung Gedenkstätte Berlin-Hohenschönhausen, S. 31.

6 Hans-Hermann Hertle/Gerhard Sälter: Die Todesopfer an Mauer und Grenze. Probleme einer Bilanz des DDR-Grenzregimes. Deutschland Archiv 39/2008.

7 Angaben des Zentrums für Zeithistorische Forschung Potsdam, Hans-Hermann Hertle, 2008.

Ehemaliges DDR-Gefängnis Berlin-Hohenschönhausen.
Heute Gedenkstätte. ©Constantin Hoffmann

Rohstoffe frei. Vermittler war der Ostberliner Rechtsanwalt Wolfgang Vogel. Er genoss das Vertrauen beider Seiten und trug wesentlich dazu bei, dass bis zum Mauerfall 33.755 politische Gefangene auf diesem Weg in den Westen gelangten. Der Durchschnittspreis lag zwischen 40.000 D-Mark in den 1960er Jahren bis rund 96.000 D-Mark in den 1980er Jahren. Auch Familienzusammenführungen für mehr als 215.000 DDR-Bürger organisierte Rechtsanwalt Vogel. Die westdeutsche Regierung ließ sich Freikauf und Ausreise insgesamt rund 3,5 Milliarden D-Mark kosten, also rund 1,75 Milliarden Euro.[8]

Nach der Konferenz für Sicherheit und Zusammenarbeit in Europa (KSZE) im Jahr 1975, an der auch die DDR teilnahm und bei der sie sich verpflichtete, die Menschenrechte zu achten, musste sich die SED zunehmend mit Ausreiseantragstel-

8 Hans-Hermann Hertle: Die Berliner Mauer. Monument des Kalten Krieges. Bundeszentrale für politische Bildung. Bonn 2007, S. 117.

lern befassen. Bis zum 30. Juni 1989 summierte sich ihre Zahl auf rund 626.000. Um Druck aus dem Kessel zu nehmen, durften immer mal einige Tausend Leute das Land verlassen. In der Regel nach langen, nervenaufreibenden Kämpfen mit den Genossen und oft in der Angst, nicht im Westen, sondern im Gefängnis zu landen. Bis einschließlich Juni 1989 wurden 172.600 Anträge genehmigt.[9]

Am 9. November 1989 war plötzlich alles vorbei. Hunderttausende DDR-Bürger stürmten die Mauer. Überwältigt von der eigenen Courage bahnten sie sich den Weg in den Westen, vorbei an ihren fassungslosen Bewachern. Die Zahl der Übersiedler explodierte. Am Jahresende 1989 wurden 343.854 Menschen gezählt, die der DDR in nur zwölf Monaten den Rücken gekehrt hatten.[10] Bei der ersten freien Wahl in der Geschichte der DDR im Jahr 1990 wurde die SED abgewählt. Haushoch gewannen jene Parteien, die ein schnelles Ende der DDR und die Wiedervereinigung Deutschlands versprochen hatten. Die Wahlbeteiligung lag bei über 93 Prozent.

Enttäuschungen konnten nach der unglaublichen Euphorie der Selbstbefreiung nicht ausbleiben. Bei einigen Zeitgenossen, die einst schimpfend vor Geschäften Schlange standen und abends sehnsüchtig Westfernsehen schauten, scheint die DDR inzwischen mit jedem Tag, den sie tot ist, schöner zu werden. Klar hatte sie gute Seiten, die voreilig verworfen wurden. Pfiffige Ideen, wie zum Beispiel die Gemeindeschwestern, kommen wieder. Aber inzwischen wird die DDR hier und da regelrecht verkitscht. So funktioniert das mensch-

9 Stefan Wolle: Die heile Welt der Diktatur. Alltag und Herrschaft in der DDR 1971–1989. Bundeszentrale für politische Bildung. Bonn 1999, S. 285.

10 Deutschland – Von der Teilung zur Einheit. Presse- und Informationsamt der Bundesregierung. Berlin 1998, S. 107.

liche Gehirn nun einmal, versuche ich mir dieses Phänomen zu erklären. Von der Gegenwart nimmt es gern die schlechteren Seiten wahr, von der Vergangenheit die guten. Doch Verklärung kann dazu führen, dass bei der Suche nach einer besseren Gesellschaft alte Fehler wiederholt werden. Hat die nächste Generation das verdient? Einiges, was nicht wieder an Menschen ausprobiert werden sollte, steht in diesem Buch.

Wolfgang Gerdes war als Zeitzeuge in die Schulklasse seiner Tochter in Berlin eingeladen. Er erzählte, warum er einst unbedingt aus der DDR herauswollte, wie seine Flucht scheiterte, was er im Gefängnis erlebte, wie er freigekauft wurde und sein neues Leben begann. Am Ende stellte er erstaunt fest: Die interessantesten Nachfragen kamen von den jungen Türkinnen. Sie lebten ebenfalls in einer Zwangssituation, kulturell, in ihren Familien. Von Wolfgang wollten sie ganz genau wissen, wie er es geschafft hatte, sich aus seiner Zwangslage zu befreien. Auch seine Geschichte steht in diesem Buch.

Blitzschnell verschwand er im Kofferraum

Manfred Kleiber, 1974 geflüchtet, damals 33 Jahre alt

Den Zeitpunkt seiner Flucht zwischen Weihnachten 1974 und Neujahr hatte Manfred bewusst gewählt. Es war neblig trüb und schon um 16 Uhr dunkel. Kaum jemand arbeitete, kaum jemand war auf der Straße. Die DDR schien noch grauer als sonst. Auch die Grenzer würden von der allgemeinen Stimmung der letzten Tage des Jahres erfasst werden, dachte sich der 33-jährige Rechtsmediziner. Seinen Wartburg stellte er auf dem Parkplatz vor dem halleschen Hauptbahnhof ab. Den Schlüssel steckte er ein. Er hätte den Wagen auch vorher verkaufen können, was ihm in der chronisch unterversorgten DDR noch ein kleines Vermögen gebracht hätte. Doch Manfred hatte Sorge, dass dadurch die Staatssicherheit auf ihn aufmerksam würde. Wenn jemand wie er sein Auto abgab, ohne ein anderes anzuschaffen, hätte das schon ein Hinweis auf eine geplante Flucht sein können.

Er war im Begriff, die DDR im Kofferraum eines westdeutschen Autos zu verlassen, das im Transit von der Bundesrepublik nach Westberlin unterwegs war. 1972 hatten die beiden deutschen Staaten das sogenannte Transitabkommen in Kraft gesetzt; danach entfielen die oft schikanierenden und zeitraubenden Kontrollen an der DDR-Grenze, nur in begründeten Ausnahmefällen wurden Fahrzeuge inspiziert. Die Bundesregierung zahlte im Gegenzug der DDR Hunderte Millionen D-Mark pro Jahr. In den ersten Jahren nutzten immer wieder sozialismusmüde Menschen die neue Regelung zur Flucht. Später wurden deshalb die Rastplätze im Osten überwacht und an den Grenzübergängen wurde Röntgentechnik bereitgehalten. Dass Manfred nun am Bahnhof stand, entschlossen, der DDR den Rücken zu kehren, war keine Kurzschlussreaktion. Es war für ihn das logische Ende einer jahrelangen, anstrengenden Entwicklung.

Manfred Kleibers Eltern waren mehr oder weniger treue DDR-Bürger. Der Vater hatte eine Anstellung als Prokurist in einem staatlichen Arzneimittelbetrieb in Halle und war SED-Mitglied. Aus dem Krieg hatte er eine prosozialistische Überzeugung mitgebracht. Manfred beschreibt ihn als duldsamen, friedfertigen Menschen, der der Propaganda glaubte, dass nur die Sozialisten den Frieden in der Welt zu sichern vermochten. Die anderen, das waren die Kriegstreiber. Der Sohn hielt seinen Vater in diesem Zusammenhang schon früh für viel zu gutgläubig. Trotz der SED-Mitgliedschaft des Vaters pflegte die Familie auch christliche Werte. Manfred ging nicht zu den Jungen Pionieren, sondern in die Christenlehre. Erst in der Oberschule trat er in die Freie Deutsche Jugend (FDJ) ein. „Aus opportunistischen Gründen“, sagt er. Sein Vater starb, als er 17 war, und die Mutter musste sich als Heimarbeiterin zu der bescheidenen Witwenrente etwas hinzuverdienen. Sie lebten in sehr einfachen finanziellen Verhältnissen.

Um die Zulassung zum Medizinstudium 1960 musste Manfred bis zuletzt fürchten, da man Arbeiterkindern den Vorzug gab; sein Vater aber Angestellter gewesen war. Da half es auch nicht, dass dieser einst in der SED gewesen war. Doch dann profitierte Manfred ausgerechnet von der Flucht einer Arztfamilie. Kinder von Medizinern wurden zu dieser Zeit ebenfalls bei der Studienplatzvergabe begünstigt. Diese Ausnahme machten die Genossen aus der Not heraus, denn oft waren Ärzte aus der DDR geflüchtet, weil ihre Kinder im

Manfred Kleiber

Osten nicht in die Fußstapfen ihrer Eltern treten durften. Kurz vor Semesterbeginn hatte wieder eine solche Familie aus Halle die Flucht ergriffen. Manfred bekam den frei gewordenen Medizinstudienplatz.

Zu einem Stipendium führte allerdings kein Weg. Wieder hieß es, Manfreds Vater sei Angestellter gewesen, kein Arbeiter. Manfred schrieb unterwürfige Gesuche an den Dekan der Martin-Luther-Universität, in denen er um ein begrenztes Arbeitsstipendium bat, auch weil er Schuhwerk für den Winter brauchte. Abgelehnt. Der Verweis, dass sein Vater gestorben und seine Mutter seit einigen Jahren Heimarbeiterin sei, nützte nichts. „Seine soziale Herkunft kann man nicht ändern", hieß es lapidar im Ablehnungsschreiben. Zugleich erlebte Manfred, dass Kinder von akademisch gebildeten Führungskräften der „bewaffneten Organe" die für Arbeiterkinder vorgesehenen Vergünstigungen bekamen. Da spielte es keine Rolle, ob der Vater Major der Nationalen Volksarmee oder Offizier bei der Polizei war, also an der Potsdamer Akademie oder anderswo studiert hatte. Die Kinder galten als aus der Arbeiterklasse stammend. Trotz dieser Erfahrungen schob Manfred Gedanken beiseite, in den Westen zu gehen. Er wollte seine Mutter nicht allein lassen und führte sein Studium auch unter materiell ungünstigen Bedingungen zu Ende.

Je wacher und geistig selbständiger er wurde, desto mehr durchschaute er die Indoktrinierung durch die FDJ und die allgegenwärtige Propaganda. Natürlich hörte er die westlichen Radiostationen, schaute Westfernsehen. Selbständiges Denken hatte ihm auch eine mutige Geschichtslehrerin an der Schule beigebracht. Sie vermittelte zwar das offizielle marxistisch-leninistische Geschichtsbild, verstand es jedoch, durch geschickte Fragen oder Formulierungen zwischen den Zeilen die Schüler kritikfähig zu machen. Bald nachdem Manfred sein Studium begonnen hatte, ließen ihn Ereignisse an der Universität sehr nachdenklich werden. Mehrere Professoren hatten sich mit einem Bittbrief höflich an die SED-Führung gewandt. Darin ging es unter anderem darum, dass an der Universität Russisch als Hauptfremdsprache gelehrt wurde, erst in zweiter Linie die anderen Wissenschaftssprachen. Für Manfred, der erst am Anfang seines Studiums stand, war so etwas natürlich von Belang. Er und seine Kommilitonen wollten weiter Englisch und Französisch lernen – und das nicht nur nebenher an der Volkshochschule. Aber die Bitte fand kein Gehör. Dafür wurden die Professoren auf Anweisung von DDR-Staats- und Parteichef Ulbricht persönlich gemaßregelt. Einige mussten ihre Posten räumen. Ulbricht hatte ihnen besonders übel genommen, dass sie sich auch öffentlich gegen Maßnahmen der SED gewandt hatten. Überall witterten die Genossen „Konterrevolution“.

Wie misstrauisch der Staat gegenüber den Bürgern war, erlebte Manfred auch bei einer Party seines Freundes, Wasja Götze. Der Künstler hatte in den 60er Jahren in seinem Haus und im Garten eine Bilderausstellung organisiert und diese im Überschwang der Jugend „Erste hallesche Hofgalerie“ genannt. Etwa fünfzig Leute vergnügten sich mit der Kunst und bei Jazzmusik. Plötzlich erschien ein Staatsanwalt mit Polizisten: „Das ist eine illegale Veranstaltung, die ist nicht angemeldet.“ Das Treffen wurde aufgelöst und Wasja Götze, der auch kein Stipendium erhielt, zu einer Geldstrafe verurteilt. Daraufhin ging in den folgenden Tagen im Freundes- und Bekanntenkreis eine Sammelliste für den Maler herum. Auf der entdeckte Manfred auch den Namen des berühmten Chirurgen Professor Schober. Noch heute ist er stolz, mit ihm auf dieser Liste gestanden zu haben; seine 3,50 Mark neben den 35 Mark vom Professor.

Manchmal erfuhr Manfred davon, dass Leuten die Flucht aus der DDR gelungen war. Eines Tages war auch sein Doktorvater weg. Dieser besaß einen slowakischen Pass und durfte ins westliche Ausland reisen. Er ging nach New York und war später Lehrstuhlinhaber in Stockholm. Die Studenten vermissten ihn sehr, sein Hörsaal war immer voll gewesen. So hatte er zum Beispiel nach der Ermordung von US-Präsident Kennedy über dessen Obduktion berichtet. Dabei gewesen war er nicht, aber er hatte Zugriff auf die aktuelle amerikanische Literatur. Unter vier Augen hatte der Professor auch keinen Hehl aus seiner demokratischen und daher antikommunistischen Grundhaltung gemacht.

Manfred wollte auch die Welt sehen. So oft es ging, fuhr er in Länder, in die DDR-Bürger reisen durften: nach Ungarn, Rumänien, in die Tschechoslowakei. Bei Aufenthalten in Prag 1966 und 1967 erlebte er die Entwicklung zu einem, wie es hieß, „Sozialismus mit menschlichem Antlitz". Der angehende Mediziner war begeistert von der Tschechoslowakei unter Alexander Dubček. Der kommunistische Parteivorsitzende hatte politische und wirtschaftliche Reformen eingeleitet und die Zensur aufgehoben. In Prager Kinos liefen Westfilme in Originalsprache, es gab westliche Literatur, Zeitungen und Schallplatten zu kaufen. In der DDR war an solche Freiheiten nicht zu denken. In Prag gab es noch etwas anderes, für den Sozialismus Unerhörtes, und zwar Stripteaselokale. Die waren allerdings viel zu teuer, als dass der ostdeutsche Student seiner Neugier hätte freien Lauf lassen können. Doch es war für ihn auch ein Ausdruck von Freiheit, von Leben. Im August 1968 machte die Sowjetunion dem Traum ein jähes Ende, Truppen marschierten ein. Dubček wurde abgesetzt und der willfährige Gustáv Husák ins Amt gehievt. Auch in diesem Sommer fuhr

Manfred nach Prag. Die offenen Proteste waren schon vorbei, aber er sah, dass die Prager Bürger viele Verkehrsschilder abmontiert oder immer mit dem gleichen Namen übermalt hatten: „Ul. Svoboda“ – „Straße der Freiheit“. Das sollte die Besatzer verwirren. Die Familie, bei der er übernachtete, warnte ihn eindringlich davor, in die Stadt zu gehen, es habe Todesopfer gegeben. Aber er ließ sich nicht abhalten und erlebte, wie Tschechen hinter russischen Soldaten ausspuckten. „Vor 24 Jahren waren hier die Nazis“, dachte sich der junge Ostdeutsche. „Und nun werden die Menschen schon wieder von übermächtigen Nachbarn daran gehindert, so zu leben, wie sie wollen.“ Nach der Niederschlagung des „Prager Frühlings“ war Manfred klar, dass DDR-Machthaber Ulbricht Oberwasser hatte. Und genau von diesem Zeitpunkt an wusste er: Die DDR war nicht sein Land. Aber wie rauskommen, wie die Mauer überwinden? Bald bemerkte er in seiner Umgebung, dass er mit diesem Gedanken nicht allein war.

Anfang der 70er Jahre herrschte eine eigenartig prickelnde Atmosphäre in der Universitätsklinik Halle – und nicht nur dort. Wenn Manfred am Montag früh zum Dienst erschien, wurde gefragt: „Sind noch alle da?“ Dann hieß es: „Ja, bei uns schon, aber aus der Pathologie fehlen zwei. Aus dem Institut nebenan sind auch einige weg.“ Nach dem Urlaub lautete die wichtigste Frage ähnlich: „Na, ist Müller wiedergekommen und was ist mit Meier?“ Den fehlenden Leuten war meist die Flucht aus der DDR gelungen oder sie saßen im Gefängnis. Zwei Fachkräfte, die geschnappt wurden, tauchten nach wenigen Wochen wieder in der Klinik auf. Man hätte ihnen verziehen, sagten sie, die Genossen trauten ihnen. Aber die anderen Mitarbeiter wurden den beiden gegenüber sehr vorsichtig, glaubten doch alle, sie seien von der Staatssicherheit umgedreht und zum Bespitzeln ihrer eigenen Kollegen eingesetzt worden.

Jetzt wollte auch Manfred mit einem Freund einen Weg aus der DDR suchen. Sie fuhren mit dem Auto in die Tschechoslowakei und dort so nahe wie möglich an der Grenze zu Österreich entlang. Angeblich sollte die Bewachung hier nicht ganz so scharf sein wie an der Grenze zur Bundesrepublik. Die Freunde hatten sich regelrechte Szenarien ausgedacht, wollten nachts das Auto mit Benzin überschütten, anzünden und davonrennen. Dann würden die Grenzer zu dem Wagen laufen und sie könnten einige Hundert Meter weiter ungestört den Stacheldraht überwinden. Aber es blieb ein Traum. Bald darauf standen sie in Rumänien an der Donau und schauten nach Jugoslawien hinüber. Sie dachten daran, nachts über den Fluss zu schwimmen. Einen Tag lang beobachteten sie das Gelände und sahen keinen Grenzposten. Abends erzählten sie einem Rumäniendeutschen, bei dessen Familie sie übernachteten und mit dem sie offen sprechen konnten, von ihrem Plan. Der warnte sie: „Jungs, wenn ihr da rüberkommt, liefern die Serben euch aus. Die bekommen Fangprämien von der DDR. Oder habt ihr Geld und könnt sie bestechen?“ Die jungen Männer hatten von solchen Fluchten gehört. Aber da standen Westdeutsche, die wegen ihrer harten D-Mark gern gesehen waren, im Wohnmobil auf der jugoslawischen Seite. Dort wurden die Flüchtlinge eingekleidet und zur westdeutschen Botschaft nach Belgrad gefahren. Von dort konnten sie mit bundesdeutschen Pässen das Land in Richtung Westen verlassen. Jugoslawien kreierte einen etwas freieren Sozialismus. Machthaber Tito gefiel sich in einer Sonderrolle und wollte es sich mit dem Westen nicht verscherzen. Deshalb ließ die DDR ihre Bürger dort in der Regel auch nicht hin. So fuhren Manfred und sein Freund wieder heim.

In diesem Sommer wurden sie am Graebsee bei Halle auf einen Freund aufmerksam. Er war etwas älter als sie, und sie staunten, wie er fast täglich wagemutig von der höchsten Klippe in den See sprang. Sie dachten, er wollte den Mädchen imponieren. Später erfuhren sie jedoch, dass er auf einer Reise vom DDR-Urlauberschiff „Völkerfreundschaft“ gesprungen war. Sein Onkel, ein Schnellbootkommandant der Bundesmarine, war zum verabredeten Zeitpunkt an der richtigen Stelle in der Ostsee und hat den Flüchtling an Bord genommen.

Solche lebensbedrohlichen Sachen schieden für Manfred aus. Er kümmerte sich erst mal weiter um sein berufliches Fortkommen als Rechtsmediziner, promovierte und hatte auch Spaß an der Arbeit. Aber 1974 ereilte ihn, was in der Regel auf jeden DDR-Akademiker zukam, wenn er für eine wissenschaftliche Universitätskarriere geeignet war: die Forderung nach gesellschaftlichem Engagement. Eigentlich wollte er von diesen Dingen nichts wissen. Einmal hatte er schon um des lieben Friedens willen nachgegeben. In der DDR wetteiferten die „sozialistischen Brigaden“ und „Kollektive“ immer wieder um irgendwelche Ehrentitel und vor allem um die damit verbundenen Prämien. Eines Tages bekam sein Kollektiv eine Prämie nicht, weil Manfred als Einziger nicht in der Gewerkschaft war. Diese Organisation hatte er nie ernst genommen, weil die überwiegende Mehrheit der Funktionäre der herrschenden SED angehörten und treu den „Klassen- und Parteiauftrag“ erfüllten – im Zweifel gegen die Interessen der Mitglieder. Aber seinen Kollegen zuliebe trat Manfred dann doch in die Gewerkschaft ein und, weil er gerade dabei war, auch gleich noch in die „Gesellschaft für Deutsch-Sowjetische Freundschaft“. Doch von ihm wurde mehr verlangt. Sein Chef bat ihn eines Tages zu sich und erklärte ihm sehr freundlich: „Sie haben gute Ansätze, in der Wissenschaft etwas zu werden. Die Parteileitung der Universität hat mich deshalb beauftragt, Ihnen anzutragen, Mitglied der Partei der

Arbeiterklasse zu werden. Wenn Sie ihren Weg machen wollen, dann gehört gesellschaftliches Engagement dazu." Aus deren Sicht war das eine Ehre, dass sie ihn aufforderten, als Arzt in die Arbeiterpartei einzutreten. Manfred antwortete hinhaltend.

Kurze Zeit später geschah noch etwas, das ihm deutlich machte, dass er schleunigst aus der DDR herausmusste. Die Freundin seiner Freundin war mit einem offiziellen Mitarbeiter des Ministeriums für Staatssicherheit liiert. Das wusste Manfred. Eines Tages holte er seine Freundin von dem Paar ab und sie plauderten noch etwas in der Wohnung. Dabei sagte der Stasimann ganz freundschaftlich zu ihm: „Mensch, Sie sind doch Gerichtsmediziner, solche Leute wie Sie können wir gut gebrauchen. Überlegen Sie sich doch mal, ob Sie nicht bei uns anfangen wollen." Manfred erschrak, zeigte es aber nicht und antwortete wieder hinhaltend. Er sah es als zweiten Warnschuss kurz hintereinander und dachte sich: „Wenn du jetzt nicht machst, was du die ganzen Jahre schon wolltest, dann musst du demnächst Farbe bekennen und denen ganz offen sagen: ‚Ihr könnt mich mal.' Und dann bist du weg vom Fenster."

Aber wie flüchten? Von Fluchthilfe hatte er gehört. Doch seine Westverwandten konnten nicht in Vorkasse gehen und einen Fluchthelfer bezahlen. Da half ihm ein Bekannter, ein ausländischer Student, der einige Zeit in Halle studiert hatte, inzwischen im Westen lebte und hin- und herreisen durfte. In der Nacht vor der Flucht vertraute sich Manfred einem Freund an, der ebenfalls Arzt war. Ihn bat er, sich um seine Mutter zu kümmern. Mit der lebte Manfred selbst als Doktor noch in einer Zweizimmerwohnung zusammen. Eine eigene Wohnung bekam er nicht, auch ein Grund, weshalb er dem Sozialismus wenig abgewinnen konnte. Wenn die Mutter nach seiner Flucht in ein Altersheim müsste, sollte der Freund mit

Bestechungsgeld dafür sorgen, dass sie nicht in das in der Besener Straße kommt, wo es Fünf- und Achtbettsäle gab. Von dort hatten sie in der Gerichtsmedizin monatlich einen Selbstmord auf dem Tisch. Er gab dem Freund Geld, das er in Vorbereitung auf die Flucht jahrelang in kleinen Beträgen vom Konto abgehoben und zu Hause aufbewahrt hatte. Er wusste, die Sparkassen meldeten den Sicherheitsbehörden, wenn jemand größere Beträge vom Konto abhob oder ein gut gefülltes Konto sogar schloss. Wer das tat, wurde überprüft. Seiner Mutter die Flucht anzukündigen ging nicht. Das hätte sie aufgeregt und später in Schwierigkeiten gebracht, beim unausweichlichen Verhör. Einige Tage vor der Flucht erzählte er ihr, dass er den Jahreswechsel an der Ostsee verbringen würde.

Am 27. Dezember 1974 kaufte er, nachdem er sein Auto am Bahnhof geparkt hatte, eine Fahrkarte nach Peißen, nahe der Autobahn. Die kostete 60 Pfennige, das weiß er noch genau. Der Zug brauchte nur eine Viertelstunde. Er stieg aus, weit und breit war in der Dämmerung kein Mensch zu sehen. Er lief durch den Ort und sah auch den 450er Mercedes wie verabredet stehen. Der Wagen war nicht abgeschlossen, niemand saß drin. Er sah sich noch einmal um, dann öffnete er den Kofferraum und war blitzschnell darin verschwunden. Er hatte einen Mantel an, seinen Ausweis und seine Approbation dabei und wartete still. Ihm ging durch den Kopf: „Wenn sie dich schnappen, bekommst du schlimmstenfalls 13 Jahre Knast.“ Er hatte von einem Arzt gehört, der nach einer missglückten Flucht zu so vielen Jahren verurteilt worden war. Gegen die Unruhe hatte er „Faustan“ eingesteckt, im Volksmund „Leck-mich-Pillen“ genannt. Diese hatte er in ein Fläschchen umgefüllt, auf dessen Etikett zu lesen war: „Medikament gegen Gallenkolik“. So ein Medikament, hoffte er, würden die Genossen ihm im Falle eines Verhörs nicht wegnehmen, weil denen ein Opfer mit Schmerzanfällen ja auch nicht so recht gewesen wäre. Er nahm vorsorglich einige der kleinen grünen Pillen.

Nach einer gewissen Zeit hörte er Schritte, jemand stieg ein und fuhr los. Dann eine Stimme: „Sind Sie da?“ – „Eine weibliche Stimme“, dachte er verdutzt und antwortete: „Ja.“

DDR-Grenzkontrollpunkt Drewitz, Richtung Westberlin, 1990.
©Constantin Hoffmann

Die Frau sagte: „Machen Sie sich keine Sorgen, es ist alles im Plan. Geht es Ihnen gut, frieren Sie? In ein paar Stunden sind wir da.“ Nach zwei Stunden sagte die Frau: „Wir nähern uns jetzt dem Grenzübergang. Verhalten Sie sich ruhig, machen Sie sich keine Sorgen, es wird alles gutgehen.“ Er hörte die Aufforderung des Grenzers, die Papiere abzugeben und sandte Stoßgebete zum Himmel. Jeden Moment rechnete er damit, dass es hieß: „Machen Sie den Kofferraum auf.“ Höchste Anspannung. Ohne das Beruhigungsmittel hätte er das Ganze wohl nicht durchstanden. Das Auto setzte sich wieder in Bewegung, hielt erneut, die Frau bekam ihre Papiere zurück. Langsam ging es weiter.

Manfred ahnte nicht, was da draußen ablief. Er war ja noch nie durch so eine Kontrolle gefahren. Dann gab die Fahrerin auf einmal Gas und rief euphorisch: „Jetzt ist es vorbei, jetzt ist es vorbei, ich halte gleich an, haben Sie noch Geduld. Geht's Ihnen gut? Einen Moment noch." Dann plötzlich scharfes Bremsen. Die Ecke wird er nie vergessen: Wenn man hinter Dreilinden von der Autobahn in Richtung Zehlendorf abfährt, gleich die nächste Straße rechts hinein. Das Erste, was er sah, als der Kofferraum geöffnet wurde, war eine Litfaßsäule, von einer Straßenlaterne beschienen, daneben eine junge Frau. Dieser fiel er um den Hals und küsste sie links und rechts. Aber schnell hatte er sich von der Aufregung wieder erholt. Die Frau, deren Namen er bis heute nicht weiß, brachte ihn noch zu Freunden, dann sah er sie nie wieder. Es dauerte eine Zeit, ehe er das alles fassen konnte.

Am nächsten Morgen setzte sich Manfred schon früh ans Telefon und begann sich die Finger wund zu wählen. Es gab damals nicht viele Leitungen über die Grenze. Er wollte einen Kollegen in Halle erreichen, einen Arzt in der Nervenklinik. Irgendwann im Laufe des Vormittags klappte es. Manfred bat ihn, bei seiner Mutter vorbeizuschauen und ihr zu sagen, dass ihr Sohn jetzt im Westen ist. Er machte den Kollegen noch darauf aufmerksam, dass man ihm einen Strick daraus drehen könnte, wenn er die Nachricht überbringt, ohne es vorher der Polizei zu melden. Aber von der sollte seine Mutter es nicht zuerst erfahren. Der Kollege könnte außerdem gleich helfen, falls die Mutter die Nachricht doch nicht so gut verkraften würde, wie er es erwartete. Von wo genau er anrief, sagte Manfred nicht. Er wollte seinen Fluchtweg verschleiern, um nicht die Leute zu gefährden, die ihm geholfen hatten. Der Kollege fragte noch einmal: „Du machst auch keinen Quatsch?" Der Anrufer aus dem Westen versicherte: „Ich bin klar und nüchtern." Es war alles nicht leicht gewesen für den Kollegen, aber er hat es getan. Seinem Chef auf der Station musste der Kollege von diesem Telefongespräch ebenfalls berichten. Anrufe aus dem Westen im Dienst waren meldepflichtig. Der Chef informierte dann Manfreds Vorgesetzten und dieser die DDR-Behörden. Dem Fahrer des Instituts, mit dem Manfred per du war, schickte er eine Neujahrskarte, die er in München einstecken ließ: „Wenn jemand fragen sollte, warum ich abgehauen bin, mir hat es immer so gezogen in deinem ollen Wolga." Beschimpfungen, Schuldzuweisung, Entschuldigungen, die andere Flüchtlinge oft hinterließen, waren nicht seine Sache. Aus den Stasiakten geht hervor, dass sie seine Flucht auch nicht zu rekonstruieren vermochten. Von seiner Mutter erhielt er bald telefonisch gute Nachrichten. „Sie ist zwar traurig, aber sie versteht dich", erzählte der Freund, dem er das Geld gegeben hatte. Ihn hatte Manfred bewusst nicht als Ersten gebeten, die Nachricht seiner Flucht zu überbringen, um zu vermeiden, dass die Staatssicherheit auf ihn aufmerksam wird. Später gelang es dem Freund tatsächlich, mithilfe des Geldes die Mutter in einem annehmbaren Altersheim unterzubringen.

In den folgenden Tagen organisierte Manfred sein neues Leben in Westberlin. Bei aller Freude hatte er in der geteilten Stadt aber immer ein mulmiges Gefühl auf der Straße. Freunde warnten ihn: „Steige nie in die S-Bahn, die wird von Ostberlin verwaltet. Wenn dich da welche festhalten, kann dir die Westberliner Polizei nicht helfen." Dass die Staatssicherheit schon Leute aus dem Westen in den Osten verschleppt hatte, war bekannt. Zudem hatte er aus Halle gehört, dass die Staatssicherheit seinetwegen ganz schön in Aufregung geraten war. Nur wenige Tage nach seiner Flucht bekam das Institut für Gerichtsmedizin eine neue Schließanlage, die schon seit Jahren bestellt war. Denn die Staatssicherheit vermisste zwei Schlüssel, die sie auch bei der Durchsuchung der Wohnung von Manfreds Mutter nicht gefunden hatten. Die Genossen malten sich wohl aus, dass eventuell die CIA über Manfred Zugang zum Institut erhielt. Er hatte allerdings selbst keine Ahnung, wo die Schlüssel abgeblieben waren. Die Mitarbeiter des amerikanischen Geheimdienstes im Auffanglager Marienfelde sprachen ihn auch nicht darauf an. Es war allerdings doch eine so interessante Angelegenheit, dass sich die Befragung über mehrere Tage erstreckte. Manfred vermutet, dass unterschiedliche Abteilungen etwas wissen wollten. Einmal wurden er und ein weiterer Flüchtling nach Berlin-Dahlem gefahren, in einem großen Wagen, der ihm imponierte, mit einem schwarzen GI am Steuer. Bei dieser Fahrt durch Westberlin, mit dem Ziel CIA, kam sich Manfred tatsächlich wie ein Verräter vor. So nachhaltig hatte die DDR-Propaganda auch auf ihn gewirkt. Die Amerikaner wollten wissen, ob er Raketentransporte auf den Straßen gesehen habe. Da musste er passen. Sie wussten, dass er beruflich mit der Mordkommission und der Staatsanwaltschaft zu tun hatte. Sie kannten auch Namen von Staatsanwälten. Die Befragung dauerte nicht lange. Es gab Essen und Zigaretten.

Eine Arbeit zu finden war nicht leicht für den Flüchtling aus dem Osten. Rechtsmediziner wurden in Westberlin zu diesem Zeitpunkt nicht gerade gesucht. Da entsann sich Manfred seines Doktorvaters. Vielleicht konnte der ihm helfen. Auf der Suche nach dessen Adresse in Schweden nahm Manfred Kontakt mit dem Institut für Rechtsmedizin in Hamburg auf. Dort lud man ihn ein. Er flog hin. Über der DDR hatte er ein komisches Gefühl. Er dachte: „Wenn wir jetzt notlanden müssen, dann ist es aus. Dann war alles umsonst." Dieses Gefühl begleitete ihn noch lange auf Flügen von und nach Westberlin. Manchmal hatte er auch Alpträume von seiner Gefangennahme. Später fuhr er einmal mit einem Kollegen in dessen Auto durch Schleswig-Holstein und war eingeschlafen, als der Wagen plötzlich hielt. Manfred wachte auf und es durchzuckte ihn: „Uniformen." Wieder sah er sich für Sekunden im DDR-Gefängnis. Aber es waren westdeutsche Beamte, die den Verkehr umleiteten. Die Hamburger Kollegen boten der Fachkraft aus Halle eine Stelle an der Universität an, die er gerne annahm. Sein neuer Chef vermietete ihm eine kleine Eigentumswohnung. Die ersten Monate konnte er dort sogar mietfrei wohnen. Er arbeitete begeistert. Mit Eingang des ersten Gehalts begann er, die Kosten seiner Flucht zurückzuzahlen, das waren einige Zehntausend Mark. Bei den Behörden in Westberlin hatte er wohlmeinende Ratschläge bekommen: „Zahlen Sie nicht, nehmen Sie sich einen Anwalt. Das sind nach dem Bürgerlichen Gesetzbuch unanständige Geschäfte. Das ist Ausnutzen einer Zwangslage." Aber er fühlte sich dem Bekannten doch sehr verpflichtet, der ihn aus der DDR herausholen ließ. Und so hielt er sein Geld zusammen. Er erinnert sich noch gut, wie er am Anfang in Hamburg bei einem Italiener Spaghetti Bolognese und ein Bier bestellte und bei der Rechnung baff war. Er dachte: „Das wirst du dir so schnell nicht wieder leisten." Aber es pegelte sich alles ein. Im Institut wurde er sehr nett aufgenommen und regelrecht herumgereicht. Jeder war neugierig auf einen jungen Mann, der es geschafft hatte, aus der DDR zu flüchten. Dabei traf Manfred auch auf Edelkommunisten, Angehörige der 68er-Bewegung, Akademiker, die ihm sagten: „Doktor, wir verstehen, dass Sie diesen Sozialismus verlassen haben, aber glauben Sie uns, Sie sind auf ein sinkendes Schiff aufgesprungen." Das waren Leute, die es gut mit ihm meinten und er hat auch darüber nachgedacht. Andere Leute schenkten ihm den gebrauchten Mercedes ihrer Kinder, die als Entwicklungshelfer nach Afrika gegangen waren. Seine Mutter sah Manfred noch zwei Mal, als sie zu Besuch im Westen war. Allerdings hatte sie jeweils eine Reise zu ihrer Cousine im Ruhrgebiet beantragt, weil sie fürchtete, die Genossen würden sie sonst nicht hinauslassen. Und tatsächlich, im Jahr 1981 wurde ihr plötzlich auch eine Reise zu ihrer Cousine verboten. Ohne Begründung. Einen Tag später erlitt sie einen Schlaganfall und verstarb wenig später. Manfred vermutet einen Zusammenhang. Die Beerdigung musste ohne ihn stattfinden.

Bis 1983 traute sich Manfred nicht, über die Transitwege nach Westberlin zu fahren. Aber dann ereignete sich ein Vorfall, nach dem er es doch wagte. Ein Gastwirt aus Bremen hatte sich, auch wenn es verboten war, auf der Transitstrecke mit DDR-Verwandten getroffen und ihnen kleine Geschenke überreicht. Kaffee, Strumpfhosen und Ähnliches. Das hatten Stasileute beobachtet und an den Grenzposten gemeldet, woraufhin der Mann besonders gründlich kontrolliert wurde. Während der Visitation erlitt der Bremer Gastwirt einen Herzinfarkt und verstarb. Allerdings wies das Gesicht blaue Flecke auf. Die DDR-Behörden erklärten, der Mann sei infolge des Infarkts im Kontrollraum gegen eine Heizung gefallen. Die Wellen in den Westmedien schlugen hoch. War der Mann von brutalen Grenzern geprügelt worden? Der Leichnam wurde nach Hamburg übergeführt und ausgerechnet von Manfred obduziert. Schläge konnte er nicht beweisen, sie jedoch auch nicht völlig ausschließen. Der Vorfall führte zu großen innerdeutschen Spannungen, sodass die DDR-Behörden sich genötigt sahen, den angeblichen Sturz gegen den Heizkörper nachzustellen. Dazu fuhr Manfreds Hamburger Chef zum Ort des Geschehens an die Grenze. Auch das DDR-Fernsehen war dabei. Im Interview der Nachrichtensendung „Aktuelle Kamera“ verwies Manfreds Chef auf seinen Assistenten, der die Obduktion vorgenommen hatte. Der sei ein sehr guter Mann. Auch der anwesende DDR-Vertreter, Professor Prokop, dessen Prüfling Manfred gewesen war, fand lobende Worte. Er kenne den Assistenten und vertraue dessen

Obduktion. Woher er den Experten kannte, sagte der DDR-Kollege natürlich nicht. Nachdem das im DDR-Fernsehen gesendet worden war, dachte sich Manfred, jetzt könne ihm auf dem Transitweg nach Berlin nichts mehr passieren. Trotzdem sicherte er sich ab. Er informierte einen befreundeten Staatsanwalt und einen Journalisten der „Bild"-Zeitung über den Zeitpunkt seiner Abreise. Wenn er an der DDR-Grenze festgenommen würde, sollte eine Story veröffentlicht werden unter der Überschrift „Obduzent des angeblichen DDR-Grenzopfers aus Bremen im Transitverkehr festgenommen. Haben die Behörden doch etwas zu verbergen?". Doch das wurde nicht nötig. Ohne Schwierigkeiten kam er über die DDR-Autobahn nach Westberlin. Noch ein weiteres Mal hatte Manfred es als Gerichtsmediziner in Hamburg indirekt mit der DDR zu tun. Es ging um einen Prostituiertenmord auf der Reeperbahn. „Der Täter sprach richtig dick sächsisch", erzählt Manfred lächelnd. Er versuchte geltend zu machen, dass seine schlimme Tat auch Folge der Haftbedingungen in der DDR gewesen sei. Es stellte sich aber heraus, dass der Angeklagte schon im Osten wegen Sexualstraftaten verurteilt worden war. Das Gericht bat die Behörden um Akteneinsicht zu den Verurteilungen in der DDR. Aber die Papiere wurden nicht herausgegeben, ohne Begründung. Den Genossen war es womöglich peinlich, wenn herauskommen sollte, dass sie einen gewöhnlichen Kriminellen als politischen Häftling in den Westen verkauft hatten.

Dann fiel die Mauer. Manfred war glücklich, dachte aber nicht daran, in seine Heimat zurückzukehren. Bis ihn zwei Jahre später ein Ruf aus Halle erreichte. Der Chef des Rechtsmedizinischen Instituts war krankheitshalber vorzeitig aus dem Amt geschieden. Bei der Klinikleitung in Hamburg rannten die Hallenser mit ihrer Bitte, Manfred im Osten helfen zu lassen, offene Türen ein. Damals wollten viele im Westen den „Brüdern und Schwestern“, die sich selbst befreit hatten, den Weg in die neue Gesellschaft ebnen. Und so kam Manfred Ende 1992 zunächst mit dem Gedanken nach Halle, eine Weile als Übergangsvertretung dort zu bleiben. Die ersten drei, vier Monate wurde er auch noch vom Klinikum Eppendorf bezahlt, hatte dort weiter seinen Schreibtisch und musste einige Arbeiten beenden. So war er die Woche über kommissarischer Institutsdirektor in Halle, am Wochenende wartete ein Pensum in Hamburg. In Halle wohnte er in einem möblierten Zimmer ohne Fernsprechanschluss. Aber er bekam ein riesiges C-Netz-Funktelefon. Die Fahrten zwischen Halle und Hamburg waren anstrengend. Die Autobahn nach Magdeburg gab es noch nicht. Auch das Netz für den Zugverkehr durch das einst geteilte Land war noch längst nicht so weit ausgebaut wie heute. Ein Jahr nachdem Manfred den Hallensern zu Hilfe gekommen war, gab es ein offizielles Berufungsverfahren an der halleschen Universität, mit 13 Bewerbern aus dem deutschsprachigen Raum. Man entschied sich, den Lehrstuhl für Rechtsmedizin mit Manfred zu besetzen. Seine Frau und seine kleine Tochter zogen nun mit in die Stadt, wenn auch nicht mit fliegenden Fahnen. Für Manfred war es schön, Bekanntes wiederzusehen und noch schöner, dass Leute ihn wiedererkannten. Er mochte auch die Aufbruchstimmung, den Optimismus in der Stadt.

Für die Hallenser war der Rückkehrer einer der Ihren. Einer, der die Orte kennt, die Leute, die Geschichte. Einer, der Verständnis hatte für manche Schwierigkeiten, die noch aus der Mangelwirtschaft der DDR herrührten. Andererseits brachte Manfred die Erfahrung von 18 Jahren Leben im Westen mit. Vor diesem Hintergrund konnte er den Leuten sagen: „Für Verständnis können wir uns nichts kaufen.“ Trotzdem hielten sie ihn nicht für einen arroganten „Wessi“. Dabei hatte er für manchen „Wessi", dem der Kragen geplatzt ist, damals auch Verständnis. „In den ersten Jahren nach dem Ende der DDR hat hier verständlicherweise jeder geschaut und gefragt: ‚Wird das jetzt so gemacht oder so?'", erinnert er sich. „Wenn ich in meiner Erscheinung als Westprofessor gesagt hätte: ‚Ab morgen kleben wir die Briefmarken hinten drauf', es wäre geschehen. Andererseits war es anfangs manchmal so, als fasste man in ein Fass Sirup, wenn man etwas verändern wollte. Man zieht die Hand wieder raus und sofort glättet sich die Masse wieder. Alles geht wieder seinen sozialistischen Gang." In der DDR wurden eben Selbständigkeit und Eigeninitiative nur begrenzt gefördert. Immer hatten die Genossen Angst, die Kontrolle zu verlieren. So waren die Mitarbeiter als „gelernte DDR-Bürger" auch bei der neuen Obrigkeit erstmal vorsichtig. Konnte nicht morgen schon wieder eine ganz andere Linie gelten?

Nachdem sich das Leben von Manfred und seiner Familie in der neuen alten Heimat eingespielt hatte, wagte er einen Blick zurück, bei dem er sich zunächst nicht sicher war, ob er ihn wagen sollte. Er beantragte die Einsicht in seine Stasiakten. Das Material füllte drei Ordner. Zwei Tage brauchte er zum Lesen. Bei Spitzelberichten über Ereignisse, die er längst vergessen hatte, musste er manchmal lächeln. Ganz anders wurde ihm zumute, wenn er wörtlich mitgeschriebene Telefonabhörprotokolle fand. Dann kam nur Wut in ihm hoch auf jene Leute, die so etwas gemacht oder veranlasst hatten, die so etwas wichtig fanden und sich dabei wichtig fanden. Ihn ärgert, dass manche von denen nach dem Ende der DDR wieder in Behörden und Parlamenten Platz genommen haben. Er meint: „Wer eine solche Rolle zu DDR-Zeiten gespielt hat, sollte ins zweite Glied treten, ordentlich seine Arbeit machen, aber sich nicht wieder in wichtige Ämter drängen. Das verlangt der Anstand."

Manfred hatte immer mal damit geliebäugelt, wieder nach Hamburg zu ziehen. Doch seine Frau, die aus dem Westen stammt und die früher keinen Bezug zum Osten hatte, überzeugte ihn, dass es gut ist, zu bleiben. Er wünscht sich allerdings, dass die Menschen in seiner Heimatstadt die Erfolge beim Wiederaufbau mehr schätzen und ein bisschen weniger nörgeln. Manfred meint, in Hamburg, wo er durch seine langjährige Tätigkeit als Gerichtsmediziner auch und gerade Problemviertel kennt, schlüge das Nörgeln nicht so durch. „Natürlich gibt es in vielen Gegenden Ostdeutschlands enttäuschte Hoffnungen über die Entwicklung nach dem Mauerfall", erklärt er. „Aber in Halle sitzt das unzufriedene Nörgeln tiefer. Da hat eine solche Mentalität bereits mit der Industrialisierung in den 20er Jahren des vorigen Jahrhunderts Einzug gehalten, als entwurzeltes Landvolk die Stadt besiedelte und das Bürgertum bald zahlenmäßig dominierte. Später vertrieben die Nazis das bürgerliche Judentum und brachten es zum größten Teil um. Der Aderlass setzte sich zu DDR-Zeiten fort, als manch Kreative sich Wege in den Westen suchten. Die deutsche Einheit hat das leider nicht gestoppt. Jetzt gehen auf der Suche nach guter Arbeit wieder Leute nach Baden-Württemberg, nach Bayern oder ins Ausland." Manfred nennt sie „Mitreißer" und erklärt bedauernd: „Sie fehlen denen, die mitgerissen werden müssen und mitgerissen werden wollen." Mit Sorge registriert er auch, dass in Halle die Industrialisierung nach dem Mauerfall quasi wieder rückgängig gemacht wurde und ein breiter Mittelstand noch im Aufbau begriffen ist. Seiner Ansicht nach müsste die Stadt noch mehr mit dem Pfund wuchern, das am meisten Zukunft verspricht: mit der Universität und der Forschungslandschaft. Er hat sich nach dem Mauerfall für Halle entschieden, weil er den Optimismus dieser Zeit anziehend fand und die Chance nutzen wollte, etwas mit voranzubringen. Jetzt wirbt er dafür, dass die Menschen das Glas halb voll sehen und nicht halb leer. Er bleibt und ermuntert andere zu bleiben. Denn er ist sich sicher: „In Halle, da geht noch was!"

Zu viel für die Ehre eines Mannes

Walter Schöbe und Familie, 1974 freigekauft, damals 45 Jahre alt

Im April 1945 stand Walter in Berlin an einem Flak-Geschütz auf dem Dach des Reichsluftfahrtministeriums, dem heutigen Bundesfinanzministerium. Er war 16 Jahre alt. Die Nationalsozialisten hatten ihn zum Volkssturm beordert. Einen Monat später kapitulierte die Wehrmacht. Walter konnte wieder nach Hause gehen, nach Löberitz bei Halle, wo seine Eltern eine Gastwirtschaft und eine kleine Landwirtschaft betrieben. Die Familie war froh, dass der braune Spuk und der Krieg ein Ende hatten. Ihr Dorf war von den Amerikanern befreit worden, so wie große Teile Mitteldeutschlands. Walter legt Wert auf diese Feststellung. Denn die Kommunisten in der DDR verschwiegen gern den Anteil der USA am Ende der Naziherrschaft. Nachdem die Amerikaner aus Ostdeutschland abgezogen waren, kamen die Russen. Sie erklärten den Deutschen, so wie es zuvor schon die Amerikaner getan hatten, sie hätten sich viel früher gegen die Nazis wehren müssen. Sie hätten einfach nicht aufgepasst, wohin alles steuerte. Also wollte Walter diesmal besser hinschauen, was die Obrigkeit tat.

Und er erlebte, wie die sowjetische Besatzungsmacht 13 der größten Bauern des Dorfes verhaften ließ. Einige hatten während des Krieges Zwangsarbeiter auf ihren Höfen, bei anderen genügte ihre Mitgliedschaft in der NSDAP. Walter wunderte sich, denn unter diesem Gesichtspunkt hätte man das halbe Dorf einsperren müssen. Bald munkelte man, einige der Verhafteten seien von Kommunisten angeschwärzt worden, um private Rechnungen zu begleichen, denn merkwürdigerweise kam manch höhere Nazicharge im Ort ungeschoren davon. Die Verhafteten wurden in die ehemaligen Konzentrationslager Sachsenhausen und Buchenwald gebracht, welche die Sowjets noch einige Jahre als Gefangenenlager nutzten. Dort internierten die neuen Machthaber erwiesene Kriegsverbrecher, aber auch angebliche Nazis und Kritiker des Kommunismus. Zum Beispiel Sozialdemokraten, die auch schon von den Nazis drangsaliert worden waren. Es gab Todesurteile ohne rechtsstaatliche Gerichtsverfahren. Einige der verhafteten Löberitzer überlebten diese Lager nicht, in denen auch katastrophale hygienische Verhältnisse herrschten und das Essen schlecht war. So wuchs Walters Misstrauen gegen die neue Obrigkeit.

Darin fühlte er sich bestätigt, als er 1952 Zeuge wurde, wie die Kommunisten auch in seinem Dorf die Bauern mit massiver Propaganda und wirtschaftlichem Druck in die landwirtschaftlichen Produktionsgenossenschaften drängten. Seine Eltern traf es nicht. Ihr Hof war zu klein. Einige der Bauern gaben auf und flüchteten in den Westen. Walter stellte daraufhin für sich fest: „Die neu gegründete DDR baut wirtschaftlich und politisch auf Sand." Aber er blieb im Osten, weil seine Eltern ihren Gasthof und ihre bescheidene Landwirtschaft nicht aufgeben wollten und er ihr einziges Kind war. Immer wieder fuhr er nach Westberlin und sah, wie gut man dort ohne Sozialismus leben konnte. „Es gab alles, sogar kommunistische Zeitungen", sagt er schmunzelnd. Westberlin war für ihn immer eine Rückversicherung. Wenn er es eines Tages gar nicht mehr aushalten könnte, würde er ebenfalls gehen.

Im Jahr 1947 begann Walter in Leipzig ein Studium der Tiermedizin. „Damals wurden in der sogenannten Ostzone Studienplätze noch nicht so konsequent nach politischer Zuverlässigkeit und sozialer Herkunft vergeben wie später in der DDR", erzählt er. „Das konnten sich die Genossen noch nicht leisten, weil es durch den Krieg zu wenige Bewerber gab." Später hatten es Leute wie Walter, dessen Eltern als Kleinunternehmer galten, schwer, an die Universität zu kommen. Er wurde Tierarzt, heiratete seine Frau Ursula, Sohn Thomas wurde geboren. Es kam der Tag, an dem Walter offen mit den Genossen zusammenstieß. In der DDR brodelte es seit ihrer Gründung. Die von der SED geführte Regierung hatte nach und nach die Mittelschicht unter Druck gesetzt. Steuern und Abgaben wurden, insbesondere für Bauern, die noch nicht in der LPG waren, und für kleine Handels- und Gewerbetreibende, so erhöht, dass viele ihre Selbständigkeit aufgeben mussten. Die Kirchen wurden als Verfechter einer, wie es hieß, überholten bürgerlichen Weltanschauung bekämpft. Viele DDR-Bürger machten da nicht mehr mit, suchten ihr Heil im Westen. Vor diesem krisenhaften Hintergrund setzte die SED-Führung auch noch die Arbeitsnormen um zehn Prozent herauf, was einer Lohnsenkung gleichkam. Dagegen gingen am 17. Juni 1953 die Arbeiter auf die Straße. Erst in Ostberlin, bald auch in vielen anderen Orten der DDR. Schnell ging es nicht mehr nur um die Normerhöhung. Die Demonstranten verlangten freie Wahlen.

Walter schloss sich dem Protest an. Er verteilte in Leipzig Flugblätter, wurde festgenommen und einige Zeit inhaftiert. Aber auch danach blieb er mit seiner Familie in der DDR, Sohn Hendrik kam zur Welt. Im Jahr 1960 übernahm Walter in Schwittersdorf bei Halle eine Tierarztpraxis. Seine Frau und er wollten gerne aufs Land. „Da wurde man ein bisschen mehr in Ruhe gelassen vom Staat", begründet er diesen Schritt. Doch schon bald wurden auch sie vom Sog der Fluchtwelle aus der DDR erfasst. Im Sommer 1961 beschlossen sie, alles stehen und liegen zu lassen und zu gehen. Doch sie hatten zu lange gewartet. Am 13. August riegelten die Kommunisten Westberlin in einer Nacht- und Nebelaktion ab und bauten die Mauer. Es waren ihnen zu viele weggelaufen. Walter war überzeugt: „So eine Teilung hält sich in Mitteleuropa nicht auf Dauer, keine zehn Jahre."

Notgedrungen richtete sich die Familie in Schwittersdorf ein, schuf sich eine ganz angenehme Nische, so weit wie möglich weg von der DDR-Propaganda. Ein bürgerliches Leben war mit Einschränkungen auch in der DDR möglich. Walter läuft jedoch die Galle über, wenn das jemand der DDR positiv anrechnet, nach dem Motto: „Es war nicht alles schlecht." „Verdammt noch mal, wir waren im Frieden mitten in Europa in einer modernen Welt", sagt er wütend. „Die konnten uns ja nicht ganz im Dreck stecken lassen und völlig tyrannisieren. Dann hätten wir ja nicht mehr für die gearbeitet. Sie hatten immer Zuckerbrot und Peitsche parat." Die Söhne Thomas und Hendrik wuchsen in einem Zwiespalt auf. Zum Beispiel ließ Walter sie bei den Jungpionieren mitmachen, um ihnen Ärger zu ersparen. Aber wenn sie heimkamen flogen als Erstes die Halstücher in die Ecke. In einen anderen Zwiespalt kamen sie durch das Westfernsehen. Über das, was die Jungs dort gesehen hatten, durften sie in der Schule nicht reden. Gegen Westsender waren die Kommunisten allergisch, weil die ihre Propaganda bloßstellten. Einmal bekam Thomas vom befreundeten Kreistierarzt ein Buch der Reihe „Fernsehhund Lassie" geschenkt. Er nahm es mit in die Klasse. Ein Westbuch in einer sozialistischen Schule. Da verstanden die Genossen keinen Spaß und schickten der Mutter eine Vorladung zur Polizei in Halle. Dort wollte man wissen, woher das Buch sei. Aber sie mochte nicht sagen, dass es ein Geschenk vom Kreistierarzt war. Der hätte riesige Scherereien bekommen. Also erklärte sie mit gespielter Verwunderung: „Das ist doch in einem Westpäckchen bei der Kontrolle durchgegangen."

Der Polizist regte sich noch mehr auf und entgegnete: „Das Buch steht auf dem Index." – „Warum ist ein Kinderbuch verboten, welches die Geschichte eines Hundes erzählt", fragte die Mutter. Der Polizist verwies auf den Titel „Fernsehhund Lassie". „Dadurch werden die Kinder angeregt, Westfernsehen zu schauen." Das Buch wurde eingezogen.

Bei Wahlen in der DDR zeigten Schöbes Zivilcourage. Anders als in der Bundesrepublik konnten die Menschen im Osten ihre Regierung nicht abwählen. Von vornherein war festgelegt, dass die herrschende SED die meisten Sitze im Parlament bekommt. Seit 1968 war das sogar in der Verfassung festgeschrieben. Die Genossen leiteten das aus ihrer marxistisch-leninistischen Ideologie ab. Durchsetzen konnten sie ihre Linie, weil die sowjetische Besatzungsmacht hinter ihnen stand. Die anderen Parteien spielten nach anfänglichem Widerstand mit, sonst wären sie verboten worden. Obwohl die Sitzverteilung im Parlament vorher feststand, sahen es die Genossen nicht gern, wenn Bürger bei der Wahl die Kabine benutzten. Konnten sie doch dort unbeobachtet die gemeinsame Liste der Parteien der „Nationalen Front" ablehnen. Den Genossen kam es aber auf möglichst einhundert Prozent Zustimmung an. Weil dann die Propaganda erklären konnte, die gesamte Bevölkerung folge den Kommunisten. Schöbes benutzten die Wahlkabine.

Das war ein Spießrutenlauf unter den Augen der Wahlkommission, den sich die meisten DDR-Bürger nicht zumuteten. Wer es sich traute, musste mit beruflichen oder anderen Nachteilen rechnen. Manche Leute sind aus Protest gegen diese undemokratische Wahl überhaupt nicht hingegangen. Denen schickten die Behörden sogenannte Schlepper ins Haus, um sie noch zu überreden. Kranken und Gebrechlichen wurden „fliegende" Wahlurnen ans Bett gebracht. So konnte die SED am Wahlabend im Fernsehen stolz berichten, dass wieder 99 Prozent aller Wahlberechtigten dem Vorschlag der „Einheitsliste“ zugestimmt hatten. Gegenstimmen, wie die der Schöbes, wurden in der Regel auch noch in Ja-Stimmen umgefälscht. Im Volk kursierte der Witz: Einbruch im Innenministerium der DDR. SED-Chef Ulbricht ruft seinen Polizeichef an: „Wurde etwas Wichtiges gestohlen?“ – „Halb so wild. Nur die Wahlergebnisse für die nächsten dreißig Jahre …“

Eines Tages im Jahr 1969 kam die Nachricht, dass gute Freunde von Schöbes, ein Ärzteehepaar aus Wittenberg, mit ihren drei Kindern in den Westen geflüchtet waren. Und zwar in einem Diplomatenauto, für Geld. Jetzt wollten Walter und Ursula auch nicht mehr warten. Vor allem ihren Söhnen sollte ein Leben in der DDR erspart werden. Die Mauer stand schon acht Jahre und wurde immer undurchlässiger. Hinzu kam, dass in Westdeutschland die SPD die Bundestagswahl gewonnen hatte. Willy Brandt begann seine Ostpolitik. Freunde aus dem Westen kommentierten das mit den Worten: „Ihr werdet verraten. Die haben das Ziel der Wiedervereinigung aufgegeben.“ Walter war nicht grundsätzlich gegen Brandts Politik. Es musste ein Weg gefunden werden, funktionierende Beziehungen zwischen den Staaten des Ostblocks und dem Westen aufzubauen. Aber er teilte die Sorge der Freunde, dass die SPD in der Bundesrepublik der SED-Propaganda auf den Leim gehen könnte und das Ziel der Wiedervereinigung aufgibt. Zur Leipziger Frühjahrsmesse 1969 trafen Schöbes ihre Freunde aus dem Westen, die als Geschäftsleute zur Messe unauffällig einreisen konnten. Sie wollten der Familie helfen, aus der DDR zu entkommen. Ihre Idee klang gut, das Risiko schien beherrschbar. Das Leben wurde nicht aufs Spiel gesetzt. Die Familie sollte nach einem Urlaub in Ungarn mit falschen Papieren im Transit durch die Tschechoslowakei nach Westdeutschland gelangen.

Für die Flucht brauchten sie zunächst ein Westauto. Walter wusste, dass es beim staatlichen „Industrie- und Handelskontor“ in Ostberlin auch beschlagnahmte Autos gab. Er bestach einen Mitarbeiter und bekam einen Mercedes. Die Freunde besorgten westdeutsche Papiere und Nummernschilder. Die sollten sie für Schöbes nach Ungarn schmuggeln. Von dort wollte die Familie noch als DDR-Bürger in Richtung ČSSR ausreisen. Auf einer langen Grenzbrücke sollten nachts die westdeutschen Nummernschilder angeschraubt, die DDR-Kennzeichen und die Ostpapiere weggeworfen werden. Dann wollten sie als „Bundesbürger“ im Transit durch die ČSSR in den Westen gelangen. Gerade noch rechtzeitig erkannten die Fluchtwilligen einen Irrtum in den Papieren. Das Geburtsdatum eines Sohnes stimmte nicht. Der Kleine hätte sich vielleicht verplappert, wenn er spontan nach seinem Geburtstag gefragt worden wäre. So wurde ein neuer Ausweis organisiert. Den musste Walter wieder unterschreiben. Dazu verabredete er sich mit dem Freund auf einem Parkplatz an der heutigen Autobahn 9 bei Halle. Die Stelle muss an jenem Abend überwacht worden sein, auch wenn Walter, während der Stunde, in der er auf seinen Freund wartete, niemanden gesehen hatte. Denn der wurde nach der Übergabe des Ausweises am Übergang Dreilinden zu Westberlin durchsucht und als Fluchthelfer festgenommen.

Auch Schöbes wurden verhaftet, Walter auf seiner Arbeitsstelle, Ursula holten sie von der Hausarbeit. Man brachte sie in das Gefängnis „Roter Ochse“ in Halle. (Warum das alte Gemäuer so heißt, ist nicht eindeutig geklärt. Der Name entstand vermutlich wegen der Gebäudeformation und der Farbe des Mauerwerkes.) Erst nach vielen Monaten erfuhren sie dort, dass auch ihr 16-jähriger Sohn Thomas in der Schule festgenommen worden war. Den 14-jährigen Hendrik ließen sie in Ruhe. Er blieb zu Hause und wurde von der Haus-

Gefängnis „Roter Ochse" in Halle. ©Constantin Hoffmann

hälterin betreut. Ein Jahr saßen Schöbes in Untersuchungshaft. Einen Anwalt bekamen sie nicht. Es hieß immer: „Erst alles sagen. Wenn alles aufgeschrieben ist, kriegen Sie vor Ihrem Prozess einen Anwalt, und wenn Sie hier zwei Jahre in U-Haft sitzen." Ursula boten sie an, sie könne sofort mit ihrem Sohn nach Hause, wenn sie mit der Staatssicherheit zusammenarbeiten würde. Aber sie sagte: „Ich bleibe, wo mein Mann ist. Wir wollen alle zusammen in den Westen und nicht wieder in die DDR entlassen werden." Im Stillen hofften Schöbes, von der Bundesregierung freigekauft zu werden. Sie wussten, andere waren so rausgekommen. Der Vernehmer beschimpfte Ursula und warf ihr vor: „Sie wollen nur wegen Seifenpulver und Bananen rüber. Aber dort werden Sie in der Gosse landen." Ursula erklärte kühl: „Wir haben Seifenpulver und Bananen. Solche Dinge schicken uns unsere Freunde.

Im Übrigen lassen nicht Zigtausende ihr Hab und Gut stehen und gehen weg nur für Seifenpulver und Bananen." Im Gefängnis waren Schöbes vielen Ärztinnen und Ärzten begegnet, die alle über DDR-Niveau versorgt waren. „Wer nicht begreift, warum die gehen wollten", sagt Walter, „der begreift nicht, was Freiheit bedeutet."

Etwa ein halbes Jahr saßen sie schon in U-Haft, da hörte Ursula eines Tages Rufe aus vielen Zellen: „Hungerstreik. Wir lassen uns das nicht gefallen." Sie hatte Angst, ihr Sohn würde sich beteiligen. Er hatte wenige Tage später seinen 17. Geburtstag. Das nahm sie zum Anlass, den Vernehmer zu bitten, ihren Jungen an diesem Tag sehen zu dürfen. Der Vernehmer zögerte, willigte dann aber doch ein. Sie solle das als eine Vergünstigung ansehen, weil sie sich bisher anständig verhalten habe. So wurde Ursula für weniger als zehn Minuten zu Thomas in den Verhörraum geführt. Sie sah, dass ihr Sohn schmal geworden war und bat ihn inständig, nicht in den Hungerstreik zu treten. Das helfe niemandem und er sei im Wachstum. Er solle wenigstens das essen, was komme, es sei sowieso nicht viel. Da fiel ihr der Vernehmer ins Wort und rief: „Der wird genug ernährt, hören Sie auf!" Thomas versprach, auf sich aufzupassen.

In der U-Haft wurden die Gefangenen kaum zu irgendeiner Arbeit eingesetzt. Ursula hat die Langeweile verrückt gemacht. In der Not fing sie an zu dichten. Immer wieder sagte sie sich ihre Verse vor. Schreibzeug gab es nur in großen Abständen, wenn mal ein Brief nach draußen gehen durfte. Dann kam sie auf die Idee, ihre Gedichte auf die Innenseiten von leeren Zigarettenschachteln zu schreiben, die sie von Mitgefangenen erhielt. Irgendwoher kam auch ein Stückchen Bleistift. Sie fertigte darüber hinaus kleine Bildchen aus Bonbonpapier oder aus der Verpackung von Keksen an, die es manchmal gab. Das Papier zerriss sie in kleinste Stücke,

Klebebild. Hergestellt von Ursula Schöbe in der Haft.

lutschte ein Bonbon an, hielt das Papier daran und klebte es auf einen Teil einer Zigarettenschachtel. Einige der Bilder und Gedichte konnte sie einer Bekannten heimlich zustecken, die zu ihrem Prozess gekommen war. So sind sie bis heute erhalten geblieben. Bei den Verhören zweifelten die Vernehmer alles an. Nach deren Ansicht stimmte nichts von dem, was Schöbes sagten. Sie ließen sie in der U-Haft schmoren, um sie mürbe zu machen, damit sie beim Prozess alles zugeben würden, was das Gericht wollte.

Kurz vor der Verhandlung wurde ihnen der Kontakt zu einem Anwalt ermöglicht, der mit dem Ostberliner Anwalt Vogel zusammenarbeitete. Von dem wusste man, dass über ihn

Häftlinge in den Westen verkauft wurden. Schöbes baten ihn, sich an die Freunde im Westen zu wenden, die würden ihn bezahlen, in harter D-Mark. So geschah es. Der Anwalt riet ihnen, alles zuzugeben und auf keinen Fall in Berufung zu gehen. Das bringe nichts und verlängere nur die Haft. Schöbes waren sich sicher, die Genossen würden alles so drehen, wie sie es brauchten und hätten am Ende immer recht. Denn in der DDR gab es keine echte Gewaltenteilung. Das Parlament, die Regierung und die Rechtssprechung waren in der Hand der SED. Alle staatlichen Organe mussten die Entscheidungen der SED-Führung umsetzen. Leute wie Walter und Ursula waren politische Häftlinge, denn sie wollten nichts anderes, als einfach gewaltfrei das Land verlassen, in das sie gegen ihren Willen eingesperrt waren und in dem das Volk nie in freien Wahlen gefragt wurde, ob es damit einverstanden ist. Aber in der DDR existierte die Bezeichnung „politischer Häftling“ offiziell gar nicht. Wen die Genossen aus politischen Gründen einsperrten, behandelten sie wie einen, der gemordet oder geraubt hatte, oft schlimmer. Die Gefangenenhilfeorganisation Amnesty International, die in der DDR verboten war, schrieb in ihren Jahresberichten regelmäßig über politische Gefangene im Osten und deren schlechte Behandlung. Der Prozess gegen Schöbes fand im Juni 1970 unter Ausschluss der Öffentlichkeit statt. Walter wurde zu siebeneinhalb Jahren Gefängnis verurteilt, Ursula zu fünfeinhalb Jahren. Ihr Sohn bekam eineinhalb Jahre, weil er ihre Fluchtpläne nicht angezeigt hatte. Dabei hatten sie ihn gar nicht eingeweiht. Als Ursula bei der Urteilsverkündung einen Schwächeanfall bekam und hinzufallen drohte, sprang Walter zu ihr hin. Da brüllte die Richterin: „Bleiben Sie auf Ihrem Platz!“

Zum Strafvollzug wurden sie vom Bahnhof in Halle mit dem sogenannten „Grotewohl-Express“ gebracht. Der sah aus wie ein Postwagen, hatte aber innen lauter kleine Zellen. Die Gefangenen nannten ihn nach dem ersten DDR-Ministerpräsidenten, in dessen Zeit er eingeführt worden war. Es war August und sehr heiß. Die Fahrt dauerte ewig, weil die Verurteilten auf verschiedene Haftanstalten im Land verteilt wurden. Walter kam nach Brandenburg. Im Gefängnis gab es einen Betrieb, in dem die Häftlinge arbeiteten. Walter musste Elektroteile für Fotokameras zusammenbauen. Ursula sperrten sie in das Frauengefängnis Hoheneck ein. Dort nähte sie Textilien für den Export. Westdeutsche Versandhäuser nahmen gerne die billig produzierte Qualitätsware. Thomas blieb in Halle als Hilfsarbeiter im Gefängnis. Da die U-Haft angerechnet wurde, kam er ein halbes Jahr später wieder heraus. Aber ihm wurde verweigert, das Abitur nachzuholen. Eine Arbeit fand er auch nicht. Einen ehemaligen politischen Häftling traute sich keiner einzustellen. Zum Glück halfen befreundete Ärzte im Krankenhaus in Halle-Dölau. Sie sorgten dafür, ohne darüber laut zu sprechen, dass Thomas als Hilfskraft in der Pathologie anfangen konnte.

Im Oktober 1972 erließen die Genossen eine Amnestie. Die SED-Führung wollte gute Stimmung machen, weil die Unterzeichnung des Grundlagenvertrages zwischen der DDR und der Bundesrepublik bevorstand. Auch Walter und Ursula wurden entlassen, aber wieder in die DDR. Ein Schock! Viele andere Gefangene konnte der Westen freikaufen. Schöbes wissen bis heute nicht, warum sie nicht hinausgelassen wurden. Jetzt waren sie erst mal alle wieder zusammen. Sofort stellten sie einen Ausreiseantrag – mit Thomas und Hendrik. Der jüngere Sohn war nach der Verhaftung seiner Familie im Internat der Schule in den Franckeschen Stiftungen in Halle geblieben. Nachdem die Familie den Ausreiseantrag gestellt hatte, kreuzte die Direktorin des Internats bei Schöbes auf. Sie verlangte von den Eltern, Hendrik so zu beeinflussen, dass der nicht mit in den Westen will. Sie erwiderten: „Das muss der Junge selbst entscheiden." Hendrik stellte knapp fest: „Ich gehe überall hin, wo die Familie hingeht." Daraufhin musste er nach der elften Klasse die Schule verlassen, durfte ebenfalls kein Abitur machen. Auch er fand durch Kontakte Arbeit als Reinigungskraft im Dölauer Krankenhaus.

Walter ließ sich die erste Zeit nach der Haftentlassung krankschreiben. Irgendwann ging das nicht mehr. Einmal die Woche musste er sich in der Kreisstadt Eisleben melden, bei der Abteilung Inneres des Rates der Stadt. Dort wurde dem 43-Jährigen in Aussicht gestellt, dass er in Mansfeld ins Bergwerk geschickt würde. Als Tierarzt durfte er nicht mehr arbeiten. Jetzt musste etwas geschehen. Auf der Leipziger Frühjahrsmesse 1973 traf Walter wieder einen Freund aus dem Westen. Der versprach, alles zu tun, um den Eltern und ihren Söhnen zur Flucht zu verhelfen. Aber Ursula wollte keinen weiteren Versuch wagen. Sie hoffte, dass der Familie die Ausreise genehmigt würde. Walter traute der Sache nicht. Er beschloss, zunächst allein abzuhauen und von drüben die Flucht seiner Familie zu organisieren. Aber das behielt er für sich, um die anderen Familienmitglieder nicht zu gefährden. Mit seinem Westfreund plante er, sich im Kofferraum eines Autos im Transitverkehr aus der DDR herausschleusen zu lassen. Doch im Mai wurde von den DDR-Grenzern ein Fluchthelfer verhaftet, der Schöbes Adresse in seinem Notizbuch hatte. Kurz darauf standen an einem Morgen zehn Mann mit Maschinenpistolen um das Haus herum. Das Ehepaar wurde wieder verhaftet. Sie glaubten nicht, dass Ursula nichts von dem neuen Fluchtplan gewusst hatte. Den Söhnen geschah zunächst nichts.

Wieder saß das Ehepaar in Untersuchungshaft, ein Jahr lang, zu Weihnachten, zu Ostern, zu Pfingsten, meist in einer Einzelzelle. Im Herbst 1974 wurde Walter zu elf Jahren Zuchthaus verurteilt, Ursula zu neun Jahren. Das Gericht hatte die noch nicht abgesessene Zeit der ersten Verurteilung draufgepackt. Dann haben die Genossen Hendrik reingelegt. Da sind sich Schöbes sicher. Eine junge Krankenschwester machte sich an ihn heran und schimpfte auf den Sozialismus. Eines Tages fragte sie ihn, ob er nicht eine Idee habe, wie man in den Westen abhauen könne. Hendrik warnte sie: „Lass die Finger davon, meine Eltern haben es versucht und sitzen dafür schon zum zweiten Mal." Zwei Wochen später wurde er verhaftet. Da war er gerade 18 Jahre alt geworden. Die Genossen verurteilten ihn wegen „Nichtanzeige eines Fluchtversuchs" zu eineinhalb Jahren Gefängnis. Die junge Frau trat im Prozess als Zeugin auf. Ihr ist nichts geschehen. Sie war wohl ein Lockvogel der Staatssicherheit.

Im Dezember 1974 wurden Walter und Ursula mit anderen Freigekauften in einem Bus in den Westen gebracht. Kurz hinter der Grenze stieg ein westdeutscher Anwalt zu, der mit dem Ministerium für innerdeutsche Beziehungen zusammenarbeitete. Erst von ihm erfuhren sie, dass Hendrik eingesperrt war. Die Ohnmacht der Eltern, ihren Kindern nicht helfen zu können, endete zum Glück schon ein halbes Jahr später. Am 1. Mai 1975 genehmigten die Genossen den Ausreiseantrag von Thomas. Hendrik kam am 3. Juni 1975 frei. Schöbes sind sich sicher, dass ihr jüngster Sohn nur hereingelegt und eingesperrt worden ist, damit auch er für teures Geld in den Westen verkauft werden konnte. Für sie gibt es dafür nur ein Wort: Menschenhandel. Von 1964 bis 1989 kaufte die Bundesregierung rund 34.000 Häftlinge frei. Die Genossen rechtfertigten diesen Handel damit, dass die Freigelassenen von der DDR ausgebildet worden waren. „Man stelle sich vor", sagt Walter, „ein junger Bundesbürger möchte nach Schweden auswandern und darf es nur, wenn Schweden der Bundesrepublik die Ausbildungskosten erstattet. Absurde Vorstellung."

Die Familie ging nach Tübingen zu ihren wohlhabenden Freunden. Die stellten ihnen eine Wohnung und versorgten alle vier einige Zeit. So konnten sie in Ruhe Luft holen, nach insgesamt fünf Jahren Haft. Hendrik machte dann das Abitur nach und studierte Medizin. Thomas begann eine Lehre im Autohaus der Freunde. Nach einem Jahr fing auch er an, nebenbei das Abitur an der Abendschule nachzuholen und wurde ebenfalls Arzt. Walter hing seinen Beruf als Tierarzt an den Nagel. Er ging mit seinen Söhnen noch einmal an die Uni und wurde Heilpraktiker. Anschließend eröffnete er eine Naturheilpraxis in Baden-Baden. In China ließ er sich in Akupunktur ausbilden. Nebenbei betrieb er in Westberlin mit einem Geschäftspartner ein Labor, in dem er Präparate zur Steigerung der Immunabwehr entwickelte und herstellte. Für diesen Standort hatte er sich bewusst entschieden. Er sah Westberlin als Stachel im Fleisch der DDR, den er stärken wollte.

Wieder einreisen durften Schöbes zunächst nicht. Auch nicht, als Ursulas Vater 1983 telegrafierte, dass die Mutter schwer krank sei. Im nächsten Telegramm stand: „Mutter gestorben." Die Beerdigung musste ohne die Tochter stattfinden. Sie war das einzige Kind. Walter kann noch heute die Wut darüber kaum halten. „Es war in den 80er Jahren, in Friedenszeiten in Europa." Wenn er heute die Genossen einmal im Jahr ans Grab von Rosa Luxemburg und Karl Liebknecht ziehen sieht, kommt ihm die Galle hoch. „Damals haben sie das einfache Gefühl für die tote Mutter missachtet", sagt er mit Verachtung in der Stimme und im Blick. 1985 klappte dann doch ein Besuch im Osten. Ursula durfte als Geschäftsfrau zur Leipziger Messe. Es gelang ihr, als Messeunterkunft ein Hotel im damaligen Karl-Marx-Stadt, heute wieder Chemnitz, zu bekommen. Von dort besuchte sie heimlich ihren Vater im Erzgebirge.

Walter engagierte sich im Westen für die Wiedervereinigung Deutschlands. Gern fuhr er zu offiziellen Treffen von

Menschen aus der Region Halle, die es in den Westen geschafft hatten. Dabei traf er auch einige Male Bundesaußenminister Hans-Dietrich Genscher, der aus Halle stammt. „Solche Treffen halfen, die Erinnerung an ein gemeinsames Land wachzuhalten“, meint Walter. Als 1987 DDR-Staats- und Parteichef Honecker zu einem offiziellen Besuch in die Bundesrepublik kam, „grüßte“ Walter ihn mit Flugblättern, die er bezahlte und flächendeckend in Honeckers saarländischem Heimatort Wiebelskirchen verteilen ließ. Darauf wurde unter anderem an die Zwangsvereinigung von KPD und SPD zur SED 1946 in der Ostzone erinnert, an die erschossenen Flüchtlinge an der Mauer und an die massive Bespitzelung des eigenen Volkes durch die Staatssicherheit. Vorn drauf war ein Foto, das zeigte, wie Honecker vom damaligen saarländischen Ministerpräsidenten Lafontaine ein Exemplar einer historischen Zeitung der Kommunisten geschenkt bekommt. Gut zwei Jahre nach seinem Besuch im Westen ging Honeckers Stern unter. Walter durfte im Herbst 1989 erstmals wieder in die DDR einreisen. In Leipzig lief er in einer der riesigen Montagsdemonstrationen um den Innenstadtring und war ergriffen. Am 9. November, dem Tag des Mauerfalls, trank er mit Freunden voller Genugtuung Champagner.

Nach der Wende bekamen Schöbes ihr Haus in Schwittersdorf zurück, das nach ihrer Inhaftierung beschlagnahmt worden war. Thomas führte dort ein paar Jahre eine Praxis. Aber ihm ging die Ostalgie von Teilen der Bevölkerung auf die Nerven. Er hatte eines Tages keine Lust mehr zu diskutieren, verkaufte das Haus und zog mit seiner Familie nach Niedersachsen. Hendrik übernahm eine Praxis in Baden-Württemberg. Walter weitete nach der Wiedervereinigung sein Labor-Geschäft aus. Er kaufte dafür mit seinem Geschäftspartner ein verfallenes Gut bei Dessau und richtete es wieder her. Heute dient es nur noch als Wochenendgrundstück.

Die Urteile der DDR-Gerichte gegen die Familienmitglieder wurden als Unrecht anerkannt. Sie erhielten Haftentschädigung. Aber die Wut ist geblieben und die Erinnerung lebendig. Ursula und Walter sehen noch den Fanatismus im Gesicht der Richter, sie hören noch die keifenden Stimmen, die sie für viele Jahre ins Gefängnis schickten, nur weil sie nicht mehr in dem Land leben wollten. „Was die mit mir und meiner Familie gemacht haben, das ist zu viel für die Ehre eines Mannes", sagt Walter. „Das verlangt weiter nach Genugtuung." Er hat sich immer als Widerstandskämpfer gegen das Regime gesehen, nicht nur als Flüchtling, der einfach weg wollte. Ihren Weg haben Schöbes nie bereut. Ursula freut sich, dass die Welt inzwischen etwas besser geworden ist: „Diese Art von Diktatur gibt es in Europa nicht mehr."

Wenn es nicht so traurig wäre …

Titus Appel, 1975 ausgereist, damals 26 Jahre alt

Den Entschluss, die DDR zu verlassen, fasste Titus am 21. August 1968. An diesem Tag marschierten die Russen und andere Truppen des Militärbündnisses „Warschauer Vertrag" in die Tschechoslowakei ein, um dem „Prager Frühling" ein gewaltsames Ende zu bereiten. Die sozialistischen Staaten fürchteten, dass ein Sozialismus, in dem die Bürger frei reden und entscheiden können, die Macht des Ostblocks untergraben würde. Der KP-Chef der Tschechoslowakei, Dubček, hingegen meinte, dass nur durch eine Liberalisierung des Systems die wirtschaftliche und politische Krise seines Landes zu überwinden sei. Titus war 19 Jahre alt, hatte gerade in Halle das Abitur gemacht und war mit seinen Eltern in Prag im Urlaub. Im Hotel, in dem die Familie wohnte, liefen die Angestellten an diesem Tag weinend umher. Draußen auf der Straße rollten den ganzen Vormittag über Militärkonvois, manchmal auch Panzer. Das Hotelpersonal riet

Titus Appel nach dem Abitur 1968.

der Familie dringend davon ab, in die Innenstadt zu gehen, es sei gefährlich. Aber die Appels waren zu interessiert und so gingen sie doch. Sie sahen, wie aufgebrachte Tschechen die Russen auf ihren Fahrzeugen beschimpften. Viele trugen die Nationalfahne. Es gab Gerüchte, auch DDR-Militär sei einmarschiert oder im Begriff, es zu tun. Da wurde es ihnen doch mulmig. Der Zorn der Bevölkerung könnte sich dann auch gegen Deutsche richten. Sie beschlossen, vorzeitig abzureisen. Titus steckte sich eine tschechoslowakische Fahne an sein Hemd. Damit wollte er Sympathie mit dem Volk bekunden. Er hoffte auch, dieses Zeichen könnte sie schützen, falls aufgebrachte Leute sie bedrängen sollten. Kopfschüttelnd verließen sie Prag und dachten: „Was die Russen da treiben, kann auf Dauer auch nicht gutgehen."

Auf ihrem Heimweg zuckelten Titus und seine Eltern mit ihrem Wartburg über Nebenstraßen, weil die Hauptstraßen voller Militärfahrzeuge waren. In Halle wechselte Titus nur die Wäsche, dann fuhr er mit einem Freund, der auch gerade mit seinen Eltern in der ČSSR im Urlaub gewesen war, an die Ostsee. Sie übernachteten in einer Jugendherberge in Kühlungsborn. Am nächsten Morgen saßen die beiden Hallenser beim Frühstück mit einigen jungen Leuten aus Westberlin am Tisch. Das waren Linke, offizielle Gäste der DDR, die sich hier, wie sie erklärten, vom „antifaschistischen Kampf in Westberlin" erholen durften. Gesprächsthema Nummer eins war der Einmarsch der Russen in Prag. Als die Westberliner mitbekamen, dass die Jungs aus Halle Augenzeugen waren, zeigten sie sich natürlich besonders interessiert. Ein Wort gab das andere. Die Diskussion dauerte den ganzen Vormittag. Irgendwann ging es auch ans Eingemachte. Das Verhältnis der beiden Hallenser zum sozialistischen Staat interessierte die Westberliner, ebenso ihr Verhältnis zur „Arbeiterklasse". Titus sagte in seiner Wut, die DDR sei nur ein Anhängsel der Russen. Die Wahlen seien keine wirklichen Wahlen und Staats- und SED-Chef Ulbricht sei eine lächerliche Figur im Vergleich zu anderen Staatsmännern. Alle würden über ihn lachen, wenn es nicht so traurig wäre, was in der DDR geschehe.

Irgendwann im Laufe ihrer Unterhaltung bemerkten Titus und sein Freund, dass am Nachbartisch Betreuer vom Zentralrat der FDJ saßen. Ihnen wurde klar, dass sie in der Hitze des Gefechts ihre Meinung zu offen gesagt hatten, und nun versuchten sie zurückzurudern. Aber es war zu spät. Als sie mittags das Haus verlassen wollten, kamen sie nicht weit. Zwei Männer stellten sich ihnen in den Weg, Mitarbeiter des Ministeriums für Staatssicherheit. Da wussten sie, was die Uhr geschlagen hat. Man brachte sie nach Rostock in die Untersuchungshaft. Im November wurde ihnen der Prozess gemacht. Jeder bekam 14 Monate Gefängnis wegen „staatsfeindlicher Hetze“. Als Zeugen traten der Herbergsleiter und die zwei Betreuer vom FDJ-Zentralrat auf. Nach der Verurteilung wurden die beiden Hallenser in das Gefängnis Cottbus verlegt. Aber zu ihrer Überraschung kamen sie schon nach vier Monaten frei. Die Strafe war auf zwei Jahre Bewährung ausgesetzt worden. Titus' Freund durfte sogar studieren. Er reiste Mitte der 80er Jahre dennoch aus, lebt im Ruhrgebiet und arbeitet als Psychiater. Warum der eine studieren durfte, der andere aber nicht, haben die beiden nie in Erfahrung bringen können.

Titus wurde in Halle in das Landtechnische Instandsetzungswerk in der Leninallee geschickt. Er, der eigentlich Medizin studieren wollte, sollte sich erst einmal „in der sozialistischen Produktion bewähren“, wie es damals hieß. Er wurde als Hilfsarbeiter eingesetzt. Aber die Genossen boten ihm an, sich in den zwei Jahren nebenbei zum Motorenschlosser zu qualifizieren. Das machte er natürlich, um nicht ganz zu verblöden. Unter seinen Freunden, die alle in akademische Berufe strebten, hatte er ein fröhliches Spießrutenlaufen. Nach den zwei Jahren in Schlosserkleidung dachte Titus, wenn er in einem Krankenhaus arbeiten könnte, würden ihn die Genossen vielleicht doch noch zum Medizinstudium delegieren. So fing er im Bezirkskrankenhaus in Dölau als Hilfslaborant an. Nach einiger Zeit war er schon Labortechnischer Laborant. Seinen Studienwunsch unterstützten die leitenden Ärzte und der Parteisekretär des Krankenhauses. Aber sie erklärten, es sei ein bisschen wenig, dass er sich nur beruflich qualifiziert habe. Titus solle doch auch gesellschaftliches Engagement zeigen. Wer vom Staat etwas wolle, der müsse dem Staat auch was geben. Sie boten ihm den Posten des FDJ-Sekretärs an. Titus fragte, was er da tun müsse. „Also immer mal eine Sitzung abhalten und über den Aufbau des Sozialismus sprechen", erklärten die Genossen. Er sagte sich: „Du machst so viel Blödsinn, da kannste das auch machen."

Seine Sitzungen sahen dann meist so aus, dass einer Kaffee mitbrachte, eine andere Kuchen und manchmal auch Wein. Dabei hatten die FDJler Parteizeitungen auf dem Tisch, aus denen Titus umgehend vorgelesen hätte, wären sie einmal kontrolliert worden. Aber meist haben sie nur herumgeblödelt. Was sie machten, hat niemanden interessiert. Hauptsache, die Genossen sahen die Gruppe immer mal in einem Raum zusammensitzen. „Wir mussten nicht mal diese idiotischen Wandzeitungen bekleben", erinnert sich Titus mit verschmitztem Lächeln. Nur im Vorfeld der Weltjugendfestspiele 1973 in Ostberlin hängte er Plakate auf, organisierte eine Disko und studierte für eine Veranstaltung ein paar Sketche ein. Unter den jungen Krankenschwestern war der 22-Jährige der Hahn im Korb. So ließ er sich seinen Sozialismus gefallen. Das war bezahlte Freizeit während der Arbeit. Beruflich hat es ihm am Ende doch nichts geholfen. Kein Weg führte

Titus Appel in Karlsbad/ČSSR beim Treffen mit DDR-Verwandten.

an die Universität. Die zuständige Studienkommission lehnte ihn immer wieder ab. Auf seine Frage nach dem Warum hieß es nur: „Wir müssen Ihnen nichts begründen." Vielleicht war denen auch Titus' Vater sauer aufgestoßen. Der hatte in Dölau eine private Arztpraxis und hielt mit seiner kritischen Meinung über die Mangelwirtschaft und den Sozialismus auch gegenüber Patienten nicht hinter dem Berg. Seine Mutter war Lehrerin in der Dölauer Schule. Aber das brachte Titus offensichtlich keine Punkte bei den Genossen.

Im Hinterkopf hatte Titus immer den Gedanken: „Du musst hier weg, irgendwie in den Westen kommen." Anfang 1975 schickte er einen Ausreiseantrag an das Innenministerium in Ostberlin. Darin erklärte er: „In meinem Verbleib in der DDR sehe ich keinen Sinn mehr, nachdem Sie mich jahrelang an der Nase herumgeführt haben. Lassen Sie mich doch in Frieden ziehen." Ein paar Wochen später wurde ihm geantwortet, er solle sich an die Behörden in Halle wenden. Dort sagte man ihm, sein Anliegen werde geprüft. Wenn es abgelehnt würde, müsste er sich damit abfinden, für immer in der DDR zu bleiben. Im August 1975 gab es das erste Zeichen, dass sie ihn rauslassen würden. Er musste seinen Wehrdienstausweis abgeben. Einige Zeit später bekam er den „Laufzettel". Auf diesem musste er sich von allerlei Behörden und Institutionen bescheinigen lassen, dass er schuldenfrei ist, kein Verfahren gegen ihn läuft und Ähnliches. Dann bekam er seine Ausbürgerungsurkunde und gab den Personalausweis ab. Dafür erhielt er eine Identitätsbescheinigung. Mit der ging er zum Hauptbahnhof und verlangte eine Fahrkarte nach Marbach am Neckar über Stuttgart. Er war der Einzige am Schalter. „Haben Sie gültige Dokumente", fragte die Frau hinter der Scheibe. Er reichte sie hinüber. Die Frau schaute erstaunt und fragte ihn leise: „Wie haben Sie denn das gemacht?" Er antwortete lachend: „Wenn ich Ihnen das alles erzählen sollte, müssten wir mal zusammen Kaffee trinken gehen." Dann packte er seine sieben Sachen und setzte sich am 2. Oktober 1975 in den Zug nach Westen. Er war 26 Jahre alt. An der Grenze knallte der DDR-Grenzwächter mit stoischer Miene seinen Stempel auf das Papier und Titus war frei. Der Bundesgrenzschutz in Bayern war überrascht, so einen jungen Kerl in einem Zug aus der DDR anzutreffen. Er wurde auf das Bahnhofsrevier gebeten und befragt. Als er ihnen seine ganze Geschichte erzählt hatte, luden sie ihn zum Essen ein und sorgten für eine Übernachtung. Am nächsten Tag fuhr er nach Stuttgart, wo ihn ein Freund abholte. Bei dem konnte er zunächst wohnen. Schnell bekam der junge Mann aus dem Osten einen Studienplatz in Tübingen. Er wurde Zahnarzt. Nach einigen beruflichen Stationen eröffnete er in Stuttgart seine eigene Praxis. Dort in der Nähe lebt er mit seiner Familie.

Titus vermutet, dass die Konferenz für Sicherheit und Zusammenarbeit in Europa (KSZE) in Helsinki im Sommer 1975 dazu beigetragen hat, dass ihn die Genossen gehen ließen. Im Abschlussdokument der Konferenz hatte sich die DDR verpflichtet, die Menschenrechte zu respektieren. Später beriefen sich viele Ausreisewillige darauf. Das brachte aber meist nichts. Lieber verlor die DDR ihren Ruf als ihre arbeitende Bevölkerung. Für Titus hatten sich auch Freunde und Verwandte im Westen eingesetzt und Bundestagsabgeordnete um Hilfe gebeten. Ob die wirklich was unternommen haben, weiß er nicht. Für Titus Mutter hatte die Ausreise bei aller Betrübnis auch einen Vorteil. Mit einem Sohn, der nicht den Sozialismus aufbauen wollte, durfte sie drei Jahre vor dem Rentenalter ihren Job als Lehrerin an den Nagel hängen.

Schon ein halbes Jahr nach seiner Ausreise durfte Titus wieder zu Besuch nach Halle kommen. Anlass war der 70. Geburtstag seines Vaters. An der Grenze erinnerten ihn die Wächter am Stacheldrahtzaun an Soldaten der Wehrmacht, in ihren Knobelbecher-Stiefeln und ähnlich geschnittenen Uniformen, mit Maschinenpistolen vor dem Bauch. Und er hatte das Gefühl: „Jetzt geht es wieder rein in das Gefängnis." Den ganzen Besuch erlebte er wie im Nebel. So viele Eindrücke. Alle haben ihn bestürmt und gefragt. Das hat Nachahmer auf den Plan gerufen und das hat den DDR-Behörden wohl nicht gefallen. Jedenfalls durfte er nie wieder einreisen.

Wenn er im Transit nach Westberlin fuhr, sah er den Petersberg bei Halle. Dann bekam er schon mal Heimweh. Mit seinen Eltern und seiner Schwester traf er sich immer wieder in der Tschechoslowakei, meist in Karlsbad. Dort wurden sie von der tschechischen Staatssicherheit überwacht, wie aus seiner Stasiakte hervorgeht. Aber das hatte keine für ihn erkennbaren Konsequenzen. Zu seiner Hochzeit, 1985, durfte seine Schwester in den Westen kommen. Ihr hat es so gut gefallen, dass sie nicht wieder in die DDR zurückkehrte. Sie ist heute Zahnärztin in München.

Als die Mauer fiel, war Titus gerade in Leyden in Holland. Dort hatte er in der Praxis eines befreundeten Kollegen die Urlaubsvertretung übernommen. Am nächsten Morgen beglückwünschten ihn die Holländer und fragten: „Warum feierst du nicht in Deutschland?“ Aber er konnte ja nicht weg. Er erzählte ihnen, dass sich seine Voraussage erfüllt habe, die er angesichts der Panzer in Prag gewagt hatte: „Dieses System kann sich nicht auf Dauer halten.“ Er erinnerte die fröhliche Runde an den Spruch von SED-Chef Honecker, der im Januar 1989 getönt hatte, die Mauer werde noch in hundert Jahren stehen. Nun könne der sehen, wie schnell die Zeit vergeht. Weihnachten 1989 feierte die Großfamilie in Dölau bei den Eltern. Titus reiste mit seiner Frau und seinem Sohn über den Grenzübergang Duderstadt/Worbis ein. Die Mauer war zwar gefallen, aber es wurde noch kontrolliert. Die sonst so unbarmherzigen Wächter machten einen sehr deprimierten Eindruck. Die wussten, sie stehen auf verlorenem Posten. Als Titus dann durch Halle fuhr, war er erschrocken. Wie abgewirtschaftet sah das überall aus. Sein kleiner Sohn fragte: „War hier gerade Krieg?“

Heute sieht er Halle wieder als liebenswerte Stadt, in großen Teilen wieder hergerichtet. Traurig ist er über die wirtschaftliche Situation. „Aber wenn sich nebenan in Polen und Tschechien Industriearbeiter für drei Euro die Stunde und weniger anbieten, haben die Deutschen einen schweren Stand“, erklärt er sich die Sache. Sein Elternhaus in Dölau haben sie nach dem Tod seines Vaters verkauft. Seine Mutter lebt nun auch in München. Dadurch ist er nur noch selten in Halle. Manchmal sprechen ihn in Schwaben Leute an wegen seines halleschen Akzents und fragen in ihrem Dialekt: „Kommet Sie von drüben?“ Dann sagt Titus, der Heimat verbunden, gerne: „Ja.“

Alles hing vom Wetter ab

Georg Wagner, 1979 geflüchtet, damals 32 Jahre alt

Im August 1979 war der Wetterbericht für Georg Wagner spannender als alles andere auf der Welt. Er war 32 Jahre alt und wollte mit seinem besten Freund Uwe über die Ostsee nach Dänemark flüchten. Aber dieser Sommer war kein richtiger, immer wieder Regen, Wind, Gewitter. Kein Wetter für eine Flucht in einem Paddelboot über das offene Meer. Alles war geplant und vorbereitet. Das Warten zerrte an den Nerven. Die Wetterkarte der Tagesschau war wochenlang ein Muss, dem DDR-Wetterbericht trauten sie nicht. Es ging so viel schief in diesem Land, warum sollte das beim Wetterbericht anders sein?

Georg hatte schon als Jugendlicher ans Abhauen gedacht. Er wuchs in Leuna bei Halle auf. Sein Vater war im dortigen Chemiewerk Elektromeister. Die ganze Region war grau, überall Industriestaub. Aus überalterten Chemiewerken quollen unentwegt Schadstoffe. Es stank, im wahrsten Sinne des Wortes, zum Himmel. So hat Georg Halle in jener Zeit auch als „Drecknest“ in Erinnerung. In dieser Gegend hatte er nicht bleiben wollen. Wenn sich damals auch nicht gleich ein Weg in den Westen öffnete, so wollte er doch wenigstens in Ostberlin leben, direkt vor dem verschlossenen und gut bewachten Tor zum Westen. Nach der zehnten Klasse ließ er sich in den Leunawerken zum Betriebs-, Mess- und Regeltechniker ausbilden. Nebenbei holte er auf der Abendschule das Abitur nach. Seine Eltern und Geschwister sind später nach Halle-Neustadt gezogen. Georg ging nach Dresden und studierte von 1966 bis 1971 Informationstechnik. Danach bekam er tatsächlich eine Arbeit in Ostberlin, beim Rechenzentrum der Finanzorgane, und damit eine Zuzugsgenehmigung. Er blieb zwei Jahre dabei. Dann bot sich ihm die Möglichkeit, eine Servicewerkstatt für labordiagnostische Geräte der städtischen Krankenhäuser aufzubauen. Seine Mitarbeiter und er lebten wie die Könige, weil ihre Arbeit sehr geschätzt wurde. Einen Service wie diesen gab es in der DDR so gut wie nicht. Wenn Ärzte oder Labors anriefen, waren sie innerhalb einer Stunde vor Ort und versuchten, die Geräte wieder zum Laufen zu bringen. Dabei vollbrachten sie manches Wunder. Georg heiratete, bekam einen Sohn. Seine Frau arbeitete als Krippenerzieherin.

So hätte es weitergehen können bis zur Rente. Aber in Berlin hatte er dauernd die Mauer vor Augen. Westberliner Freunde kamen immer wieder einmal rüber und mit jedem Abschied wuchs bei den Berlinern im Osten die Sehnsucht, auch den anderen Teil der Stadt zu erleben. Georg hatte schon ein paar Mal mit der DDR abgeschlossen. Nach dem Einmarsch der Russen 1968 in Prag wäre er gern aus dem Ostblock abgehauen. Als 1976 der Liedermacher Wolf Biermann ausgebürgert wurde, wäre er ebenfalls gern mitgegangen. Aber als 1978 in den Schulen der DDR der vormilitärische Unterricht eingeführt wurde, da war endgültig Schluss. Georg und seine Frau wollten ihrem Sohn ein Leben in der DDR ersparen. Sie sagten sich: „Sollen die doch hier ihr Ding machen, wenn die Bevölkerung sich das bieten lässt. Aber ohne uns!“

Fluchtpläne wurden geschmiedet. Sie hatten Verwandtschaft im Westen, aber auf die konnten sie nicht zählen. Blieb nur eine Möglichkeit, von der sie gehört hatten: Georg musste es allein wagen und seine Frau und den Sohn im Rahmen der Familienzusammenführung nachholen.

Mit seinem Freund hatte Georg schon zweimal zu flüchten versucht, von Ungarn nach Österreich beziehungsweise

Jugoslawien. Brandgefährliche Unternehmungen waren das gewesen, bei denen sie jeweils im letzten Moment den Häschern entkamen. Zurück in Berlin, überlegten sie gleich aufs Neue, wie sie unbemerkt die Mauer überwinden könnten. Sie dachten an eine Seilwinde über den Todesstreifen von Haus zu Haus in den Westen und an gewagte Flugunternehmungen. Eines Tages sagte Uwe: „Wie wäre es über die Ostsee?" Georg antworte: „Bist du wahnsinnig, ich bin kein Leistungssportler." Außerdem war es DDR-Bürgern nicht erlaubt, sich mit privaten Booten auf die Ostsee zu begeben. Aber Uwe ließ nicht locker. So fuhren sie im Frühjahr 1979 mehrmals an die See, so nah wie möglich an die Grenze und peilten die Lage. Sie sahen, dass die Grenzposten mit Einbruch der Dunkelheit Flakscheinwerfer anwarfen und die Küste ableuchteten. Sie konnten die Möwen auf dem Wasser sehen. Selbst wenn sie irgendwo unbeobachtet ihr Faltboot ins Wasser hätten bringen können, blieben immer noch die Boote der Küstenwache, die nicht zu übersehen waren. Auf dichten Nebel zu warten und vom nördlichsten Punkt der Halbinsel Darß die Flucht zu wagen, schien ihnen am Ende auch zu gefährlich. Also auf nach Polen. Dahin durften DDR-Bürger zu dieser Zeit ohne Pass und Visum. An der Küste dort sah es wesentlich freundlicher aus, keine Postengänger weit und breit, nur alle drei bis fünf Kilometer Wachtürme mit Radar.

Wieder in Berlin, holten sie sich eine Landkarte und wählten die dänische Insel Bornholm als ihr Ziel. Das waren von der polnischen Küste aus 110 Kilometer Luftlinie. Sie kauften ein Faltboot und fingen an, zu trainieren. Vom Zechliner See, wo Uwes Mutter wohnte, über die Kanäle bis Rheinsberg, 15 Kilometer mit dem Paddel. Was erst ein Spaß war, wurde bald schwer erträglich. Während die anderen badeten und schöne Mädchen am Ufer saßen, hieß es für Georg und Uwe immer nur paddeln. Eines Tages kam so ein „verfluchtes Faltboot“ sehr zügig an ihnen vorbei. Was war das? Da saß einer drin und las Zeitung. Außen am Boot surrte leise ein Elektromotor. Sofort machte es bei den beiden „klick“. Sie rissen ihr Boot herum, packten ein und fuhren nach Hause. Am nächsten Tag gingen sie in den großen Sportladen am Frankfurter Tor. Dieser hatte ein für DDR-Verhältnisse besonders gutes Angebot. Sie bekamen tatsächlich einen 300-Watt-Elektromotor und auch noch gute italienische Batterien.

Am nächsten Wochenende ging es wieder raus auf den See. Motor angebaut, Batterie rein, gleich würden sie übers Wasser schießen. Aber weit gefehlt! Sie brauchten eine halbe Stunde, um einigermaßen in Fahrt zu kommen. Dann tuckerten sie dahin. Dabei stand in dem Prospekt, der Motor könne ein viel schwereres Ruderboot bis zu acht Kilometer in der Stunde bewegen. Nach einigen Experimenten ließen sie die Idee, ganz „gemütlich“ abzuhauen, wieder fallen. Der Motor und die Batterien wären für das Radar der Grenzwächter sowieso ideale Reflektoren gewesen, trösteten sie sich und trainierten weiter, bis sie es schafften, 30 Kilometer am Stück zu paddeln. Diese Distanz bewältigten sie am Ende in drei Stunden. Dann würden sie außerhalb der Zwölf-Seemeilen-Zone sein und sich in internationalen Gewässern befinden. Dort durften die Grenzer sie nicht mehr festnehmen. Westberliner Freunde brachten ihnen heimlich Seekarten mit, in denen Hochseebojen eingetragen waren. Alle hatten bestimmte Blinkfrequenzen, die über ihre Position Auskunft gaben. Ein langes Blinken war ein Strich auf der Karte, ein kurzes Blinken ein Punkt. So fand man sich auf den internationalen Schifffahrtswegen zurecht. Die Blinkfolgen lernten die beiden Männer auswendig, weil sie die Seekarten nicht mitnehmen konnten. Die wären an der DDR-Grenze nach Polen höchstwahrscheinlich aufgefallen. Bevor es ernst wurde, erkundeten sie noch einige Male die Gegend, von der aus sie starten wollten. Schließlich entschieden sie sich für einen Strand bei der Ortschaft Pobierowo. Sie nannten das Dorf „Probier mal“. Die Gegend war bewaldet, es gab kaum Wege an der Steilküste. Man konnte ungesehen mit dem Boot zum Strand hinunterklettern. Jetzt fehlte nur noch eine günstige Wetterlage.

An einem Tag im Juni war es so weit. Aber als sie von Berlin angereist waren, bemerkten sie, dass sie die Mittsommernacht nicht berücksichtigt hatten. Gegen 23 Uhr war es noch immer viel zu hell. Auch der Wellengang war an diesem Abend wenig einladend. Also fuhren sie wieder zurück. Georgs Frau hielt das bald nicht mehr aus. Jetzt waren die schon wieder zurückgekommen. Sie musste immer zu Hause bleiben, während die Männer trainierten, organisierten und nach Polen reisten. Das war auch für sie keine so leichte Situation. Dann kam die letzte Augustwoche. Eine ganz stabile Hochdrucklage baute sich auf. Leichte südliche Winde. Es war ein Donnerstag. Georg hatte die Tagesschau eingeschaltet und sofort nach der Wetterkarte rief er Uwe an. Zum Glück hatten beide Familien damals schon einen Telefonanschluss. Auch die waren in der DDR begehrte Mangelware. Uwe nahm sofort ab und sagte: „Ich habe schon am Telefon gestanden und wollte dich gerade anrufen. Was meinst du?“ – „Na klar, es geht los.“

Am nächsten Morgen, es war der 31. August 1979, rief Georg seinen Chef an: „Ich brauche einen Tag Urlaub, ich muss zu meiner Mutter.“ – „Gute Besserung.“ Das ging klar. Alles lag parat: Wasser im Fünf-Liter-Kanister, Bockwürste, Traubenzucker, Schokolade, zwei Luftmatratzen als Rettungsinseln. Das Boot hievten sie auf den Dachträger von Uwes VW Käfer, zur Tarnung nahmen sie Angelzeug und ein Zelt mit. Bei Stettin an der Grenze fragte der Wächter: „Wohin geht’s, meine Herren?“ – „Zum Angeln nach Masuren.“ – „Na denn, Petri heil.“ In „Probier mal“ versteckten sie das Boot in der Nähe des Strandes. Danach stellten sie das Auto vor der Dorfkneipe ab und nahmen ihre „Henkersmahlzeit“. Uwe hatte schon Monate vorher seinen Schwager in den Fluchtplan eingeweiht und ihm den „Käfer“ überschrieben. Der wusste, wo er stand. Wenn die beiden Flüchtlinge sich in den nächsten drei Tagen nicht melden würden, sollte er das Auto unbemerkt von der Staatssicherheit holen. Die hätte den Wagen sonst als Fluchtauto beschlagnahmt.

Über die Ostsee in die Freiheit. ©Constantin Hoffmann

Als es dunkel war, machten sie das Boot klar. Jeder Handgriff saß. Auch das hatten sie geübt. Die Holzkanten und Paddel wurden mit schwarzer Farbe besprüht. Die Dosen vergruben sie. Mit Reisig verwischten sie ihre Spuren. Dann setzten sie sich in das Boot. Es war Punkt 22 Uhr. Georg saß vorne, Uwe hinten. Es ging los. Nach kurzer Zeit hatten sie ihren

Takt gefunden. Die See war spiegelblank – was man selten hat. Die beiden DDR-Flüchtlinge machten gute Fahrt, jeder versank in Gedanken. Der Kompass zeigte, wo Norden ist. Sie hatten keine Ahnung von Strömungen. In ihrer Naivität glaubten sie, sie würden solche bemerken und gegenlenken oder schlimmstenfalls in Schweden landen. So paddelten sie eine gute halbe Stunde, bis sie plötzlich ein Tuckern vernahmen. Dann sahen sie Positionslichter. Ein Küstenwachboot hielt genau auf ihren Kurs zu. Sie stoppten, zogen die Paddel ein und machten sich so klein wie möglich. Beide hatten gummierte Fischerklamotten an, die Uwe besorgt hatte, mit Schlapphüten, die sie herunterzogen. Das Wachboot kreuzte etwa 200 Meter vor ihnen, fuhr im Halbkreis herum und hielt etwa in der gleichen Entfernung hinter ihnen. Sie hörten Männer sprechen, die See war sehr ruhig, aber sie konnten nicht verstehen, was sie sagten. Vorsichtig drehten sich die beiden im Faltboot um. Soldaten liefen auf dem Wachboot. Plötzlich machte es „bum“. Es wurde taghell. „So ein Mist, können wir nicht einmal Glück haben“, dachte Georg. Er sah sich und seinen besten Freund schon drei Jahre im Gefängnis schmoren. „Na ja, dann holt uns. So wie wir die gesehen haben, so müssen die auch uns sehen“, dachte er. Die Kugel kam runter, zischte ins Wasser. Die nächste und dann noch eine. Auch am Strand stiegen plötzlich Leuchtkugeln auf. Sollten sie vom Radar erfasst worden sein? Aber sie hatten doch gar kein nennenswertes Metall an Bord. Die paar Schrauben, mit denen ihr Boot zusammengehalten wurde, dürften nicht ins Gewicht fallen. Auf dem Wachboot konnten sie die Umrisse eines Scheinwerfers ausmachen. Doch seltsamerweise schalteten die Soldaten ihn nicht ein. Vielleicht war er kaputt. Etwa eine viertel Stunde bewegte sich nichts. Die Besatzung des Küstenwachbootes schien zu lauschen. Dann startete der Motor erneut, sie fuhren ein Stückchen weiter. Motor aus. Motor wieder an. Auf einmal hielten sie direkt auf das Faltboot zu. Georg und Uwe dachten: „Wenn die uns bis jetzt nicht gesehen haben, bügeln die uns aus Versehen noch über." Aber die Wächter drehten ab und verschwanden. Vielleicht hatten sie immer nur aus Richtung Küste Flüchtlinge erwartet, auf Luftmatratzen oder Ähnlichem. Sie konnten nicht wissen, wie schnell die Paddler waren, so gut trainiert, dass sie es bereits so weit nach draußen geschafft hatten. Weiter ging es. Sie gaben alles, um aus dem Gefahrenbereich herauszukommen.

Nach drei, vier Stunden sahen sie plötzlich wieder Lichter. Doch diesmal waren es nur Fischer. Sie hörten, wie Anker gehievt und Netze eingeholt wurden. Vorsichtig umfuhren sie diese. Weiter ging es. Hin und wieder gönnten sie sich eine Pause, aßen und tranken etwas. Um nicht dauernd auf den Kompass schauen zu müssen, orientierten sie sich auch an den Sternen. Wieder einige Zeit später spürte Georg beim Einstechen des Paddels in die See einen ungewöhnlichen Widerstand. Er dachte sich aber nichts dabei. Sie arbeiteten wie ein Uhrwerk. Anstrengung spürten sie nicht. Wieder stieß Georgs Paddel auf etwas. Erschrocken zog er es durch. Auf einmal schrie Uwe hinter ihm wie wahnsinnig auf. Da hatte er seinem Freund einen Fisch in den Schoß geschleudert. Der zappelte wie verrückt. Uwe schrie. Im ersten Moment dachte Georg, jetzt sei alles aus. Beide waren fix und fertig, ihr Puls jagte. Sie waren wohl in einen Schwarm Fische geraten.

Es wurde Tag. Die Sonne ging auf. Und sie schauten in eine Nebelwand, etwa zwei Meter hoch. Oben war blauer Himmel, um sie herum Nebel. Immer mal hörten sie Schiffsmotoren, jedoch in weiter Entfernung. Nachmittags gegen drei kam leichter Wind auf. Der Nebel war immer noch da. Sie setzten ihr kleines Segel. Da, wieder ein Schiffsmotor, „tuck, tuck, tuck". Das Geräusch wurde immer lauter. Auf einmal erschien aus der Nebelwand eine weiße Yacht. Sie sagten sich:

In einem solchen Boot flüchteten Georg Wagner und sein Freund. Ausstellung „Über die Ostsee in die Freiheit“. ©Constantin Hoffmann

„So ein schönes Boot gibt es im ganzen Ostblock nicht. Das kann nur ein Bornholmer sein, jedenfalls ein Westler.“ Das Boot näherte sich bis auf etwa 100 Meter. Aber niemand war an Deck. Georg und Uwe brüllten, schrien „SOS“, doch das Boot tuckerte vorbei. Sie wollten schon aufgeben, da kam jemand aus dem Schiffsinneren. Die beiden Paddler machten sich erneut lautstark bemerkbar. Es war tatsächlich ein Fischer von Bornholm, der mit einem Gast aus Hamburg unterwegs war. Der Däne sprach deutsch. Aus ihrer Nussschale heraus erklärten die Paddler: „Wir sind Flüchtlinge aus der DDR, sind aber von der polnischen Küste aus abgehauen mit dem Ziel Bornholm.“ Der Kapitän entgegnete, er werde mit dem Gast noch die ganze Nacht draußen angeln und fragte: „Wie fühlen Sie sich?“ – „Blendend.“ Sie fragten ihrerseits: „Wie weit ist es bis Bornholm?“ – „Zwölf Seemeilen.“ Sie verstanden nur zwölf und dachten, es wären zwölf Kilometer. Dann müssten sie in einer Stunde an Land sein. In ihrer Euphorie lehnten sie das Angebot ab, an Bord zu kommen. Die Yacht entfernte sich. Georg fasste das Paddel an, plötzlich bekam er es kaum noch hoch. Jetzt war die Luft raus, war der psychologische Druck weg. Nun war ihnen klar, dass sie es eigentlich geschafft hatten.

Die nächsten Stunden waren eine Quälerei. Die See wurde etwas unruhiger. In den leichten Wellen vor ihnen bauten sich Küsten auf, Hotels, Südseestrände. Es waren Halluzinationen. Jede Möwe auf dem Wasser wurde eine Segelyacht. Sie kniffen dreimal die Augen zusammen, dann waren sie wieder in der Realität. Es wurde dämmrig. Und sie sahen Gott sei Dank den ersten Leuchtturm, an der Südostspitze von Bornholm. Vom Strand leuchteten immer mehr Lichter. Sie wussten nicht, wie weit sie davon entfernt waren und hielten auf die größte Gruppe von Lichtern zu. Auf einmal fuhren sie in einen breiten Kanal ein. Rechts und links standen Bäume, wie bei ihrem Training auf den Kanälen bei Berlin. Endlich erreichten sie die Lichter. Die Männer aus dem Osten waren angekommen. Es war der 1. September 1979, gegen 22 Uhr. Ihre Flucht über die Ostsee hatte 24 Stunden gedauert.

Auf der kleinen Hafenmauer saßen zwei Männer. Einer fragt in Berliner Dialekt: „Wo kommt ihr denn her?“ – „Aus Polen.“ – „Aus Polen“, sagten die beiden auf der Mauer lachend, „zwei Verrückte.“ – „Na ja“, erwiderte Georg, „eigentlich sind wir aus Ostberlin. Wir sind gerade abgehauen.“ Hoch erfreut riefen die Männer: „Wir kommen aus Westberlin. Habt ihr Hunger, habt ihr Durst?“ Die Flüchtlinge zerrten ihr Boot an Land. „Das könnt ihr hier liegen lassen, hier klaut keiner“, sagten die Westberliner und nahmen die beiden mit in ihr Ferienhaus zu ihren Familien. Es wurde erzählt und wunderbares Bier getrunken. Sie konnten dort auch übernachten. Am nächsten Morgen stand Georg früh auf. Alle schliefen noch. Er ging zum Meer, lief auf eine Düne und da sah er einen völlig geraden Sandstrand. Er dachte: „Das gibt's doch gar nicht. Wo ist der Kanal von gestern Abend?“ Da hatte er in seiner Erschöpfung noch eine Fata Morgana gesehen. Inzwischen waren auch die anderen aufgewacht. Da die Polizei in Rønne sonntags geschlossen hatte, zeigten die Westberliner den beiden Geflüchteten erstmal die Puppenstubeninsel. Kleine schmucke Dörfchen, sie kamen aus dem Staunen gar nicht mehr heraus. Georg traute sich nicht, nach dem Rauchen die Zigarettenkippe wegzuwerfen, weil alles so sauber war. Er zerbröselte sie, den Filter steckte er in die Hosentasche.

Georg Wagner nach seiner Flucht.

Am Montag meldeten sie sich bei der Polizei. Vorher kauften sie sich noch eine neue Montur: Jeans, Schuhe und T-Shirts. Uwe hatte noch in Berlin von seiner Schwester, die schon viele Jahre im Westen lebte, tausend D-Mark geschenkt bekommen. Auf dem Polizeirevier trafen sie auf einen bärtigen, langhaarigen Polizisten in Uniform. Er sah aus wie ein Original aus dem Film „Die Olsenbande“ und sprach gut deutsch. Dem erklärten sie, dass sie Flüchtlinge aus der DDR seien. Darauf sagte er ernst: „Das kann nicht sein. Bei schönem Wetter können wir hier DDR-Fernsehen sehen. Aus dem Paradies der Arbeiter und Bauern haut keiner ab. Das können Sie mir nicht erzählen." Dann fing er an, sich vor Lachen auszuschütten. Prustend schickte er sie hoch zu seinem Vorgesetzten. Einen Moment waren Georg und Uwe völlig verwirrt, dann lachten auch sie los. Der Vorgesetzte schaute ebenfalls ernst, musterte sie und sagte: „Schicke Schuhe. Solche kann ich mir nicht leisten. Und ihr wollt Flüchtlinge sein?" Sie klärten das ganz schnell auf und wieder wurde allseits gelacht. Nun mussten Formulare ausgefüllt werden. In der Zwischenzeit rief der Polizeichef die westdeutsche Botschaft in Kopenhagen an. Am nächsten Morgen wurden Georg und Uwe in die dänische Hauptstadt geflogen. Von dort ging es weiter mit dem Zug über die Vogelfluglinie nach Puttgarden. Hier nahm sie der Bundesgrenzschutz in Empfang und brachte sie nach Hamburg. Nach einer kurzen Befragung ging es weiter nach Gießen ins Notaufnahmelager. Da war nicht viel los. Es gab noch keine Ausreisewellen wie später in den 80er Jahren. Sie bekamen Ausweise und Tickets für einen Flug nach Westberlin. Dort wurden die beiden Ostberliner von einer ganzen Schar von Freunden abgeholt und dann wurde erst einmal gefeiert.

Georg zog zu den Freunden. Nur wenige Tage später klingelte es, da stand der Nächste aus seiner Ostberliner Clique vor der Tür, frisch abgehauen. Wieder gab es ein großes Hallo. Diesem Freund war es gelungen, die Grenzer in einer amerikanischen Uniform zu täuschen, die er sich irgendwie hatte besorgen können. Schon von Bornholm aus hatte Georg die Westberliner Freunde gebeten, seiner Frau telefonisch Bescheid zu geben und das Codewort zu nennen, wonach klar war, dass es die beiden Freunde geschafft hatten. Erleichterung! Sie lagerte daraufhin umgehend Wertsachen aus der Wohnung aus.

Denn sie hatten gehört, dass es in solchen Fällen möglich war, dass die Staatssicherheit die Hälfte des Hausstandes kassierte. Dann rief sie Georgs Vater an und berichtete von der Flucht. Der Vater explodierte vor Wut, nahm sich frei und fuhr nach Berlin. Zusammen mit seiner Schwiegertochter ging er zur Polizei und schimpfte: „Ein Schweinehund, der Frau und Kind verlassen hat." Er wusste natürlich nichts von der Absprache des Ehepaars. „Das hat wohl dazu geführt, dass meine Frau weitgehend in Ruhe gelassen wurde", meint Georg. Sie erklärte der Staatssicherheit, sie sei überrascht gewesen, als der Anruf aus dem Westen kam. In ihrer Wohnung nahm die Staatssicherheit zwar den Hausstand auf, beschlagnahmte aber nichts. Sogar das Telefon wurde ihr gelassen. Georg ist sich sicher: „Das haben sie abgehört, um unseren Fluchtweg zu erfahren." Die Familienzusammenführung war nicht, wie bei anderen erlebt, nach einem Jahr erledigt, sondern zog sich zweieinhalb Jahre hin. Die Ehe hat das nicht ausgehalten. Zwar kamen Georgs Frau und sein zehnjähriger Sohn nach Westberlin, sie wollte jedoch gleich wieder zurück zu ihrer neuen Liebe. Georg redete ihr ins Gewissen: „Das kannst du dem Kind nicht antun." Nachdem sie sich in Westberlin etabliert hatte, heiratete sie ihren neuen Freund, so durfte der im Rahmen der Familienzusammenführung die DDR verlassen.

Im Westen zu leben war für Georg wie das Laufen neu zu lernen. Er erinnerte sich an die vielen westdeutschen Schulklassen, die immer zum Tagesbesuch durch Ostberlin liefen. Wie die auftraten, deren lockere, aufrechte Körperhaltung hatte ihm immer imponiert. Diese Selbstsicherheit wollte er schnellstmöglich gewinnen. In der ersten Zeit dachte er immer: „Die erkennen alle sofort, woher du kommst." Als ihn einmal ein Polizist anhielt, fragte er sofort verängstigt, was passiert sei und war auf eine Standpauke gefasst. Die Volkspolizisten im Osten taten immer so, als hätte man den Weltfrieden gefährdet, wenn man mal 10 km/h schneller gefahren war als erlaubt. Georg war sehr angenehm überrascht, dass ihn der Beamte nicht anpflaumte, sondern höflich und freundlich ansprach. Mindestens ein Jahr dauerte es, bis es Georg gelang, sich von dieser devoten Haltung gegenüber der Staatsmacht zu befreien.

Seinen Berufsabschluss erkannten die Behörden ohne Probleme an. Die TU Dresden war auch im Westen eine respektierte Bildungseinrichtung. Aber einen Job fand er nicht so einfach. Vergeblich bewarb er sich bei Siemens, AEG, Telefunken und anderen Unternehmen. Die Affäre um den DDR-Spion Guillaume, die 1974 zum Rücktritt von Bundeskanzler Brandt geführt hatte, war noch gut im Gedächtnis und bei Siemens sagte man ihm ganz offen: „Tut uns leid, Herr Wagner, Sie können nicht beweisen, dass Sie kein Wirtschaftsspion sind. Wir können es uns in dieser Zeit nicht leisten, ein Risiko einzugehen." Zum Glück bekam er ein ganz gutes Arbeitslosengeld. Nach etwa einem Jahr lernte Georg in Berlin eine Schwedin kennen, die einige Zeit in der Stadt lebte. Mit ihr ging er dann nach Schweden, wo er eine Aufenthalts- und Arbeitsgenehmigung und sogar ein halbes Jahr kostenlos Unterricht in der Landessprache erhielt. Dann war das Glück wieder auf seiner Seite. Im Frühjahr 1981 suchte das Unternehmen Carl Zeiss Oberkochen Servicetechniker für Skandinavien. Nach drei Monaten konnte er im Vertrieb anfangen. Von da an verkaufte und wartete er in Schweden, Norwegen und Finnland elektronenmikroskopische Geräte von Zeiss.

Nach drei Jahren, 1982, versuchte Georg wieder in die DDR einzureisen. Freunde hatten ihm erzählt, dass es eine Amnestie gegeben habe, von der auch „Republikflüchtlinge" profitieren könnten. Er rief bei der DDR-Botschaft in Stockholm an und fragte, ob er gefahrlos die Transitwege nach Westberlin benutzen könne. Eine Frauenstimme sagte barsch: „Wir dürfen nur Informationen an DDR-Bürger geben." – „Das will ich gerade von Ihnen wissen, ob ich in Ihrem Sinne noch DDR-Bürger bin oder nicht", gab Georg zurück. Sie wiederholte ihre Antwort. Ende. Er rief bei der westdeutschen Botschaft an. Dort sagte man ihm, es dürfte keine Schwierigkeiten geben, wenn er nicht Fahnenflucht begangen hätte oder wegen eines Gewaltverbrechens oder eines anderen kriminellen Delikts gesucht würde. Im November fuhr er mit seinem Sohn, der bei ihm in Schweden lebte, nach Trelleborg zur Fähre. Auf dem Schiff musste man für fünf Mark ein Transitvisum kaufen. Nachts kamen sie im Hafen von Saßnitz an. Gleich als sie aus dem Schiff gefahren waren, sprang ein Uniformierter an ihr Auto und rief: „Rechts ran!" Georg schoss es durch den Kopf: „Ach du Scheiße, was hast du bloß gemacht. Alles umsonst gewesen, jetzt fährst du ein." Nach einer knappen Stunde kamen zwei Grenzer, brachten die Pässe zurück und sagten: „Sie sind zur unerwünschten Person erklärt worden. Die Durchfahrt nach Berlin wird nicht gestattet." Er bekam seine fünf Mark wieder und konnte mit dem Schiff zurückfahren. Einige Zeit später versuchte er es noch einmal von Westdeutschland aus. Da ließ man ihn plötzlich rein. Er fuhr über den Grenzübergang Lauenburg. Die Autobahn Hamburg–Berlin war erst bis Ludwigslust gebaut. Von dort führte die Transitstrecke über die Landstraße. Seit drei Jahren war er erst im Westen, aber was er jetzt durch das Autofenster sah, konnte er kaum begreifen. Wie sah dieses Land aus, in dem er so lange leben musste. Die Ortschaften waren dreckig, grau, trist. Die Leute schauten alle so bedrückt. Er dachte: „So schlimm hast du die DDR doch nicht in Erinnerung." Aber jetzt hatte er den direkten Vergleich. Die Transitwege durfte Georg nun benutzen, wieder in die DDR einreisen ließen ihn die Genossen nicht, bis 1988. Da fuhr er erstmals wieder nach Halle. „Grauenhaft, dieser

Anblick", erinnert sich Georg und schüttelt sich. „Das war so deprimierend zu sehen." Der Verfall hatte sich seit seiner Flucht beschleunigt.

Als am 9. November 1989 abends die ersten Bilder vom Fall der Mauer natürlich auch im schwedischen Fernsehen liefen, kamen Georg die Tränen. „Ich habe dagesessen und geheult. Das vergisst man nie wieder. Das konnte ich nicht begreifen, dass die Mauer gefallen ist", erinnert er sich und fast sind die Tränen wieder da.

Und das Glück war ihm erneut hold. Carl Zeiss übertrug ihm in seinem Job 1990 das Gebiet der neuen Bundesländer. Georg zog zurück nach Berlin. Seine Arbeit führte ihn beruflich auch wieder nach Halle, zum Fraunhofer-Institut am Weinberg, zum Max-Planck-Institut und an die Universität. Er sah bei Fahrten durch seine alte Heimat, wie aus den Leunawerken, einem Schrotthaufen, der die Umwelt verpestete, ein zukunftsfähiges Unternehmen wurde, wenn auch mit viel weniger Personal. Ähnliches erlebte er bei „Carl Zeiss" in Jena. Dort konnte man nach dem Zusammenbruch der DDR auch nicht 12.000 Leute in Lohn und Brot halten. Der ganze Ostblock war als Kunde weggebrochen.

Heute lebt Georg als Pensionär auf dem Land bei Lüchow-Dannenberg, hat einen kleinen Hof mit einigen Tieren. Er sieht für sich auch einen Vorteil darin, in der DDR gelebt zu haben. „Man setzt sich kritischer mit den negativen Auswüchsen der westlichen Gesellschaft auseinander. Man hinterfragt mehr", erläutert er. Den Weg, den er gegangen ist, hat er nie bereut. „Ich unternahm die gefährliche Flucht nicht, weil ich ein dickes Auto fahren wollte", sagt er mit Nachdruck. „Ich wollte einfach Ruhe haben vor diesem Regime. Wenn ich vor die Hunde gehe, dann ist das mein Bier. Dann war es mein freier Wille. Wenn ich was in Amerika machen will oder in Frankreich, dann muss das auch mein freier Wille sein. Ich wollte auch meinen Sohn so aufwachsen lassen, dass er frei bestimmen kann, was er aus sich macht. Nicht, dass da einer in die Schule kommt und sagt: ‚Du hast Muskeln, du wirst Maurer. Dein Vater ist Arbeiter, du studierst, dein Vater ist Zahnarzt, du lernst gefälligst einen Beruf in der Produktion.'" Einsicht in seine Stasiakten hat Georg nicht beantragt. Er kann gut verstehen, wenn andere diese Seite ihrer Geschichte in Erfahrung bringen wollen. „Aber", sagt er, „mir war die DDR scheißegal. Ich bin raus und Ende." Sein Sohn wurde Computerfachmann und ging nach München. Seinen Freund Uwe hat Georg aus den Augen verloren.

Georg Wagner als fröhlicher Frühpensionär in Niedersachsen. ©Constantin Hoffmann

Georg ist für sein Leben in Freiheit ein hohes Risiko eingegangen. So richtig hat er das erst hinterher mitbekommen. Es war nicht nur das Risiko, von den Grenzern eingefangen zu werden, es ging auch um den Kampf mit den Elementen. Bei Carl Zeiss in Schweden lernte Georg, die Landratte, erfahrene Segler kennen, die auch schon mal um die Welt gesegelt waren und die Ostsee gut kannten. Die sagten ihm: „Ihr wisst gar nicht, was ihr für ein Schwein hattet. Wie oft sind wir in Situationen gekommen, wo die Ostsee innerhalb einer halben Stunde vom Seglertraum zur Hölle wurde und wir nur mit knapper Mühe den sicheren Hafen erreichten." Etwas schaudernd, aber mit dem Lächeln eines Lausbuben sagt Georg: „Wir waren naiv. Das hat uns weit gebracht."

Erst der eine Bruder, dann der andere

Peter Klaußner, 1980 freigekauft, damals 25 Jahre alt

Es war ein Schock für die Schüler und Lehrer an der Schule in Halle-Dölau. Im Sommer 1979 fehlte plötzlich der beliebte Sportlehrer mit den blonden langen Haaren. Ihm war die Flucht über Bulgarien nach Griechenland gelungen. Nun lebte er in Westberlin. Ein Jahr später wollte sich auch sein Bruder Peter auf dieses waghalsige Abenteuer einlassen.

Peter hatte sich bei der Deutschen Reichsbahn zum Triebwagenschlosser mit Abitur ausbilden lassen, anschließend 18 Monate bei der Nationalen Volksarmee gedient und dann einen Job als Fahrer in einem volkseigenen Betrieb angenommen. Aber seine Leidenschaft galt der Kunst. Deshalb bewarb er sich 1978 in Halle an der Hochschule für industrielle Formgestaltung, Burg Giebichenstein. Der 23-Jährige bestand den Eignungstest und hatte einen Studienplatz in Aussicht. Doch dann kam einige Wochen später überraschend eine Ablehnung. Man habe sich mit den Plätzen verkalkuliert, er müsse den Studienbeginn um ein Jahr verschieben, hieß es. „Das ist doch nicht der wahre Grund“, argwöhnte Peter. Er vermutete, dass ihn die Genossen nach der Flucht seines Bruders als unsicheren Kantonisten ansahen. Trotzdem begab er sich in die Warteschleife. „In einem Jahr ist vielleicht Gras über die Sache gewachsen“, dachte er sich. Um der Kunst trotzdem nahe zu sein, übernahm er eine Schwangerschaftsvertretung an der Sektion Geobotanik der Martin-Luther-Universität, wo er wissenschaftliche Zeichnungen und Grafiken für Forschung und Lehre fertigte. Ein Jahr später wurde seine Studienbewerbung aber wieder mit einer ähnlichen fadenscheinigen Begründung abgelehnt.

Halle, Blick vom Dach des Hauses Spitze 21, 1982 (Hinterhaus). ©Walter Nauhaus

Der Ärger darüber öffnete ihm die Augen. Plötzlich empfand er das ganze Land mit seinem politischen Stillstand und dem wirtschaftlichen Niedergang als bedrückend. Er sah den Zerfall in Halle und konnte den Anblick auf einmal kaum noch ertragen. Vom Krieg weitgehend verschont geblieben, schien nun der Sozialismus die Stadt zuschanden zu machen. Löcher in den Straßen wurden, wenn überhaupt, meist nur notdürftig repariert. In besten Stadtlagen wuchsen Bäume aus Dachrinnen. Niemand schien zuständig. In der Innenstadt wurden ganze Zeilen von einst prächtigen Bürgerhäusern abgerissen. Schon während seiner Ausbildung bei der Reichsbahn hatte er wirtschaftliche Schwierigkeiten registriert. Die Lehrlinge mussten zusammen mit den Arbeitern alte Schrauben und Muttern aufarbeiten, was allein aus Sicht der Personalkosten schon völlig unökonomisch war. Freunde und Bekannte erzählten ähnliche Geschichten aus maroden Betrieben. Er bekam auch keine eigene Wohnung. „Entweder man zog in einen Abrissbau oder man versuchte es mit

Korruption", schildert er seine Erfahrung. Die Perspektive, irgendwann einmal in Halle-Neustadt, in der sozialistischen Vorzeigestadt zu landen, fand er nicht verlockend. Selbst wenn es warmes Wasser aus der Wand und Fernheizung gab, für ihn war es eine Verwahrung, die nichts mit Kultur zu tun hatte. In die SED eintreten und versuchen, etwas zu verändern, das kam für ihn nicht infrage. „Das war doch alles eine Scheindemokratie", meint er. „Und Probleme wurden nicht so angesprochen wie sie sich darstellten. Es wurde vertröstet, heruntergespielt und gelogen."

Diese Erkenntnisse brachten ihn in Konflikt mit seinem Vater. Der war stellvertretender Direktor des Instituts für Lehrerbildung und SED-Mitglied. Seine prosozialistische Einstellung rührte aus sowjetischer Kriegsgefangenschaft her. Peters Bruder Michael hatte das System schon früher infrage gestellt und heftig mit seinem Vater diskutiert. Auch wenn er sich nach der zehnten Klasse am Institut des Vaters zum Grundschullehrer ausbilden ließ. Der Bruch kam mit der Einberufung zur Armee. Michael fürchtete, am Kadavergehorsam in den sozialistischen Streitkräften zu zerbrechen. Und er dachte sich: „Bei einer Flucht in den Westen geschnappt zu werden kann nicht schlimmer sein." Deshalb setzte er alles auf eine Karte und gewann. Mit der Hilfe westdeutscher Freunde und einem falschen Pass überlistete er die Grenzer. Nachdem die Flucht bekannt wurde, mussten Peter und seine Eltern zum Verhör. Sie konnten die Polizei jedoch davon überzeugen, dass sie in den Fluchtplan nicht eingeweiht waren. Trotzdem musste sich der Vater noch vor einem Tribunal seiner Genossen im Institut verantworten, für das „Versagen bei der Erziehung" seines Sohnes. Aber wegen seines hohen Ansehens hielten sie noch einmal schützend die Hand über ihn. Das Lehren wurde ihm nicht verboten. Er musste aber seinen Posten als stellvertretender Direktor aufgeben.

Nun, ein Jahr später, wollte auch Peter flüchten und mit ihm seine Freundin Heike. Die westdeutschen Freunde, die bei einem Besuch in Halle von der gelungenen Flucht des Bruders berichtet hatten, waren wieder bereit zu helfen. Den Plan beredeten sie bei einem Spaziergang im Thüringer Wald. Dort, weit weg von Halle, wähnten sie sich sicher vor den Schnüfflern der Staatssicherheit. Zur letzten Absprache trafen sie sich noch einmal an der Transitautobahn München–Berlin bei Halle, auf einem mit besonders viel Bäumen und Büschen bewachsenen Parkplatz. Peter hatte sich dafür ein Auto von Bekannten ausgeliehen. Er und Heike sollten auf dem gleichen Weg wie sein Bruder Michael in die Freiheit gelangen: mit gefälschten Pässen im Zug von Sofia nach Griechenland. Sie besorgten sich Urlaubervisa und fuhren zum verabredeten Zeitpunkt nach Bulgarien. Dort gaben sie sich auf einem Zeltplatz wie ganz normale Urlauber. Sicherheitshalber hatten sie zur Übergabe der benötigten Papiere im Hauptbahnhof von Sofia drei Termine innerhalb einer Woche verabredet. Und tatsächlich mussten sie zweimal zurück zum Zeltplatz. Das kostete Nerven. Dann erschienen die Vertrauten, denen zweimal die Situation zu unsicher war. In einer Ecke des Bahnhofs überreichten sie den beiden Fluchtwilligen ein Kuvert mit Papieren und Fahrkarten. Die Pässe hatten die Freunde von anderen hilfreichen Westdeutschen bekommen, die ohne jede Ambition waren, in die DDR zu reisen. Der Polizei sagten sie, die Papiere seien verlorengegangen. Ein begabter Grafiker aus dem Freundeskreis hatte die Transitstempel gefälscht. So bestiegen Peter und seine Freundin den Zug als „Bundesbürger". Ihre Papiere wiesen sie als Urlauber aus, die von Jugoslawien kommend nach Griechenland unterwegs waren. Die westdeutschen Freunde fuhren nach der Übergabe der Pässe umgehend mit ihrem Auto weiter. So waren sie in Griechenland auf der sicheren Seite, bevor der Zug mit den Flüchtlingen an der Grenze war. Peter und Heike wussten, das es kein

Sonntagsausflug werden würde, von dem man hinterher sagen kann: „Es hat leider geregnet, deshalb haben wir den Picknickkorb wieder mitgebracht." Aber da es ein Jahr zuvor beim Bruder geklappt hatte, waren sie guten Mutes.

An der Grenze hörten sie, wie in den anderen Abteilen die Papiere der Reisenden ohne große Zeitverzögerung abgestempelt wurden. Dann kamen sie an die Reihe. Der Kontrolleur nahm ihre Pässe und verschwand plötzlich damit. In Begleitung eines zweiten Beamten kehrte er zurück. Ohne Begründung wurde das junge Paar aus dem Zug geholt und getrennt. Peter führten sie in ein leeres Büro und ketteten ihn mit Handschellen an die Heizung. Dann tat sich stundenlang nichts. „Was machen die mit Heike", hämmerte es in seinem Kopf. „Wie lange werden die uns einsperren?" Nach langer Zeit kamen zwei Herren und begannen mit dem Verhör. Ob er DDR-Bürger sei, wollten sie immer wieder wissen. Peter verneinte und verwies auf seinen Pass. Er wunderte sich, dass sie ihn die Unterschrift nicht nachmachen ließen. Später im Prozess wurde ein Gutachten vorgelegt, das besagte, der Pass sei so gut gewesen, dass ein Grenzer ihn nicht ohne Weiteres als Fälschung hätte erkennen können. Im Anschluss an die Vernehmung kam Peter in ein mittelalterliches Gefängnis. Das war dreckig und voller Mäuse. Nach drei Tagen wurde er nach Sofia überführt. Dort saß er mit einem jungen Ostberliner Flüchtling in einer winzigen Zelle. Es war unheimlich heiß, Mitte Juli, es gab kaum zu trinken, keine Toilette. Schon bald nach der Einlieferung klopfte Peter und sagte, er müsse austreten. Da haute ihm der Wärter, der ihn vielleicht nicht richtig verstanden hatte, eine runter, dass er auf der Pritsche landete. Später stellte ein anderer Wärter einen kleinen Eimer hinein. Mit dieser Situation, sich vor einem anderen auf einen Eimer zu setzen – und nicht nur für das kleine Geschäft –, musste Peter erst einmal lernen umzugehen.

Nach drei Wochen wurden die Gefangenen zum Flughafen gebracht und in eine IL 62 der Interflug gesetzt. Er sah Heike, durfte aber nicht mit ihr sprechen. Im Flieger saßen schon viele Häftlinge, jeder an seinen Sitz gekettet, dazwischen Stasileute.

In der Urlaubssaison musste im Schnitt einmal pro Woche so ein Flugzeug in die sozialistischen Bruderländer geflogen sein, um die eingefangenen DDR-Flüchtlinge abzuholen. Im Winter einmal im Monat. Nach Informationen der Bundesbeauftragten für die Unterlagen der Staatssicherheit der ehemaligen DDR wurden 1979 aus Bulgarien insgesamt 49 Personen per Flugzeug zurückgeführt, aber aus dem ganzen Ostblock waren es in diesem Jahr 590 Flüchtlinge. Besonders drastisch war es 1972. Da wurden 1.269 geschnappte DDR-Bürger zurückgeflogen und 1988 kamen 1.082 auf diese Weise in die Gefängnisse. So ein voll besetzter Flieger konnte der DDR horrende Devisen bringen. Denn viele der Gefangenen wurden nach einiger Zeit im Gefängnis von der westdeutschen Regierung freigekauft. Für Peter war es der erste Flug seines Lebens.

In Ostberlin wurden Peter und Heike schon auf dem Rollfeld des Flughafens Schönefeld von Stasileuten aus Halle in Empfang genommen und getrennt abtransportiert. Es begannen sieben Monate Untersuchungshaft. Die Vorwürfe waren immer dieselben: „Fluchtversuch, staatsfeindliche Hetze, feinddienstliche Verbindungsaufnahme“. Bei Peters Vernehmung wurde die eigentliche Angelegenheit schnell abgehakt. Sie hatten ihn auf frischer Tat ertappt. Außerdem legten sie ihm Fotos vom Treffen mit den westdeutschen Freunden an der Autobahn bei Halle vor. Nun wollten sie vor allem Hintergründe erfahren. Was hatte Peter für Freunde? Wer kannte wen? Wer wusste was? Wieder und wieder wurden ihm Bilder vorgelegt. Zum Beispiel von der alljährlichen, privat organisierten Fahrrad-Rallye zum Petersberg. Der Vernehmer gab sich umgänglich.

Peter Klaußner mit seiner Mutter 1975.

Peter musste sich Mühe geben, nicht weich zu werden. Er sagte sich: „Das Schlimmste, was mir passieren kann, ist, dass sie mich wieder in dieses Land rauslassen." Nach den Verhören bekam er eine Liste mit den Namen aller in der DDR zugelassenen Anwälte. Auf dieser stand auch der Anwalt Vogel, von dem alle Welt wusste, dass er der wichtigste Mann für den Häftlingsfreikauf war. Vogel hatte Unteranwälte, einen davon auch in Halle. Dieser war in der Liste schon angekreuzt. Peter fragte sich, ob das womöglich ein Fingerzeig war, dass sie auch ihn für den Freikauf bereitstellen wollten. Seine Eltern hatten ihm bereits einen Anwalt organisiert, den er aber nicht nahm, weil er mit einem Parteiabzeichen am Revers erschien. Das war ihm einfach zu dumm.

Für den Anwalt der Kanzlei Vogel war es eine ganz klare Sache. „Machen Sie sich keine Sorgen", bat er seinen Mandanten, „für das, was Sie wollen, sind Sie hier richtig. Ich werde das schon machen. Verhalten Sie sich nur ruhig." Im Prozess verteidigte sein Anwalt ihn nicht. Er brauchte eine Verurteilung, da er sonst den Gefangenen nicht auf die Liste für den Häftlingsfreikauf hätte setzen können. Der Richter war ein scharfer Vertreter des Systems. Er schockte Peter, als er ihm mit vernichtendem Tonfall zurief: „Sie sind hier eines Verbrechens angeklagt. Sie werden mit vier Jahren Freiheitsentzug bestraft." Heike bekam ebenso viel. In der U-Haft hatte Peter jemanden kennengelernt, der Flugblätter verteilt, also richtig aktiv etwas gegen diesen Staat unternommen hatte. Der war nur zu dreieinhalb Jahren verurteilt worden. Noch im Gericht ging es Peter durch den Kopf: „Ich bin dreißig, wenn ich wieder rauskomme. Und es ist noch nicht mal sicher, ob ich in die richtige Richtung entlassen werde." Da packte ihn die Wut umso mehr und er sagte in seinem Schlusswort: „Durch diesen Prozess bin ich in meinem Willen rauszukommen nur noch bestärkt worden."

Vom Gefängnis in Halle brachte man ihn mit anderen Gefangenen zu einem Seiteneingang des Hauptbahnhofs. Immer zwei Gefangene aneinandergekettet. Durch unterirdische Gänge gelangten sie auf einen ganz normalen Bahnsteig. Von den anderen Reisenden wurden sie durch Polizisten mit Hunden und Maschinenpistolen abgeschirmt. „Oh, wie peinlich", dachte er. „Die denken, ich bin ein Schwerverbrecher." Im Gefangenenzug erfuhr er von Häftlingen, dass man nicht immer direkt in „sein" Gefängnis gebracht wurde, sondern der Sammeltransport etliche Orte mit Gefängnissen anfuhr. Im Winter geschah das ohne große Heizung, im Sommer ohne Kühlung. Peter kam nach Cottbus. Im Gefängnis arbeitete er im Schichtbetrieb für den Kamerahersteller „Pentacon". Mit seinen 15 Zellengenossen hatte er Glück. Es waren fast alle geschnappte Flüchtlinge oder Leute, die hartnäckig Ausreiseanträge gestellt hatten, vom Zahnarzt bis zum Hilfsarbeiter. Alle hatten Hoffnung, über diesen Umweg doch noch in den Westen zu gelangen. Die meisten waren zu bewundern. Bis an die Grenzen der Fantasie reichten ihre Einfälle, wie sie diesem Land zu entkommen versuchten. Ein Mithäftling saß, weil er anonyme Briefe an DDR-Behörden geschrieben hatte. In denen hatte es zum Beispiel geheißen: „Die DDR ist wie ein kaputter Mehlsack, alles, was man reinschüttet, fällt unten wieder raus.“ Jahrelang suchte die Staatssicherheit den Verfasser der Schmähbriefe vergeblich, denn seine Frau arbeitete bei der Post und hatte die Briefe, ohne zu wissen, was in ihnen stand, direkt mit zur Abfertigung genommen. Briefkastenkontrolle war da eben zwecklos. Irgendwie erwischten sie ihn doch. Der arme Mann hatte vier oder fünf Jahre bekommen und war 60 Jahre alt. Er musste die Zeit bis zum letzten Tag absitzen, wie Peter später erfuhr.

Peters Vater war nach der missglückten Flucht seines Sohnes vollends in Ungnade gefallen. Am Institut für Lehrerbildung hatte sich keiner mehr gefunden, der ein gutes Wort für ihn einlegen wollte. Er durfte nicht mehr lehren und wurde als Betreuer in einen Jugendfreizeitklub in der Hallenser Plattenbausiedlung Silberhöhe geschickt. Das war schlimm für einen, der am Ende seiner Laufbahn stand und mit höchsten Orden im Lehrerbildungssystem dekoriert worden war. „Mein Vater war ein wirklich überzeugter Kommunist“, sagt Peter bitter. „Wenn sich alle so engagiert hätten wie er, hätte das System vielleicht eine Chance gehabt. Er hat es nie verstanden, warum seine Söhne unbedingt in den Westen wollten. Aber er hat sehr darunter gelitten, dass einer seiner Söhne ins Zuchthaus kam, obwohl er keiner Ameise was zuleide tun kann. Dies und die nackte Existenzangst nach seiner zweifachen beruflichen Degradierung hat er nicht verkraftet. Er ist daran zerbrochen.“ Am Tag vor der Beerdigung wurde Peter wieder ins Gefängnis nach Halle gebracht. Sein einstiger Vernehmer erklärte ihm, dass er an der Beisetzung teilnehmen könne. Er würde aber in Handschellen an das Grab geführt. Und auch im Umkreis würden Mitarbeiter des Ministeriums für Staatssicherheit stehen und das Areal sichern. Das wollte Peter weder sich noch den anderen Trauernden zumuten. Seine Mutter hatte dafür Verständnis.

Eines Nachts riss ein Wärter im Gefängnis in Cottbus die Tür von Peters Zelle auf und brüllte: „Strafgefangener Klaußner, Sachen packen." Es ging nach Karl-Marx-Stadt. Warum, wurde nicht gesagt. Aber er wusste aus Erzählungen, dass man über ein Gefängnis dort in die Freiheit gelangte. Etwa zwei Wochen passierte fast nichts. Er saß in einer Zweimannzelle. Manchmal wurde er geholt, um Formalitäten zu erledigen. Im Gefängnisladen sollte er sein Geld ausgeben. Er kaufte sich vor allem bessere Lebensmittel. Dann kam sein „Tag der Befreiung". Am 10. Dezember 1980 hatte er erreicht, was er wollte. In der Effektenkammer bekam er seine Zivilsachen, die er bei seiner Flucht in Bulgarien getragen hatte. Dann musste er sich mit dem Gesicht zu einer Holztür stellen, die nach einiger Zeit aufging. Dahinter war eine lange, steile, mit gelber Wellplastik überdachte Treppe. An ihrem Fuß stand ein Wärter in dunkler Uniform, mit Maschinenpistole, gleich dahinter, im engen Hof, vor der hohen Gefängnismauer, ein westdeutscher Luxusreisebus mit Gießener Kennzeichen und einem „D" auf dem Heck. Da wusste Peter: „Das wird der Ritt in die Freiheit." Noch einmal wurde er nach seinem Namen gefragt und dieser auf einer Liste abgehakt. Dann durfte er einsteigen. Innen lief ein Mann auf und ab und sagte freundlich in ein Mikrofon: „Und wieder ein Neuer. Wir begrüßen Sie auf dem Territorium der Bundesrepublik Deutschland. Für Sie ist die Haft zu Ende." Auf einmal sah er auch Heike. Sie waren gerührt, konnten kaum etwas sagen. Voll besetzt fuhr der Bus in Richtung Westen, bis zur Grenze begleitet von Autos mit Männern von der Staatssicherheit und einem Vertreter des Anwalts Vogel. Dann ging der Schlagbaum hoch. Peter dachte: „Wer darf diese Grenze überschreiten? Ich kann es jetzt!" Auf dem nächsten Parkplatz stand ein Verpflegungswagen bereit. Es gab belegte Brötchen, Orangen, Bananen. Einer der Freigekauften lebte die Situation ein bisschen energischer aus. Er entledigte sich seiner Sachen und warf sie weg, weil er radikal Schluss machen wollte mit der Ostzone, wie er immer wie-

DDR-Grenze am Brandenburger Tor in Berlin, 1986. ©Erhard Kranz

der rief. Der arme Mann kam dann in Unterhemd und -hose im Auffanglager in Gießen an. Euphorisch waren aber alle. Der Busfahrer hatte gleich nach Verlassen des Gefängnishofes Musikkassetten eingelegt. Als sich das Tor hinter Peter und seiner Freundin schloss, lief „Egyptian Reggae“. Der Rhythmus passte zum Aufbruch in ein neues, freies Leben.

Das Notaufnahmeverfahren in Gießen lief reibungslos. Von Vertretern der Alliierten wurden sie nach ihrem Gefängnisaufenthalt befragt, vor allem nach Namen von gewalttätigen Wärtern. Das geschah überraschend leidenschaftslos. Wenn man nein sagte, wurde nicht nachgebohrt. Jeder bekam eine Fahrkarte zu einem Ziel seiner Wahl in der Bundesrepublik oder ein Flugticket nach Westberlin. Dorthin gingen Peter und Heike. Die Ankunft war wie ein Rausch. An Einzelheiten erinnert sich Peter nicht mehr. Sein Bruder überließ den beiden seine Wohnung und zog in eine andere. Doch schon bald merkten Peter und Heike, dass jeder etwas anderes vorhatte mit seinem Leben. Sie trennten sich. Peter wurde zunächst einige Zeit krankgeschrieben. Das war üblich bei ehemaligen DDR-Häftlingen, die erst einmal in der Freiheit ankommen sollten. Er bekam etwa 7.000 D-Mark Haftentschädigung für die rund eineinhalb Jahre, die er in der DDR im Gefängnis verbringen musste. Dann fand er Arbeit als Schlosser für Hydraulikkräne. Das machte ihm Spaß. Von der Kunst hatte er sich verabschiedet, sie erschien ihm brotlos. Nun galt es, die Existenz zu sichern. Später arbeitete er für ein Autohaus und absolvierte die Meisterschule für Kraftfahrzeugtechnik. In dieser Branche ist er heute noch tätig.

Nach einer Amnestie in der DDR durfte Peter 1982 zum ersten Mal wieder nach Halle zu Besuch kommen. Die Stadt tat ihm leid. Doch sein Herz schlug schneller, denn schließlich war er hier aufgewachsen, war es seine Heimatstadt – so lernte man keinen anderen Ort kennen. Die Nacht des Mauerfalls erlebte er in Berlin. Er ging in das Café Adler, direkt am innerstädtischen Grenzübergang „Checkpoint Charly“ in der Friedrichstraße. Dort stand ein DDR-Grenzer am Tresen, während hinter ihren Grenzanlagen die Republik zusammenfiel. Was für ein Bild! Er kannte solche Leute nur als verbohrt und verbissen.

Heute weiß Peter, dass die DDR schon zum Zeitpunkt seiner Ausreise pleite war. Er hatte es als junger Mensch geahnt, dass man von dreißig Ostmark Miete für eine Wohnung kein Haus erhalten kann. So war der Zusammenbruch gar nicht zu vermeiden gewesen. Für ihn ist es „das schönste Schicksal, das den Deutschen nach dem Krieg widerfahren konnte“. Er freut sich, dass Halle als Teil der Bundesrepublik wieder eine Chance hat. So manche westdeutsche Großstadt, die in den 60er und 70er Jahren Kahlschlagsanierung betrieb, hätte gern so einen geschlossenen Bestand an herrlichen Häusern. Das Ende der DDR kam gerade noch rechtzeitig für viele der prächtigen Gebäude, deren Verfall er einst nicht mit ansehen wollte.

Natürlich helfe ich dir raus

Constantin Hoffmann, 1981 ausgereist, damals 24 Jahre alt

Er hatte eine Nase für das, was in der Luft lag, obwohl er erst sechs Jahre alt war. „Wann kommt denn der Westen zu uns“, fragte mich mein Neffe David im Frühjahr 1990, als alle Welt über die Wiedervereinigung Deutschlands diskutierte. Der kleine Mann lebte in Lüttchendorf bei Halle und wusste durch Pakete aus Westdeutschland, dass sich auch für ihn die Ankunft des Westens in seiner Heimat lohnen würde. Dann könnte er sich selbst wunderbares Spielzeug und raffinierte Süßigkeiten im Laden aussuchen und die Erwachsenen mit einem unwiderstehlichen Augenaufschlag bitten, ihm etwas zu kaufen.

Dreißig Jahre früher ging es mir ähnlich. Meine Familie lebte in dem kleinen Ort Siptenfelde im Harz. Es war das schönste Geräusch, wenn Herr Dippe in den Flur unseres Pfarrhauses trat und rief: „Die Post ist da!“ Er war der Überbringer der Westpakete. Sie transportierten Schokolade, Kaffee und sehr gut riechendes Waschpulver, Matchbox-Autos und schicke Kleidung, oder auch getragene Sachen, die manchmal leider nicht passten. Mit der Post kamen auch die Ersatzteile für den VW Käfer meines Vaters. Sein Pastorengehalt betrug damals rund 600 Ostmark, später rund 800 Mark. Nicht viel für einen studierten Menschen. Meine Mutter war als Pfarrfrau auch in der Gemeindearbeit engagiert, bekam dafür aber kein Geld. So waren die Pakete nicht nur der reine Luxus, sondern sicherten bei vielen Dingen unsere Grundversorgung. Ich wünschte mir nichts mehr, als dass der Westen auch bei uns wäre. Als ich zwölf Jahre alt war, dachte ich zum ersten Mal daran, rüberzugehen, wenn ich groß bin. Unser Dorf liegt nur 35 Kilometer von Braunlage im Westharz entfernt. Mit zwei Freunden wollte ich schon mal erkunden, ob die Grenze wirklich so dicht war, wie alle erzählten. Wir schwangen uns auf die Fahrräder und kamen bis zur Ortschaft Tanne. Dort begann die Sperrzone vor der eigentlichen Grenze. Wir sahen einen Schlagbaum, daneben ein Wachhäuschen. Ob die Männer in der Nähe Wächter waren, erschloss sich uns nicht. Aber schon dieser Anblick kurierte uns.

So blieb es erst mal nur bei den Paketen. Sie kamen von vielen Verwandten und einem großen Freundeskreis, den sich mein Vater während seines Theologiestudiums in Westdeutschland aufgebaut hatte. Er stammt aus Zerbst. Nach dem Studium hatte ihn die Evangelische Landeskirche Anhalts gebeten, in seine Heimat zurückzukehren und ihm die Kirchengemeinden Siptenfelde und Silberhütte übertragen. So wurden meine Eltern DDR-Bürger. Ungewöhnlich in einer Zeit, in der Hunderttausende Menschen die DDR in Richtung Westen verließen. Der Ortspolizist und Genossen von der Staatssicherheit aus der Kreisstadt Quedlinburg beobachteten das neue Pfarrerehepaar argwöhnisch, zumal es ein Auto mitbrachte. Das hatten damals nicht viele in der DDR. Und bis zu deren Ende war der Bedarf immer viel größer als das Angebot. Den Volkswagen, Baujahr 1949, hatte mein Vater von einem Freund gebraucht gekauft und er besitzt ihn noch heute. Unabhängig davon, dass meine Eltern aus dem Westen kamen, war eine Pfarrersfamilie den Genossen nicht geheuer. Christentum war für sie von gestern. Sie versuchten alles, um es verschwinden zu lassen, obwohl es laut Verfassung Religionsfreiheit gab. Im Westen waren Christen gern gesehene Leute. Das wusste ich von unseren Verwandten. Warum mussten wir ausgerechnet hier leben, fragte ich mich. Dabei war in den 50er und 60er Jahren die Volkskirche in weiten Teilen der DDR noch intakt. Die Kommunisten hatten zunächst kein leichtes Spiel. In meinem Dorf gingen bis auf zwei Kinder alle in die Christenlehre und die meisten ließen sich später konfirmieren. Beim Krippenspiel an Heiligabend wollten am liebsten alle mitmachen. Auch die christlichen Jungscharnachmittage waren gut besucht und populärer als die Pioniernachmittage, zu denen die Mitschüler antreten mussten. Mich beneideten sie manchmal, dass ich dort nicht hinzugehen brauchte. Und doch fühlte ich, dass man als Christ in die Rolle des Außenseiters geraten konnte. Meine Eltern erklärten uns Geschwistern, dass wir nicht in eine Organisation eintreten könnten, die das Christentum abschaffen will. Die Eltern vertrauten Gott, wir vertrauten den Eltern, alles war klar. Mein Vater hatte schon als Jugendlicher in der Nazizeit Erfahrungen als Außenseiter gesammelt. Sein Vater, der ebenfalls Pfarrer war, gehörte der „Bekennenden Kirche" an, einer Oppositionsbewegung evangelischer Christen, die mancher Verfolgung ausgesetzt war. Er ließ deshalb seine Söhne nicht zur Hitlerjugend gehen, auch wenn sie die beiden Einzigen ihrer Schule waren. Wenn die Mitschüler zu Geländespielen ausrückten, gingen die beiden Jungs in den Unterricht, zusammen mit den jüdischen Kindern, die von der HJ ausgeschlossen waren. Mein Vater besitzt noch heute die Schmähzeichnung eines Hitlerjungen, die er einmal auf seinem Platz fand. Dagegen waren meine Erfahrungen eher harmlos.

Ich wusste mich in einer großen Gemeinschaft, nicht nur im Dorf, im ganzen Land, wenn es um die Ausrichtung auf den Westen ging. Alle schauten Westfernsehen. Die Großen die „Tagesschau", „Zum Blauen Bock" mit Heinz Schenk oder „Einer wird gewinnen" mit Hans-Joachim Kuhlenkampff. Bei meinen Freunden flimmerten beliebte Serien über den Bildschirm wie „Bonanza", „Fury", „Lassie" und die „Augsburger Puppenkiste". Alle liebten das Werbefernsehen. Natürlich unterhielten wir uns darüber auch in der Schule, aber nicht in Gegenwart der Lehrer. Jedem war klar, dass die Regierung das Westfernsehen am liebsten verhindert hätte. Denn es zeigte ein Leben auf der anderen Seite der Mauer, das einem das Wasser im Mund zusammenlaufen ließ. Da das Programm in den Ostzeitungen nicht abgedruckt wurde, brachte die ARD sonntags eine komplette Wochenvorschau. Irgendjemand hat sie immer notiert und zum Abschreiben weitergegeben. So flohen Tag für Tag Millionen DDR-Bürger geistig in den Westen. Die Deutschen waren auch während der Teilung ihres Landes ein Fernsehvolk. Ich war immer sehr gerührt, wenn am Ende von Unterhaltungssendungen wie der „Aktuellen Schaubude" vom NDR die Moderatoren in den Osten grüßten und jeweils einige Städtenamen nannten. Meine Familie verfolgte mit großem Interesse auch die westdeutsche Politik, man kannte die Namen aller Minister der Bundesregierung. DDR-Politiker waren uns egal. Was hatten die uns schon zu bieten? Bei den Wahlabenden in der Bundesrepublik fieberten wir am Bildschirm mit, drückten unseren Favoriten die Daumen. Wahlen in der DDR hat meine Familie ignoriert, weil es keine echten Wahlen waren. So hat das Ostfernsehen oder das DDR-Radio, abgesehen von einigen Unterhaltungssendungen, in meinem Lebensumfeld keiner wirklich gebraucht. Auch die Zeitungen im Osten ließen einen kalt, denn sie betrieben in der Regel Schönfärberei. Probleme, die auf den Nägeln brannten, fanden kaum ein Echo. Zum Beispiel sah jeder in Halle die ökologische Katastrophe der Saale, hauptsächlich verursacht durch die anliegenden Chemiekombinate. Auch für private Abwässer gab es kaum Klärwerke. Die wurden erst nach der Wiedervereinigung flächendeckend gebaut. Das Wasser der Saale glich einem stinkenden Ölfilm. Oben drauf schwamm immer wieder eine Unmenge weißer Schaum. Über die Gründe durfte öffentlich nicht geredet werden. Statt einer Fehlerdiskussion wurde der Bevölkerung in den Medien in der Regel eine heile Welt vorgegaukelt. Ein Witz aus der damaligen Zeit bringt es auf den Punkt: Das Land, das im SED-Zentralorgan „Neues Deutschland" beschrieben wird, in dem möchte ich leben.

Constantin Hoffmann als Student, 1982.

Im Jahr 1969 übernahm mein Vater die Pfarrstellen in Halle-Dölau und im Nachbarort Lieskau. Ich traf auch an der neuen Schule und in den Jungen Gemeinden der Kirchen der Stadt auf viele Gleichgesinnte. Junge Leute, die sich am christlichen und am westlichen Lebensstil orientierten. Ganz vorne stand die Musik. Die Beatles lösten sich zu unserer Trauer gerade auf, aber die Rolling Stones waren ja noch da und Creedence Clearwater Revival. Später ging es auch um Earth, Wind and Fire, Al Jarreau, Barry White und die Diskomusik der Bee Gees. Udo Lindenberg haben wir auch gerne gehört und immer wieder Jazz. Der Ostrock ging an mir vorbei, weil er sich für meinen Geschmack zu viel in unverfänglichem Weltschmerz erging. Rebellische Texte wurden nicht genehmigt. Auch musikalisch riss er mich nicht mit. Bis auf wenige Ausnahmen, wie die Gruppe Renft oder die Modern Soul Band. Auf der Radioskala waren die

Westsender mit Filzstift markiert. Im Freundeskreis wusste man, zu welcher Zeit welcher Sender eine Popmusiksendung ausstrahlte. Halle liegt geografisch günstig. Hier bekam man schon damals sowohl den Norddeutschen als auch den Hessischen und den Bayerischen Rundfunk. Nicht zu vergessen, über Kurzwelle kam Radio Luxemburg zu uns. Den Westberliner Sender RIAS haben die Genossen gestört. Zwei Ostsender, die so taten, als seien sie westdeutsche Piratensender, waren auch interessant, der Deutsche Soldatensender und der Freiheitssender 904. Die machten Stimmung gegen den Westen und Reklame für den Sozialismus. Da das keiner gehört hätte, spielten sie dazwischen kräftig die gute Musik des Klassenfeindes. In den Jahren 1971 und 1972 stellten die Genossen die Sender ein. Diese Art Propaganda passte nicht mehr in die Zeit. Damit waren zwei für uns wichtige Musikquellen verloren. „Wenn wir doch bloß die Schallplatten unserer Stars kaufen könnten oder noch besser, die Idole live sehen", bedauerten wir uns einmal mehr. Aber wir waren eingesperrt und unser Geld im Westen nichts wert. Auf Westautos waren wir auch scharf. Manchmal fuhren wir mit Mopeds zur nahe gelegenen Autobahn Berlin–München, stellten uns auf die Brücke und bewunderten die schnittigen Karossen. Wir spielten „Mein Auto, dein Auto". Wer ein Ostauto bekam, ärgerte sich jedes Mal. Auf der Suche nach einem Stück bunter Westen liefen Freunde entlang der Bahnstrecke und brachten leere Bierbüchsen mit, die Reisende aus Transitzügen geworfen hatten. Die herrlich farbenfrohen Dinger stellte man sich ins Zimmer. Diese wurden manchmal auch von einem Waschmittelkarton von drüben geziert oder von Reklamebildern aus eingeschmuggelten Westillustrierten.

Wenn westlicher Lebensstil und christliche Weltanschauung auf eine ostdeutsche Schule trafen, ging das nicht immer gut. Die Genossen wollten die Kinder zum „neuen sozialistischen Menschen“ erziehen. Der war natürlich Atheist. Das kam für mich nicht infrage, was Konsequenzen hatte. Meine Leistungen waren solide genug, um die erweiterte Oberschule zu schaffen. Doch der Direktor lehnte die Bewerbung mit der Begründung ab: „An diesen Schulen werden sozialistische Kader ausgebildet, dazu gehört nicht, wer nicht in der FDJ ist und die vormilitärische Ausbildung ablehnt.“ Die gleiche Begründung hörten auch meine vier Geschwister. Trotzdem haben alle Wege in ein erfüllendes Arbeitsleben gefunden. Meine Schwester Thekla hatte besonders daran zu knabbern, nicht zur EOS gehen zu dürfen. Denn sie schloss die zehnte Klasse mit einem Notendurchschnitt von 1,2 ab. Es gab jedoch noch zwei weiterführende Schulen in kirchlicher Trägerschaft, in Naumburg und in Potsdam-Hermannswerder. Allerdings konnte man mit deren Abschluss ausschließlich Theologie oder Kirchenmusik studieren. Erst nach dem Mauerfall wurde ihr Abitur für alle Studienrichtungen anerkannt. Thekla ging nach Potsdam, studierte anschließend in Halle Kirchenmusik und wurde Kantorin. Clemens war in Naumburg. Nach dem Ende der DDR studierte er an der „Hochschule für Musik Hanns Eisler“ in Berlin und ist heute selber Musiklehrer und Jazz-Musiker. Meine Schwester Dorothea reiste mit ihrer Familie 1984 nach Westberlin aus, wo sie ein Unternehmen in der Fitness-Branche betreibt. Michael flüchtete im Sommer 1989 über Ungarn und leitet ein Logistikunternehmen bei Potsdam.

Ich war dem Schuldirektor nicht nur als FDJ-Verweigerer aufgefallen. Wiederholt störte ihn, wie ich mich kleidete und was ich mit mir herumtrug. Er sprach mich in der Hofpause an. Plastiktüten mit Westreklame sah er nicht gern. In meiner Sturm-und-Drang-Phase hatte ich zeitweise einen Hut im Stil von Al Capone auf, dazu einen langen Mantel an. Lange Haare hatte ich auch. Das fand er „nicht normal“. Na klar war das nicht normal, sonst hätte ich es ja nicht angezogen. Aber das dachte ich nur so bei mir. Auf dem Tank meines Mopeds entdeckte er einen aus seiner Sicht politisch unkorrekten Aufkleber aus dem Westen, eine USA-Flagge. „Das Führen von Standarten ist nur Botschaftspersonal erlaubt", begründete er seine Aufforderung, den Sticker abzukratzen. Ich ließ ihn dran, stellte das Moped aber nicht mehr in seiner Sichtweite ab. Im Gegensatz zum Direktor brachte unser Französischlehrer, Herr Müller, Lässigkeit und ein Stück große, weite Welt ins Klassenzimmer. Er war mit einer Französin zusammen, die sich aus irgendeinem Grund in der DDR aufhielt. Wer im Unterricht die Note „Eins" erreichte, bekam von ihm jeweils eine bunte Ansichtskarte aus Frankreich. Das war für uns Ostblock-Kinder hinter der Mauer ein echter Anreiz. Als 1972 die französischen Kommunisten an der Regierung beteiligt wurden, sprach er davon, dass Frankreich in absehbarer Zeit auch ein sozialistisches Land werden könnte. Ein Schock für mich. Dann würde Paris bald so grau und heruntergekommen aussehen wie die anderen Städte im sozialistischen Lager. Und ich konnte es vorher nicht noch einmal sehen. Einige Zeit verfolgte ich die französische Politik und beruhigte mich wieder. So viel Kommunismus wollten die Franzosen offenbar doch nicht. Herr Müller soll noch zu DDR-Zeiten seiner Frau nach Frankreich gefolgt sein.

Ich war mir immer sicher, dass ich die politischen Schwierigkeiten in der Schule emotional beherrsche. Im Fach Staatsbürgerkunde bekam ich sogar die Note „Eins" auf dem Abschlusszeugnis. Der Lehrer schätzte, wie er vor der Klasse einmal sagte, meine interessierte Mitarbeit. Auch meine Klassenlehrerin ließ leise Sympathien für mich und meinen Weg erkennen. Doch ein Ereignis, drei Jahre nachdem ich die Schule verlassen hatte, zeigte mir, dass ich doch mehr unter der Situation gelitten habe, als ich es mir eingestehen wollte. Am

18. August 1976 verbrannte sich der Pfarrer Oskar Brüsewitz vor der Michaeliskirche in Zeitz. Zuvor hatte er an seinem Wartburg ein Plakat befestigt, auf dem er den Kommunismus wegen der Unterdrückung von Kindern und Jugendlichen an DDR-Schulen anklagte. Die Welt erfuhr es aus dem Westfernsehen. Daraufhin mussten die DDR-Medien ihren Versuch aufgeben, es totzuschweigen. Die SED tat alles, um den verzweifelten Mann als Spinner abzutun. Die Kirchenleitung nahm ihn in Schutz. Ich spürte neben Erschütterung über die Selbstverbrennung, wie ich regelrecht befreit aufatmete. Endlich hatte mal einer ganz laut gesagt, was hier passierte. Endlich hatte sich mal einer getraut, Unrecht sehr öffentlich beim Namen zu nennen, was auch mich aufs Persönlichste betraf. Ich spürte plötzlich mit voller Wucht und deutlich wie nie zuvor, was es bedeutet, wenn man seine Meinung nicht öffentlich sagen darf, ohne dass man sich oder andere gefährdet. Ich spürte besonders, was einer Gesellschaft fehlt, wenn sie keine freien Medien hat.

Das Problem „Schule“ hakte ich nach der zehnten Klasse ab und versuchte Automechaniker zu werden. Aber es gab keine Lehrstelle, was bei einem so beliebten Beruf schon einmal passieren kann. Doch mein Vater bekam einen Tipp aus seiner Kirchengemeinde: „Fragen Sie mal bei Gerhard Krause nach.“ Der hatte eine private Autowerkstatt in der Straße Am Harz und ein Geschäft für Zweiradbedarf in der Geiststraße. Eigentlich wollte er keinen Lehrling mehr nehmen. Als er jedoch hörte, aus welchem Grunde mir die höhere Schule versagt worden war, hatte er ein Herz und sagte: „Schicken Sie mir den Jungen.“ Doch wir hatten die Rechnung ohne den Wirt gemacht. Der staatlich vorgegebene Lehrvertrag enthielt eine Kröte, die wir nicht schlucken konnten. Darin stand in gestelzter Propagandasprache: „Während des Lehrverhältnisses hat der Lehrling im Prozess der kontinuierlichen sozialistischen Bildung und Erziehung das Recht, sich aktiv gesellschaftlich zu betätigen, das politische, wirtschaftliche, soziale, kulturelle und sportliche Leben der sozialistischen Gesellschaft mitzugestalten sowie durch die Teilnahme an der vormilitärischen Ausbildung und Maßnahmen der Zivilverteidigung Kenntnisse und Fähigkeiten zur Verteidigung des sozialistischen Vaterlandes anzueignen." Als 16-Jähriger habe ich dieses Polit-Kauderwelsch gar nicht bis zu Ende gelesen. Ich wollte Autoschlosser werden und nicht die Welt retten. Doch mein Vater machte mich auf die Fußangel aufmerksam. Er war aus dem Krieg als Pazifist zurückgekehrt und wollte nicht, dass seine Kinder sich an wie auch immer gearteten Kriegsspielen beteiligen. Deshalb setzte er unter den Lehrvertrag, den er unterschreiben musste, folgenden Passus: „Die Ausbildung meines Sohnes zum Schießen kann ich aus Glaubens- und Gewissensgründen durch meine Unterschrift nicht billigen." Als Gerhard Krause das sah, raunte er meinem Vater zu, sodass es die anderen in der Werkstatt nicht hören konnten: „Das finde ich gut, es sei denn, es kommt mal andersrum." Dann lachte er schallend.

Bei der staatlichen Behörde wurde weniger gelacht. Die Genossen wollten den Lehrvertrag mit diesem Zusatz nicht anerkennen. Meine Eltern wendeten sich an den Vorsitzenden der CDU in der DDR, Gerald Götting. Der war zugleich stellvertretender Vorsitzender des Staatsrates. Sie argumentierten: „Wenn es für Christen einen Dienst ohne Waffe in der Nationalen Volksarmee gibt, den Dienst als Bausoldat, dann muss es so eine ähnliche Möglichkeit auch in anderen Bereichen der Gesellschaft geben." Die mündlich übermittelte Antwort war überraschend positiv: „Ihr Sohn braucht nicht an der vormilitärischen Ausbildung teilzunehmen. Er soll es aber nicht herumerzählen." Doch das war nicht durchzuhalten. Denn das erste Jahr der Grundausbildung absolvierten alle Lehrlinge aus den unterschiedlichen Betrieben gemeinsam in der Lehrwerkstatt der Verkehrsbetriebe. Es begann mit dem mehrtägigen Wehrübungslager, irgendwo auswärts. Während dieser Zeit war ich allein mit den Ausbildern in der Werkstatt. Als die anderen Lehrlinge dazukamen, fragten sie natürlich, warum ich nicht mit war. Ich erzählte es. Konsequenzen hatte das dann doch keine. Später in der Berufsschule fragte ein mit mir befreundeter Lehrling die Lehrerin für Marxismus/Leninismus, warum ich als Christ an diesem Unterricht teilnehmen müsste. Die Frau antwortete gar nicht mal so ungeschickt: „Ich möchte mir nicht vorwerfen lassen, ich hätte es nicht versucht bei Constantin." So wurde ich Automechaniker und war stolz, dass in der Werkstatt von Gerhard Krause Viertakter repariert wurden, nämlich Škoda und Dacia. Die meisten anderen Lehrlinge hatten es nur mit Zweitaktern zu tun, mit Trabant und Wartburg.

Nach der Lehre begann ich im September 1975 eine Ausbildung zum Jugenddiakon bei der evangelischen Kirche, im Ostberliner Stephanus-Stift. Ich wollte eine Arbeit näher am Menschen. Nach vier Wochen schlug bei mir eine Nachricht wie eine Granate ein. Auf einer Postkarte meines Vaters stand ganz nebenbei: „Titus Appel, der Sohn unseres Nachbarn, durfte offiziell in den Westen ausreisen." In den Westen, ohne von irgendeinem Dödel an der Mauer abgeknallt zu werden, das wollte ich auch – und zwar schnell. Im August 1975 hatte sich die DDR bei der Konferenz für Sicherheit und Zusammenarbeit in Europa (KSZE) verpflichtet, die Menschenrechte zu achten. Dazu gehört auch das Recht, sein Land verlassen zu dürfen. Unser Nachbarssohn hatte offensichtlich von dem Ereignis profitiert. Noch am gleichen Abend lief ich aufgewühlt durch Ostberlin, die Gedanken überschlugen sich. Im Ohr hatte ich den aktuellen Hit der Bee Gees, „Nights on Broadway". Ich sah mich dort schon laufen und war glücklich ohne Ende. Ein viertel Jahr bedachte ich alles, beredete es mit der Familie und Freunden. Am 9. Februar 1976 schickte ich den ersten Antrag auf Entlassung aus der Staatsbürgerschaft der DDR und Übersiedlung in die Bundesrepublik Deutschland an den Rat des Stadtbezirkes West in Halle, Abteilung Inneres. Etwa einen Monat später flatterte eine Postkarte ins Haus. Ich solle zwecks Klärung eines Sachverhaltes vorstellig werden. Dem Augenblick fieberte ich entgegen. „Geht es jetzt schon los?“ Als ich den Flur betrat, war mir ganz schön mulmig. Bisher hatte ich immer versucht, mir die Genossen vom Leib zu halten, jetzt ging ich in eine ihrer Höhlen. Am Schreibtisch saß ein untersetzter Mann in dunkelbraunem Anzug. Ich sollte gegenüber Platz nehmen. Er ließ mich erzählen, warum ich die DDR verlassen wollte. „Weil ich trotz entsprechender Noten nicht zur höheren Schule darf“, zählte ich auf. „Weil ich den Wehrdienst verweigere und mir dafür Gefängnis droht. Im Westen kann ich Abitur machen und es gibt sozialen Zivildienst.“ Dass ich auch von New York träumte, von einem Ford Mustang, vom Besuch eines Konzerts der Rolling Stones behielt ich für mich. Solche Ausreisegründe hätten die Genossen noch weniger akzeptiert. Der Mann mit dem SED-Parteiabzeichen an der Jacke antwortete: „Für eine Ausreise gibt es keine Rechtsgrundlage.“ Meinen Hinweis auf das KSZE-Abkommen überging er. Dafür schilderte er die vermeintlichen Vorzüge der DDR nach dem Motto: Wie kann man dieses geile Land nur verlassen wollen. Den Westen malte er in schwärzesten Farben: „Kriegstreiber regieren dort, es gibt Arbeitslosigkeit, Kriminalität, Obdachlosigkeit.“ Ich entgegnete: „Lassen Sie mich das mit eigenen Augen sehen. Wenn es wirklich so schlimm ist, komme ich sofort wieder zurück.“ Er merkte, dass ich ihn auf den Arm nahm. Für einen Moment tat er mir leid, dass er so einen undankbaren Job hatte.

Die Ausbildung zum Jugenddiakon musste ich beenden, nachdem ich den Ausreiseantrag gestellt hatte. Es gab eine

Übereinkunft der ost- und der westdeutschen Kirchen, dass Mitarbeiter, die aus der DDR weggehen, im Westen in der Regel nicht wieder bei der Kirche angestellt werden. Dabei ging es um Glaubwürdigkeit. Mir wurde erklärt, dass Pfarrer oder Diakon keine Berufe wie andere seien. Die Seelsorger gehörten zu ihren Gemeinden, auch gerade in schweren Zeiten. Wer sich auf diese Berufe einlasse, müsse wissen, was das bedeutet. Das verstand ich. Bis zu meiner Ausreise wollte ich aber auf jeden Fall in Ostberlin bleiben. Ich fand eine Anstellung im St. Joseph Krankenhaus in Berlin-Weißensee. Der Verwaltungsleiter freute sich über den 19-jährigen Automechaniker aus kirchlichem Hause. Ich bin ihm bis heute sehr dankbar für den Job. So pflegte ich den Fuhrpark und machte Besorgungsfahrten in Berlin und der Region. Ein Arzt, den ich manchmal kutschierte, sagte mir: „Ich bin gerne mit Ausreiseantragstellern zusammen, die sind immer so optimistisch." Aber meinem Optimismus wurde viel abverlangt. Fünf Jahre musste ich warten, Ängste bewältigen. Zweimal im Jahr, wenn in der DDR die Männer zum Militär eingezogen wurden, fürchtete ich, im Gefängnis zu landen. Bei der Musterung hatte ich meine Bereitschaft erklärt, als Bausoldat, also ohne Waffe, zu dienen. Später ließ ich die Genossen wissen, dass ich in keiner Weise beim Militär mitmachen würde. Darauf hieß es, ich würde bei der konkreten Einberufung noch einmal gefragt werden. Wenn ich dann bei meiner Entscheidung bliebe, müsste ich die Konsequenzen tragen. Doch dieser Kelch ist an mir vorübergegangen, warum auch immer.

Eine Wohnung in Ostberlin zu finden war, wie überall in der DDR, schier unmöglich für einen alleinstehenden jungen Mann. Ich kam bei Freunden unter, hauste eine Zeit lang im Umkleideraum des Krankenhauses auf einem Feldbett, dann als Untermieter bei einer netten alten Dame. Alle paar Monate hatte ich mit den Genossen zu tun, die meine Ausreiseanträge ablehnten. In drei Jahren zog ich das 13 Mal durch. Vor Antrag Nummer 14 hörte ich von anderen Ausreiseantragstellern, dass die Genossen Leute mit Gefängnis bestrafen würden, die nach endgültiger Ablehnung des Antrags weitere stellten. Das würden sie „Beeinträchtigung staatlicher oder gesellschaftlicher Tätigkeit" nennen. In den Jahresberichten von Amnesty International zu den Verhältnissen in der DDR sind solche Fälle dokumentiert. Ein anderer Weg musste also her. Vielleicht doch über die Mauer? Ich kannte einige Stellen, an denen man über sie hinwegschauen konnte. So fuhr ich manchmal in eins der Hochhäuser an der Leipziger Straße. Von der Feuertreppe blickte ich nach Berlin-Kreuzberg, zum Axel-Springer-Verlag und auf die Kochstraße, die heute Rudi-Dutschke-Straße heißt. Ich nahm Freunde mit hinauf. Alle waren immer sprachlos, plötzlich ein Stück reales Leben im Westen zu ihren Füßen zu haben. Wir fantasierten von Seilwinden und Drachen, die uns in das gelobte Land bringen sollten. Wenn ich in der Charité nahe der Grenze zu tun hatte, klinkte ich manchmal in einer Toilette das Oberlicht aus Milchglas aus und freute mich an den vielen schönen Autos auf der von dort einsehbaren Straße in Westberlin. Aber dafür das Leben aufs Spiel zu setzen, hatte ich doch nicht drauf. So bat ich Verwandte im Westen, Politiker um Hilfe anzuschreiben. Während der gesamten Wartezeit versuchte ich bei jeder sich bietenden Gelegenheit mehr über den Westen zu erfahren. Wenn ich mit dem Dienstwagen auf der Autobahn unterwegs war, fragte ich auf Rastplätzen vorsichtig Lkw-Fahrer von „drüben", ob sie nicht eine Zeitung für mich hätten. Meist mit Erfolg. Im Theater sprach ich Westdeutsche an und westliche Ausländer. Im Gegenzug waren diese interessiert zu hören, wie es sich lebt, eingesperrt hinter der Mauer. Ostberlin hatte auch den Vorteil, dass die Radio- und Fernsehprogramme aus dem Westen in 1-a-Qualität empfangbar waren. Hier gab es, anders als in Halle, auch das ZDF klar und deutlich. Sonderklasse war für mich der amerikanische Soldatensender AFN. Er versorgte die Region fast rund um die Uhr mit all der angesagten Musik, die damals bei den anderen Westsendern nur stundenweise lief.

So gerne ich in Berlin war, so gerne fuhr ich am Wochenende auch wieder zu meinen Eltern, Geschwistern und Freunden nach Halle. Bei Bitterfeld wurden im Zug immer alle Fenster geschlossen, weil die Chemiefabriken einen penetranten Gestank verbreiteten. Die Dächer der Häuser waren durchgehend grau vom industriellen Feinstaub. Angesichts dieser Umweltverschmutzung kamen immer wieder einander unbekannte Reisende spontan ins Gespräch über die Frage: „Wie kann man hier nur leben?“ Auch um Halle machte die Umweltzerstörung keinen Bogen. In Dölau, wo meine Familie lebte, ging es noch. Die große Dölauer Heide sorgte für ein angenehmes Kleinklima. Nur bei Südwind erreichten uns Schwaden schlechter Luft von den Chemiewerken Buna und Leuna. Meinen Ausreiseplan hatten meine Eltern akzeptiert. Ab und an vergewisserten sie sich, dass ich nicht auf dumme Gedanken kam. Es wäre für sie unerträglich gewesen, immer denken zu müssen: „An welcher Ecke probiert er gerade zu fliehen?“ Sie fragten manchmal auch, ob ich nicht doch einen Weg in der Heimat finden könnte. Aber ich wollte weg. Angespornt auch von der Tatsache, dass es immer wieder bekannten Künstlern gelang, die DDR zu verlassen: So gingen beispielsweise 1976, nach der Ausbürgerung des Liedermachers Wolf Biermann, die Sängerin Nina Hagen und der Musiker Klaus Renft. 1977 war der Komiker Eberhard Cohrs plötzlich weg, ihm folgte die Schriftstellerin Sarah Kirsch. 1979 verlor die DDR die Schauspieler Angelica Domröse und Hilmar Thate, dazu den Schriftsteller Günter Kuhnert. Als der Schauspieler Armin Mueller-Stahl 1980 seine Ausreise bei den Genossen durchsetzte, wartete ich schon vier Jahre. Irgendwie musste ich die Sache beschleunigen. Ich entsann mich eines Weges, der mir bis dahin so unmöglich erschien wie eine Flucht über die Mauer: Ich musste eine Frau aus dem Westen finden, die vorgibt, mich heiraten zu wollen. Ich kannte Frauen, die von ihren Freunden aus der Bundesrepublik oder auch aus Schweden auf diesem Weg aus der DDR herausgeholt worden waren. Mein Problem war, dass alle mir bekannten jungen Westfrauen Cousinen von mir waren oder einen eifersüchtigen Freund hatten. Eine allerdings nicht, Anne. Der angehenden Krankenschwester aus Hamburg war ich 1975 zu Beginn meiner Ausbildung im Stephanus-Stift begegnet, bei einem Treffen junger Christen aus Ost und West hatten wir nebeneinandergesessen. Daraus wurde eine Brieffreundschaft. Wenn sie Westberlin besuchte, kam sie für ein paar Stunden rüber. Das ging einfach, denn aufgrund des Vier-Mächte-Status von Berlin mussten Westdeutsche an der Sektorengrenze nur ihren Pass zeigen. Allerdings durften sie das Stadtgebiet von Ostberlin nicht verlassen.

Beim nächsten Treffen bat ich Anne, mir zur Freiheit zu verhelfen. Sie erklärte kurz entschlossen: „Ich würde jemandem aus Südafrika helfen oder aus Chile, warum sollte ich dir nicht helfen?“ In Südafrika herrschte damals das Apartheidregime, in Chile trieb der Militärdiktator Pinochet sein Unwesen. So schrieb sie Briefe an das Ministerium für innerdeutsche Beziehungen in Bonn und an die Rechtsanwältin von der Schulenburg in Westberlin, die im Auftrag der Bundesregierung die Familienzusammenführung von Ost- und Westdeutschen betrieb. Den Genossen in der DDR spielten wir etwas vor. Wir sahen uns fortan öfter und schrieben Liebesbriefe. Einer wurde beschlagnahmt. Den fand ich erst nach dem Mauerfall in meiner Stasiakte. Darin beschreibt Anne, was sie alles unternommen hatte, um mich im Westen heiraten zu können. Sie erzählte auch, dass ihre Familie ihr dringend davon abgeraten hätte, weil sie nicht wissen könne, ob ich nicht doch ein Spion sei. „Solche Bemerkungen habe ich mir verbeten", kommentierte sie das. Außerdem schilderte sie ihren neuen Arbeitsplatz in einem alten Gebäude in düsteren Farben und meinte: „Es sieht aus wie in der DDR." Ein gezielter Satz für die Genossen. Diese sollten gar nicht erst auf die Idee kommen, uns vorzuschlagen, dass Anne in die DDR übersiedelt, um mit mir zu leben. Nicht ganz einfach war fortan der Umgang mit meiner damaligen Freundin in Ostberlin. Wir blieben zusammen, aber ich versuchte, es zu verheimlichen, um meine „Heiratspläne" nicht zu gefährden. Sie ging später auch in den Westen.

Am Dienstag, den 9. Dezember 1980 gab es das ersehnte erste Zeichen, welches auf einen positiven Ausgang der Geschichte hindeutete. Abends klingelte eine fremde Frau an der Tür und drückte mir fast wortlos eine Postkarte in die Hand. Von bereits ausgereisten Freunden wusste ich, dass es bei ihnen auch so losgegangen war. Entweder hatte eine unbekannte Person persönlich eine Einladung zur Behörde überbracht oder es lag eine solche Karte ohne Briefmarke im Kasten. Warum dieses Getue nötig war, hat sich mir nicht erschlossen. Ich sollte in Halle beim Rat des Stadtbezirkes vorstellig werden, „zur Klärung eines Sachverhalts". Drei Herren saßen im Raum, aber nicht der gute Mann, der mir all die Jahre als „Mister No" vorgesetzt worden war. Einer fragte: „Haben Sie noch die Absicht, in die Bundesrepublik auszureisen?" Das waren echte Dur-Töne für mich. Sie drückten mir einen sogenannten Laufzettel in die Hand. Auf dem standen Behörden und Einrichtungen, bei denen ich mich abmelden sollte. Zum Beispiel musste die Sparkasse mir Schuldenfreiheit attestieren. Meine Gefühle fuhren Achterbahn. Auf der einen Seite stand das neue, viel versprechende Leben vor der Tür. Andererseits waren da liebe Menschen, von denen ich nicht wusste, wann ich sie wiedersehen würde. Die Genossen ließen „Ausreiser“ in der Regel nicht wieder rein. Ich tröstete mich mit der Aussicht auf Begegnungen in Prag oder Budapest, wie es andere in dieser Situation getan hatten. Meine damals 14-jährige Schwester Thekla erklärte, sie würde liebend gern auf jedes Westpaket verzichten, wenn ich nur bliebe. Das rührte mich sehr. Auch im Freundeskreis herrschte – wie immer, wenn einer gehen durfte – Wehmut und das Gefühl der Verlassenheit in diesem tristen Land. Eine Freundin, die in den 80er Jahren einmal in einer familiären Angelegenheit in den Westen reisen durfte, schilderte ihren Eindruck bei der Rückkehr in die graue DDR so: „Es war wie in einem Streifen des experimentellen Filmkünstlers Andrej Tarkowskij. Plötzlich wird die Farbe aus dem Bild genommen.“ Am 2. Februar 1981 bekam ich wieder eine Vorladung, dieses Mal lag sie im Briefkasten und ich wurde nicht mehr nach Halle gebeten, sondern zur entsprechenden Behörde meines Nebenwohnsitzes in Berlin-Prenzlauer Berg. „Für den 14. Februar ist Ihre Ausreise vorgesehen“, hieß es dort. Bei einem weiteren Termin in der Behörde, drei Tage vor der Ausreise, bekam ich eine Urkunde über die Entlassung aus der Staatsbürgerschaft der DDR. Meinen Personalausweis tauschten sie gegen eine Identitätsbescheinigung. Am nächsten Tag gab ich meinen Arbeitskollegen eine Runde aus und kündigte beschwingt an, bei Besuchen in Westberlin über die Mauer nach ihnen zu schauen. In Halle lief ich noch einmal durch die Stadt, machte Fotos und kaufte am „Boulevard“ einen Koffer und etwas Kleidung. Noch einmal lud ich Freunde nach Hause zu einem Abendbrot ein. Als sie gegangen waren, setze ich mich auf meinen Koffer und es packten mich Zweifel. Es war schon ein komisches Gefühl, staatenlos zu sein, auch wenn ich wusste, dass man mich im Westen mit offenen Armen empfangen würde.

Sonnabend, der 14. Februar 1981. Das war mein ganz persönlicher Tag der Befreiung. Fünf Jahre und fünf Tage nachdem ich den ersten Antrag auf Entlassung aus der DDR gestellt hatte, brachten mich meine Eltern und zwei Geschwister mit dem Auto zum Bahnhof. Ich ließ mich absetzen und winkte ihnen nach. Tränen an der Bahnsteigkante wollte ich auf keinen Fall. Es gab einen durchgehenden Zug bis Hamburg. Nach dem letzten Bahnhof vor dem DDR-Grenzgebiet saßen mit mir noch drei DDR-Rentnerinnen im Abteil. Die beäugten argwöhnisch den jungen Mann aus dem Osten, der in den Westen reiste. Keine sagte etwas. Am Grenzübergang Schwanheide mussten sie nach der Passkontrolle das Abteil verlassen. Ich wurde allein von einer Grenzerin durchsucht. Sie kramte im Koffer, ich musste die Hosen- und Jackentaschen nach außen ziehen. Am Ende befingerte sie die Nähte meiner Winterjacke auf der Suche nach Wertsachen oder Geld. Dann rief sie die Rentnerinnen wieder rein. Der Zug hielt noch eine ganze Weile im Bahnhof. Ich sah Posten mit Maschinenpistolen. Einige Uniformierte kamen mit Hunden, die an den Waggons schnüffelten. Ich spürte wieder Wut auf „die“ und konnte den Moment meines Triumphes kaum abwarten. Dann rollte der Zug durch den Todesstreifen und ich war unerwartet gefasst. Kein Wort, nur stilles Lächeln. Kaum war der Stacheldraht hinter uns, fingen die DDR-Rentnerinnen wie befreit an zu plaudern und fragten neugierig, wie sich das mit mir verhält. „Glückwunsch, junger Mann“, hieß es. Während sich die Frauen munter unterhielten, bemerkte ich, dass sich an dem Zug irgendetwas verändert hatte. Er fuhr plötzlich viel ruhiger. Es fehlten die regelmäßigen Stöße der Schienen. Also auch da hatte der Westen die Nase vorn. Die Landschaft sah sehr gepflegt aus, die Äcker waren sauber bis zum Rand bearbeitet, die Häuser in Ordnung, helle Wände, schöne rote Dächer. So eine adrette Gegend kannte ich bis-

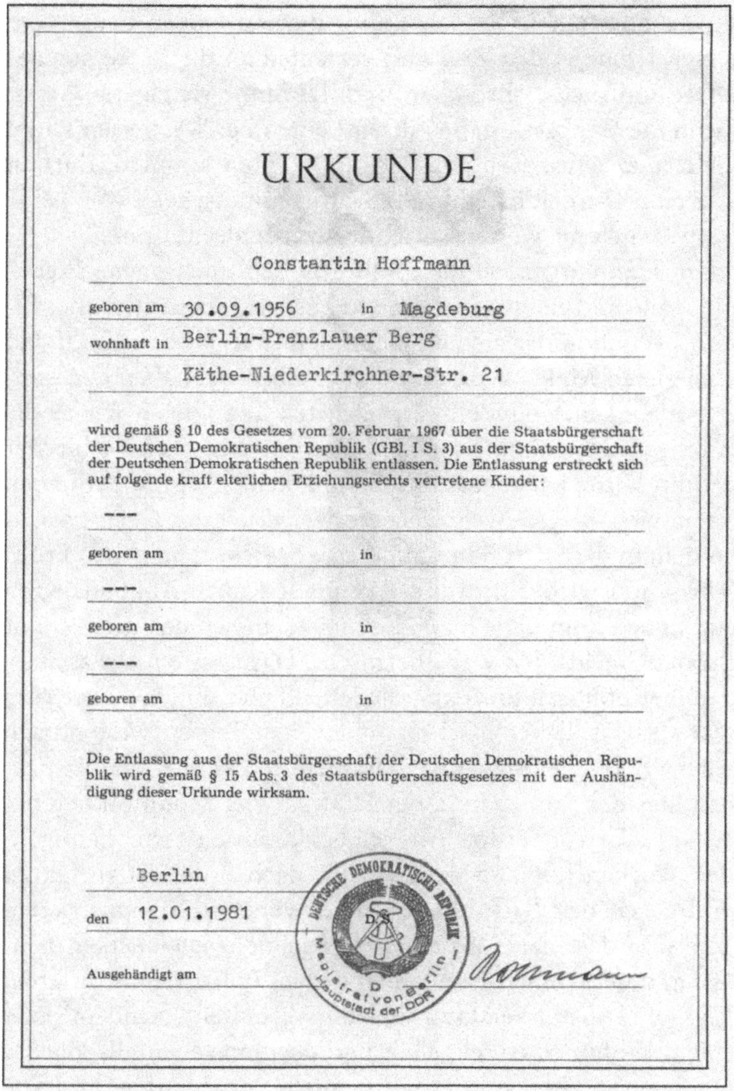

URKUNDE

Constantin Hoffmann

geboren am 30.09.1956 in Magdeburg

wohnhaft in Berlin-Prenzlauer Berg

Käthe-Niederkirchner-Str. 21

wird gemäß § 10 des Gesetzes vom 20. Februar 1967 über die Staatsbürgerschaft der Deutschen Demokratischen Republik (GBl. I S. 3) aus der Staatsbürgerschaft der Deutschen Demokratischen Republik entlassen. Die Entlassung erstreckt sich auf folgende kraft elterlichen Erziehungsrechts vertretene Kinder:

---

geboren am in

---

geboren am in

---

geboren am in

Die Entlassung aus der Staatsbürgerschaft der Deutschen Demokratischen Republik wird gemäß § 15 Abs. 3 des Staatsbürgerschaftsgesetzes mit der Aushändigung dieser Urkunde wirksam.

Berlin

den 12.01.1981

Ausgehändigt am

Deutsche Demokratische Republik – Magistrat von Berlin Hauptstadt der DDR

Urkunde über Entlassung aus der Staatsbürgerschaft der DDR.

her nur von der Spielzeugeisenbahn oder aus dem Fernsehen. Im westdeutschen Grenzbahnhof Büchen kamen Leute vom Roten Kreuz in den Zug und verteilten an die Leute aus der DDR Südfrüchte, Brötchen und Tee. Eine sehr nette Geste. Denn die Genossen gaben ihren Leuten bei Westreisen kaum Geld mit. Selbst Rentner, die öfter fahren konnten, durften nur einmal im Jahr ein paar Mark umtauschen. Wer keine Verwandten im Westen hatte, der war schlecht dran.

Im Hamburger Hauptbahnhof holten mich meine Freundin Anne und ein anderer Freund ab. Wir fuhren zu Annes Eltern, wo ich in der ersten Nacht bleiben konnte. Im ZDF lief zum ersten Mal „Wetten dass ..?“. Aber wir haben den ganzen Abend nur geredet. Am nächsten Tag gingen wir in die Kirche und ich dankte meinem Gott, dass er mich bis hierher geführt hatte. Ich genoss das Gefühl, keine Angst mehr haben zu müssen, wegen Wehrdienstverweigerung im Gefängnis zu landen. In der DDR hätte mir dieses Schicksal im nahen Frühjahr schon wieder gedroht. Abends lud mich Anne ins Kino ein, in den Film „Die blaue Lagune“, ein Schmachtfetzen mit Brooke Shields. Ich war überrascht. Das passte nicht zu meiner eher politisch links angesiedelten Freundin. Sie wiederum war entsetzt, dass ich schon am zweiten Tag im Westen nach einer „Bild“-Zeitung Ausschau hielt. Ich wollte das Blatt sehen, das der Propaganda der DDR so viel Munition lieferte. Weitere Verwunderung löste ich bei ihr aus, als ich am folgenden Wochenende ablehnte, mit ihr nach Brokdorf zu fahren und gegen den Bau des Atomkraftwerks zu demonstrieren. Mir war das nichts, kurze Zeit nachdem ich in mein neues Land gekommen war, gegen dessen Polizisten anzutreten. Erst Jahre später verstand sie mein Verhalten, nachdem sie in einem Kibbuz in Israel gelebt und dort eine ebenfalls aus der DDR ausgereiste junge Frau kennengelernt hatte. Die hatte ihr die Augen ganz geöffnet.

Einige Zeit überließ mir Anne ihr WG-Zimmer und wohnte bei einer Freundin. Beim Arbeitsamt wollten mir die Leute sofort eine Stelle als Automechaniker vermitteln, hatten dann aber ein Einsehen, bewilligten Arbeitslosengeld und gaben mir Zeit, mich zu orientieren. Tagelang lief ich durch Hamburg, kriegte mich gar nicht wieder ein, wie schön es war. Aber ich sah auch, dass drogensüchtige Jugendliche am Bahnhof keine Erfindung der DDR-Propaganda waren. Ein Freund erklärte mir sarkastisch, wenn das Ostgeld was wert wäre, würde der Stoff auch dorthin seinen Weg finden. Obdachlose erschütterten mich anfangs ebenfalls sehr. Die gab es so in der DDR auch nicht. Am Hafen sah ich einen, der sich wohl Teer über die Hose geschüttet hatte. Ich bot ihm an, Kleidung zu bringen, wenn er warten würde. Er bekam meinen kompletten Anzug, den ich wohl sowieso nicht oft getragen hätte. Bei meinen ausgedehnten Stadtwanderungen wurde mir eindrücklich klar: Ohne Auto gehört man nicht dazu. Während in Halle in den 70er Jahren in ganzen Straßenzügen manchmal nur fünf bis zehn Autos parkten, stand hier alles voll. Jeder schien eins zu besitzen. Die vielen Tankstellen fielen mir auf, blitzblank, hell erleuchtet, mit einladenden Einkaufsshops. In Halle konnte man die Zahl der Tankstellen an einer Hand abzählen. Schick waren sie auch nicht gerade und abends bis auf eine geschlossen. Und wie viele junge Leute im Westen ein Auto fuhren. In der DDR musste man auf einen neuen Wagen bis zu zwölf Jahre warten. Wer mit 18 Jahren den Kaufwunsch anmeldete, bekam seine vier Räder wenn er dreißig war, vorausgesetzt, er hatte das Geld zusammen. Autos, auch billigster Bauart, waren sehr teuer. Gebrauchtwagen, wie sie viele junge Leute im Westen fuhren, stellten in der DDR keine Alternative dar. Denn sie kosteten nicht selten mehr als neue, weil man auf sie nicht jahrelang warten musste.

Das Arbeitsamt gestattete mir auch eine dreiwöchige Rundreise zu Verwandten im ganzen Land. Zuerst nahm mich ein Freund nach Stuttgart mit. Was für Autobahnen, glatt, die großen blauen Schilder sauber, gut lesbar und die Namen der Städte verheißungsvoll. Ich verglich sie mit den schlecht reflektierenden, überalterten Straßenschildern im Osten. Ich spürte in Gedanken die unangenehmen Stöße der heruntergekommenen DDR-Autobahnen, dort, wo die Fugen zwischen den Betonplatten immer größer wurden. Bis ich den westlichen Lebensstil als normal hinnahm und nicht immer wieder mit dem Leben in der DDR verglich, dauerte es ungefähr drei Jahre. Der Bruder meines Vaters hatte eine Privatschule in Altenkirchen im Westerwald. Er bot mir an, dort das Abitur nachzumachen. Dann könnte ich mit meiner Vorbildung als Automechaniker etwas Technisches studieren und in die Industrie gehen, wohin er Kontakte hatte. Mein weiterer Lebensweg entschied sich jedoch bei meiner Patentante in Starnberg. Sie hatte einen befreundeten Professor eingeladen, der neugierig war auf einen jungen Ostdeutschen. Er machte mich auf eine Bildungsmöglichkeit aufmerksam, die mir sofort zusagte. An der Hochschule für Politik in München kann man auch ohne Abitur Politikwissenschaft studieren, vorausgesetzt, man besteht die Aufnahmeprüfung. Der Vorlesungsbetrieb findet nachmittags und abends statt, um auch Berufstätigen die Teilnahme zu ermöglichen. Nebenher werden Kurse angeboten, die zum Fachabitur führen. Das war was für mich, zumal ich von Anfang an BAföG und einen Platz in einem Studentenwohnheim bekommen würde. Damit rückte ein Leben in Westberlin leider in die Ferne. Aber sehen wollte ich meine Traumstadt schon im Rahmen dieser ersten Rundreise. Allerdings traute ich mich nicht, die Transitstrecke zu benutzen. Die Furcht war eine bisschen irrational, aber ich dachte: „Wer weiß, was den Genossen einfällt, vielleicht fangen sie dich wieder ein." Denen traute ich alles zu. Die mussten sich an kein Recht halten. Also leistete ich mir einen Flug, den ersten meines Lebens. In Tegel angekommen, fuhr ich schnurstracks zum Brandenburger Tor und schaute von einer Besucherplattform auf die andere Seite, dorthin, wo ich so oft gestanden und sehnsüchtig in den Westen geblickt hatte. Ich genoss den Augenblick und dachte: „Geschafft. Endlich auf der richtigen Seite." Umso erstaunter war ich, als ich auf einer Fete bei Freunden Westberliner Maoisten kennenlernte. Die hingen den Ideen des chinesischen Diktators Mao Tsetung an und meinten, der würde den wahrhaften Sozialismus aufbauen. Dass im Namen des Sozialismus nur wenige Straßen von ihnen entfernt Menschen eingesperrt oder sogar erschossen wurden, nur weil sie woanders leben wollten, schien sie nicht zu berühren. Ihnen zu sagen: „Dann geht doch rüber", war zwar lustig, aber zwecklos. Zu offensichtlich genossen sie die Vorzüge des von ihnen abgelehnten Systems der Bundesrepublik.

Nach meiner Rundreise arbeitete ich ein halbes Jahr in Hamburg als Altenpfleger in der Stiftung Anscharhöhe. Damit verbunden war eine kleine Wohnung auf dem sehr schönen Gelände in Eppendorf. Ein Freund meiner Eltern war dort Haustechniker und hatte mich auf den Job aufmerksam gemacht. Mit dem Wintersemester 1981/82 begann ich in München Politikwissenschaft mit einem zusätzlichen Schwerpunkt Volkswirtschaft zu studieren. Besonders interessierte mich der Vergleich der Demokratie mit dem real existierenden Sozialismus. Irgendwann kam ich für mich zu der Erkenntnis, Demokratie ist das normale Leben, Sozialismus ist ein Ausnahmezustand. Ich erinnerte mich an eine Straßenumfrage, die dem ARD-Korrespondenten in der DDR, Fritz Pleitgen, von den Genossen genehmigt worden war. Darin hatte ein Passant gesagt: „Wir müssen unser Leben hier in einem Experiment abwickeln.“ Aber auf Dauer waren die Menschen für die DDR nicht geeignet. Acht Jahre später scheiterte das Experiment.

Zu meiner Familie in Halle konnte ich zum Glück telefonischen Kontakt halten. Sie verfügte über einen Anschluss, was in der DDR nicht die Regel war. Noch 1990 kamen in der DDR nur etwa zehn Anschlüsse auf einhundert Bürger. Im Westen hatten zur gleichen Zeit über vierzig von hundert Bürgern ein Telefon. Leitungen zwischen den beiden Teilen Deutschlands gab es auch nicht viele. So musste man zwanzig, dreißig Mal die Nummer wählen. Immer wieder kam man ganze Tage lang überhaupt nicht durch. Dass eine Einreisesperre gegen mich verhängt worden war, merkte ich bei meinem zweiten Besuch in diesem Frühjahr in Berlin. Am Grenzübergang Bahnhof Friedrichstraße wurde mir von einem Wächter gesagt: „Ihre Einreise in die DDR ist nicht erwünscht.“ Ich hatte damit gerechnet. Und doch bekam ich weiche Knie. Sollte ich meine Familie erst wiedersehen, wenn alle Rentner sind? Ich dachte, man müsste sich an der Mauer in Berlin verabreden. Dort könnte ich von einem Hochstand in den Osten blicken und die Leute wenigstens mal sehen. So haben wir uns am Telefon verklausuliert verabredet. Ich stand dann auf dem Podest in der Bernauer Straße, meine Eltern und zwei Geschwister in der gegenüberliegenden Schwedter Straße. Wir winkten. Auf einmal gingen sie auf die Mauer zu und verschwanden aus meinem Blickfeld. Einige Zeit später sah ich sie in Begleitung von Polizisten weggehen, ohne dass sie sich noch einmal herumdrehten. Später erfuhr ich, dass sie von der Polizeistreife im Schatten der Mauer aufgefordert worden waren, zu ihr über die Straße zu kommen. Unsichtbar für Beobachter aus dem Westen fragten die Polizisten, was sie machten. Meine Mutter erklärte, dass sie nur ihrem Sohn zugewinkt hätte. „Das ist verboten. Verlassen Sie umgehend

Blick von West- nach Ostberlin an der Bernauer Straße 1980.

den Bereich“, herrschte sie einer der Polizisten an. Wir trafen uns dann ein paar Mal in Prag bei Freunden. In meiner Stasiakte fand ich ein Schreiben der tschechischen Staatssicherheit an die Genossen in der DDR. Darin steht, dass die Prager Freunde wegen ihrer Westkontakte ins Visier geraten waren und man wissen wollte, was es mit mir auf sich habe.

Dann kam die Überraschung. Weihnachten 1982 durfte ich wieder nach Halle. Warum plötzlich der Antrag genehmigt wurde, weiß ich nicht. In diesem Sommer hatten die Genossen Straffreiheit für Flüchtlinge beschlossen, die vor 1980 geflohen waren. Vielleicht war meine Einreisesperre im Zuge dieser weichen Welle aufgehoben worden. Auch ein anderer Pfarrerssohn aus Halle, der im Kofferraum über die Transitstrecke nach Westberlin geflüchtet war, durfte jetzt wieder rein. Am 21. Dezember setzte ich mich in den Zug nach Leipzig. An der Grenze hatte ich das Gefühl, es ginge in einen Hochsicherheitstrakt: Stacheldraht, Hunde, Wächter, grelles Licht. Irgendwie war mir, als könne hier jeden Moment etwas ganz Schlimmes passieren. Absolute Macht auf der einen Seite, Furcht auf der anderen. Ich saß allein im Abteil. Die Kontrolleure verhielten sich korrekt. In Leipzig holten mich mein Vater und mein Bruder Clemens ab. Unsere Begrüßung war sehr fröhlich, die Umgebung dagegen noch trauriger als in meiner Erinnerung. Alles wirkte rückständig, die Luft war schlecht. Aber die Genossen ließen mich von da an immer wieder einreisen, was ich ihnen hoch anrechnete. Ich kam dann auch mit dem Auto, einem gebraucht gekauften VW-Polo, stets bis unters Dach mit Geschenken beladen. Den stellte ich immer hinters Haus in den Garten. Ich wollte auf keinen Fall als „Westonkel“ in Erscheinung treten und damit eventuelle Aufpasser verärgern. Aber manchmal forderte ich mein Schicksal heraus und schmuggelte im Wagen Illustrierte und Versandhauskataloge. Die gingen dann durch viele Hände im Freundeskreis.

Einmal, als ich nichts versteckt hatte, bekam ich einen ordentlichen Schuss vor den Bug. Am Grenzübergang Hirschberg winkte mich ein Wächter aus der Schlange der wartenden Autos an einen Sonderkontrollplatz. Dort wurde ich gefilzt. Mein Adressbuch hat ihn besonders interessiert. Damit verschwand er eine gute Stunde. In der Zwischenzeit stöberte ein anderer in den Hohlräumen des Autos. Ich musste das Reserverad herausnehmen und erstarrte einen Moment. Da lag eine Süddeutsche Zeitung unter dem Rad. Die hatte ich irgendwann dort hingetan, um eingetretene Nässe zu binden. Zum Glück sah man das der Zeitung an. Der Wächter glaubte es mir. Er schlug sie trotzdem auf, entdeckte, dass ich einen Artikel ausgeschnitten hatte und fragte: „Was stand dort?“ Ich konnte mich nicht daran erinnern. Er zog die alte Zeitung ein und verschwand. Jetzt gesellte sich eine höhere Charge zu mir und erkundigte sich nach meinem Woher und

Wohin, was ich studiere und was ich später arbeiten wolle. Während des Gesprächs sagte ich in irgendeinem Zusammenhang zu ihm: „Das war reiner Zufall." Er antwortete mit einem wissenden und triumphierenden Blick: „Zufall gibt es nicht. Das ist immer der Schnittpunkt von zwei Gesetzmäßigkeiten." Ich war baff. Da stand einer vor mir, der beim Parteilehrjahr besonders gut aufgepasst hatte. Als ich nach diesem Erlebnis aus dem Kontrollbereich auf der holprigen Autobahn in der Dunkelheit in Richtung Halle verschwand, sendete ich ein dankbares Stoßgebet zum Himmel. Noch einmal davongekommen.

So wenig, wie ich einzuschüchtern war, so wenig war es auch meine Familie. Wir wollten meiner Schwester, die 1984 nach Westberlin ausgereist war und nicht wieder hineingelassen wurde, wenigstens ein kurzes Wiedersehen ermöglichen, und zwar an der Transitautobahn. Das sahen die Genossen nicht gern. Sie konnten einem einen Strick daraus drehen. Aber wir meinten, mit Vorsicht sei das zu machen. Wir verabredeten uns verschlüsselt am Telefon, Ostersonntag 1988 in der Autobahnraststätte Köckern bei Halle. Meine Schwester kam zunächst zu mir nach München. Von dort fuhren wir gemeinsam los. An der Grenze gab es keinen Stau, so waren wir tatsächlich rechtzeitig vor Ort. Kurz nachdem wir den Wagen geparkt hatten, sahen wir sie, unseren Vater, unsere Brüder und unsere Schwägerin. Niemand ließ sich etwas anmerken. So als würden wir uns nicht kennen, gingen wir zusammen in die Raststätte und stellten uns in die Schlange am Tresen. Dabei sprachen wir leise miteinander, ohne uns anzuschauen. Wir setzten uns an nebeneinanderstehende Tische und führten unsere seltsame Kommunikation fort. Nur flüchtige, für eventuelle Beobachter zufällig wirkende Blicke genehmigten wir uns. Das Wasser stand uns in den Augen. Eine halbe Stunde später rollte wieder jeder seines Weges, emotional völlig aufgewühlt. Die Gebäude der alten Raststätte sind im Zuge des Ausbaus der Autobahn 9 verschwunden. Manchmal halte ich trotzdem extra dort an und denke zurück. Dann fahre ich zufrieden weiter.

Ich wollte immer die Wiedervereinigung Deutschlands. Selten spürte ich das intensiver als zu Pfingsten 1988, auf der Fahrt nach Halle. Es war viel los auf der Straße. Die Raststätte Hermsdorfer Kreuz in Thüringen platzte aus allen Nähten. Das muss ein Alptraum für die Staatssicherheit gewesen sein. Ost- und Westdeutsche standen gut gemischt beieinander. Die DDR-Bürger bestaunten die westdeutschen Autos und die Klamotten der Insassen. Manch deutsch-deutsches Gespräch entspann sich. Dabei lagen die Ellenbogen lässig auf den geöffneten Türen der Wagen, oder man lehnte sich entspannt an, während die Kinder herumwuselten. Eine Szene nach dem Motto: Das wird doch wohl noch erlaubt sein. An den Hängen entlang der Autobahn saßen viele DDR-Bürger, ganze Familien. Manche hatten ihre Stullen ausgepackt. Sie holten sich einen direkten Eindruck vom Westen. Ich war zutiefst gerührt und zugleich zornig ohne Ende. Diese meine armen Landsleute wurden an einer so kurzen Leine gehalten, dass sie zu Pfingsten einen Familienausflug zur Autobahnraststätte unternehmen mussten, um einen Blick auf die vorbeiziehende, bunte Welt des Westens zu erhaschen. Sie haben auch gearbeitet, waren fleißig, aber ihre Leistung versickerte in einem ineffektiven Wirtschaftssystem und wurde in einem aufgeblähten Sicherheitsapparat vergeudet, der sie davon abhielt, so zu leben wie die Leute im anderen Teil des Landes. Das Bild der Menschen auf dem Hang an der Autobahn lässt mich nie mehr los.

Im Sommer 1988 schloss ich mein Studium ab. Aber als Diplom-Politologe sah ich keine Zukunft. Als Journalist wollte ich arbeiten. Während ich den Eingang in die Welt der Medien suchte, studierte ich Philosophie und jobbte weiter. Bei einer Party lernte ich einen Moderator des Münchner Privatsenders Radio Gong 2000 kennen. Der machte mich auf die Akademie für Neue Medien in Kulmbach in Oberfranken aufmerksam, an der er auch Dozent war. Im Frühjahr 1989 begann ich dort die Ausbildung zum Rundfunkjournalisten, die schon bald ein Praktikum vorsah, um das man sich selbst kümmerte. Ich bewarb mich in Westberlin bei Radio Hundert,6. Der Sender war erst ein gutes Jahr zuvor vom Filmemacher Ulrich Schamoni gegründet worden. Im Anschluss an das sechswöchige Praktikum bot man mir eine Volontärsstelle an. Ich war wieder in Berlin – in einer für Deutschland politisch heißen Zeit, in welcher der Sender klar Stellung bezog. Chefredakteur Georg Gafron, der auch aus der DDR geflüchtet war, hatte an ihrem Untergang Spaß, den ich teilte. Vor dem 40. Jahrestag der DDR, am 7. Oktober 1989, schalteten die Genossen einige Tage lang immer einen Störsender an, wenn bei Hundert,6 die Nachrichtenfanfare ertönte. Etwas nach der üblichen Länge der Nachrichten stellten sie ihn wieder ab. Das war noch einmal ein Stück eiskalter Krieg der Genossen. Aber am 4. November waren sie mit ihrem Latein offensichtlich am Ende. Auf dem Ostberliner Alexanderplatz versammelten sich Hunderttausende Menschen zu einer Demonstration gegen die Regierung, obwohl auch Vertreter des Regimes redeten. Ich war an diesem Tag privat in Ostberlin und hatte mich neugierig bis an die Bühne durchgeschlängelt. Dort erlebte ich, wie der SED-Spitzenfunktionär Günter Schabowski auf dem Weg ans Mikrofon sarkastisch zum Wittenberger Theologen und Bürgerrechtler Friedrich Schorlemmer sagte: „Sie sind doch Pfarrer. Haben Sie nicht ein paar aufmunternde Worte für mich?" Schabowski, der nur fünf Tage später aus Versehen die Mauer öffnen half, wurde an diesem Tag vom

Berliner Mauer im Frühjahr 1990. ©Wolfgang Gerdes

Volk ausgepfiffen. In meinem Tagebuch notierte ich über die Demonstration: „Kam mir vor wie in einer Hollywood-Inszenierung – alles so unwirklich."

Dann fiel die Mauer. Und ich habe es verschlafen. Denn in der Nacht zum 9. November hatte Ulrich Schamoni mit der ganzen Belegschaft des Senders in einer Diskothek in seinen 50. Geburtstag hineingefeiert. Morgens musste ich wieder als Nachrichtenredakteur ran. Entsprechend müde sank ich deshalb schon um 19 Uhr auf die Matratze in meiner Wohngemeinschaft in Kreuzberg. Auch die anderen bekamen nichts mit. Am nächsten Morgen um sechs Uhr klingelte das Telefon. Mein Bruder Clemens meldete sich vom Kurfürstendamm. Ich dachte im ersten Moment, er sei geflüchtet. Ihn hatten nachts befreundete Musiker angerufen, die in Halle in einer Kneipe vom Mauerfall gehört hatten und wussten, dass er einen alten Moskwitsch hatte. Mit dem waren sie angerollt. Die Innenstadt von Westberlin war voller Ostautos. Ich nahm meinen Bruder mit in den Sender und interviewte ihn. Abends meldete ich mich freiwillig zu einer Nachtschicht in einem Reportagewagen am Brandenburger Tor. Alle Welt erwartete die Öffnung der Mauer auch an dieser besonderen Stelle. Immer wieder ertönten Sprechchöre aus der wartenden Masse: „Macht das Tor auf!" Aber das war zu viel auf einmal für die Genossen. Sie setzten Wasserwerfer gegen die Leute ein, die auf die Mauerkrone geklettert waren. Ich hatte dann mehrere Nächte Stallwache vor Ort, im Ohr immer das Picken von Tausenden Hämmern entlang des Betonmonsters. Schnell machte das Wort „Mauerspechte" die Runde. Jeder wollte ein Stück abtragen und eine schaurige Erinnerung mitnehmen.

Am Abend des 3. Oktober 1990 stand ich bei der Zeremonie der Wiedervereinigung am Reichstag in der ersten Reihe der Zuschauer. Ich freute mich auf die von Bundeskanzler Helmut Kohl in Aussicht gestellten „blühenden Landschaften" in Ostdeutschland. Doch er hatte die wirtschaftliche Lage der DDR falsch eingeschätzt. Es war eine erstklassige Propagandaleistung der Genossen, die Welt glauben zu machen, die DDR gehöre seit den 1970er Jahren zu den zehn wirtschaftlich stärksten Ländern der Erde. Heute bin ich froh, dass Kohl sich damals täuschen ließ. Wäre die Wahrheit früher herausgekommen, hätten die Westdeutschen sich wohl bedankt für die Einheit und wären lieber unter sich geblieben. Dann säßen die Ostdeutschen in einem Boot mit den ehemaligen sozialistischen Bruderstaaten, könnten nur Hungerlöhne zahlen, hätten kaum Arbeitslosengeld und bezögen Mini-Renten. Und wie würden die Städte und Dörfer aussehen? Ich will es gar nicht wissen.

Im November 1991 fragte mich der Musikchef von Hundert,6, einst ebenfalls aus der DDR ausgereist, ob ich bereit wäre, wieder in den Osten zu gehen. Dort hatten die neuen Bundesländer Sachsen, Sachsen-Anhalt und Thüringen beschlossen, gemeinsam den öffentlich-rechtlichen Mitteldeutschen Rundfunk einzurichten. Der suchte Leute. Keine leichte Entscheidung für mich. Gemeinsam mit einem weiteren Moderator des Senders fuhr ich zu einem Erkundigungsgespräch nach Leipzig. Im Hinterkopf hatten wir aktuelle Meldungen, dass in der DDR das statistische Risiko, nach einem Verkehrsunfall nicht zu überleben, ungleich höher sei als im Westen, wegen des mangelhaften Rettungssystems und der schlechten Straßen, über welche die Krankenwagen holpern mussten. Außerdem fehlten Wohnungen, Einkaufen strengte an, weil Supermärkte noch dünn gesät waren. Auch mit dem Telefonieren sah es äußerst mau aus. Ich hatte inzwischen eine nette Wohnung im gutbürgerlichen Westberliner Bezirk Mariendorf, mit Fernsprechanschluss, versteht sich. Aber dann siegte die Neugier auf so einen historischen Neuanfang. Und so hoben wir die Popwelle „MDR life" mit aus der Taufe. Im Jahr 1993 wechselte ich als Redakteur zu den Fernsehnachrichten „MDR aktuell". Nun bin ich wieder hier, in meinem Revier, um es mit Marius Müller-Westernhagen zu sagen. Und hier ist jetzt auch der Westen. Für das Familienarchiv ließ ich mir amtlich bestätigen, dass meine Nichtzulassung zur erweiterten Oberschule rechtsstaatswidrig war. Von der zuständigen Behörde, dem Regierungspräsidium Dessau, bekam ich es schriftlich, im Rahmen der „Verwaltungsrechtlichen und beruflichen Rehabilitierung", bei der Zeugnisse, Stasiakten und beglaubigte Zeugenaussagen bewertet werden. Mir blieb das Schicksal eines politischen Gefangenen in einem DDR-Gefängnis erspart. Ich habe mein Ding durchgezogen, gegen Widerstände und danke Gott für den guten Ausgang der Geschichte.

Ich freue mich, dass sich die meisten Ostdeutschen, trotz mancher Enttäuschungen, mit dem wiedervereinigten Deutschland identifizieren. Einen ganz persönlichen Beleg dafür fand ich bei der Fußballweltmeisterschaft 2006. Das Spiel Deutschland gegen Italien wurde im Leipziger Zentralstation auf der

Videowand übertragen. Rund 35.000 Leute kamen. Als zu Beginn die deutsche Nationalhymne intoniert wurde, standen alle auf. Das hatte ich meinen „Ossis" nicht zugetraut. Andererseits beunruhigen Studien, wonach Schüler erschreckend wenig wissen über die DDR und sie deshalb manchmal verklären. Die müssen sich fragen lassen: Wenn es so gut war, warum sind die Menschen dann eingesperrt worden? Die Westdeutschen haben im Herbst 1989 nicht mit den Füßen gescharrt und wollten die DDR befreien. Es waren die Ostdeutschen, die in der Nacht des 9. November völlig überraschend in den Westen einmarschiert sind. Verklärung der DDR hat sicher auch damit zu tun, dass viel zu wenig bekannt ist, dass der Staat wirtschaftlich am Ende war und international seine Kreditwürdigkeit eingebüßt hatte. Die sozialen Wohltaten konnten nicht mehr bezahlt werden. Das zum Teil unglückliche Agieren der Treuhand ist ein anderes Kapitel, das erst nach dem Versagen der sozialistischen Planwirtschaft geschrieben wurde. Die Kommunisten wären nicht so sang- und klanglos abgetreten, wenn sie nicht pleite gewesen wären. Der Chef der staatlichen Plankommission der DDR, Gerhard Schürer, legte im Oktober 1989 der SED-Führung eine schonungslose Schilderung der Situation vor: „Geheime Verschlusssache – Analyse der ökonomischen Lage der DDR mit Schlussfolgerungen". Die gehört in die Schulbücher. Und damit verbunden die Warnung vor jeglichem Denken, das zur Zwangsbeglückung von Menschen führt und in dessen Folge Andersdenkende ins Gefängnis wandern. Zugleich gilt es, die soziale Marktwirtschaft vor ungezügeltem Kapitalismus zu schützen und dafür zu sorgen, dass die Demokratie in der Bevölkerung populär bleibt. Wer wie ich erlebt hat, was er in seiner Lebenszeit niemals für möglich hielt, den Zusammenbruch des Sowjetimperiums, quasi über Nacht, der hält alles für möglich, auch ein erneutes Ende der Demokratie.

Ich gehe, aber nur unter Protest!

Lothar Rochau, 1983 zur Ausreise gezwungen, damals 31 Jahre alt

Lothar war den Genossen zu gefährlich. Ihn wollten sie aus der DDR heraushaben. Er hatte sich vom viel versprechenden Jungen aus einem staatstreuen Elternhaus zu einem besonders aktiven Mitglied der Kirche entwickelt und zu jemandem, der die DDR offen von links kritisierte.

In Weißensee bei Sömmerda in Thüringen ist er aufgewachsen. Sein Vater war SED-Mitglied, jedoch kein strenger Verfechter des DDR-Systems. Er bekleidete einen Posten beim Rat des Kreises Sömmerda. Dort hatte er die Verantwortung für den Bereich „Örtliche Versorgungswirtschaft". In dieser Funktion war er auch zuständig für die Vergabe von Genehmigungen an Handwerker, die sich selbständig machen wollten. Das wurde von der SED sehr restriktiv gehandhabt. Private Firmen sollten im Sozialismus aussterben. Andererseits sahen die Genossen aber auch, dass die schwerfällige Planwirtschaft so völlig ohne die kleinen Unternehmen noch schlechter dastehen würde. Lothars Vater war immer ganz stolz, wenn er wieder einmal eine Genehmigung durchsetzen konnte, denn die privaten Handwerker und Gewerbetreibenden erleichterten das Leben der Menschen unmittelbar. Lothars Mutter arbeitete beim Industriekombinat Robotron als Arbeitsvorbereiterin, auch Dispatcherin genannt. Lothar ließ sich dort nach der zehnten Klasse zum Werkzeugmacher ausbilden. Die Lehre wurde wegen guter Leistungen verkürzt. Er blieb in der Firma.

Aus seiner an die DDR angepasste Familie stieß Lothar mit 16 Jahren zu einer völlig gegensätzlichen Truppe, die ihn faszinierte, den sogenannten Hippies und Langhaarigen. Man traf sich beim Jugendtanztee in Bad Frankenhausen. Dort kamen Leute aus dem halben Bezirk Erfurt zusammen, die nach Freiräumen suchten. Man tauschte sich darüber aus, wo es gute Konzerte zu sehen gab, vor allem wo Bluesbands spielten. Man war unabhängig von den Angeboten der FDJ – manchmal besuchte Lothar aber auch solche Konzerte, die Gruppen Karat und Puhdys zum Beispiel hat er so gehört. Das war aber nicht seine Richtung. Ihm gefiel Steffan Diestelmann besser, oder Renft. In seinem neuen Freundeskreis ging es auch um die Auseinandersetzung mit dem Spießertum. Später erfuhr Lothar aus seiner Stasiakte, dass in dieser Zeit die ersten Berichte über ihn geschrieben wurden. Da heißt es dann: „Gammler und Langhaarige trafen sich im Garten und redeten über Blues." Man sprach in der Gruppe auch über Philosophen wie Friedrich Nietzsche oder Autoren wie Wolfgang Borchert und dessen Pazifismus. Sie gingen zusammen zur Leipziger Buchmesse und sammelten von westlichen Verlagen Lesestoff unter dem Motto „Bücherklau ist Klassenkampf". Es stellte sich ihm als jungem, suchendem Menschen die Frage: „Ist die Gesellschaft, in der ich lebe, die beste aller denkbaren Gesellschaftsformen?"

Er lernte auch junge Christen kennen und schätzen. Ein Christ, der ihn schon als Kind beeindruckt hatte, war der Schuhmacher und spätere Pfarrer Oskar Brüsewitz, der in Lothars Heimatort lebte und sich am 22. August 1976 in Zeitz öffentlich selbst verbrannt hatte, aus Protest gegen die antikirchliche Politik der DDR-Regierung. Lothars Vater war auch Ortssekretär der SED in Weißensee und bekam regelmäßig Ärger mit Brüsewitz, wenn es Wahlen gab. Denn dieser verweigerte sich konsequent. Das war auch eine Niederlage für Lothars Vater, der an die nächst höhere Stelle melden sollte, dass das Volk bis zum Letzten gehorchte und an einer

Wahl teilgenommen hatte, in der es keine echte Wahl hatte. Lothar erlebte das ein bisschen wie die Auseinandersetzung zwischen Don Camillo und Peppone. Einmal hatte er mit Freunden aus Brüsewitz' Garten Weintrauben geklaut. Sie wurden von ihm erwischt, und er holte sie in sein Haus und erzählte ihnen etwas von der Bibel und dass es darin auch heißt: „Du sollst nicht stehlen." Das prägte sich dem Jungen ein. Zur Christenlehre ging er ja nicht, weil er aus einem atheistischen Elternhaus kam. Durch Brüsewitz erfuhr Lothar aber, dass es da noch eine Organisation gab, die nicht nach der staatlichen Pfeife tanzte, die Kirche.

Im Mai 1971 kam es zum Bruch zwischen ihm und seinem Vater. Nach seiner Lehre war er einmal mit Freunden nach Berlin-Karlshorst zur chinesischen Botschaft gefahren, wo sie sich die „Mao-Bibel" besorgten. Die Chinesen waren zwar auch Kommunisten, gehorchten aber nicht Moskau. Das ließ sie in den Augen der DDR-Kommunisten mindestens genauso gefährlich erscheinen wie der Westen. Die Staatssicherheit, die den Besuch in der Botschaft mitbekommen hatte, kreuzte bei Lothars Eltern auf. Seinem Vater machten sie deutlich, dass es so nicht weitergehen könne mit dem Sohn. Sie beschlossen gemeinsam: „Der Junge kommt mit dem nächsten Schub zur Nationalen Volksarmee nach Eggesin." Der Ort im damaligen Bezirk Rostock war der Inbegriff vom „A... der Welt". Während eines Ausgangs ging der junge Soldat einmal in Ückermünde in die Stadtkirche. Dort kam er mit einer älteren Frau ins Gespräch, die ihm ein Neues Testament schenkte, welches ihn bis heute begleitet. Er fing an, sich mit dem Text zu beschäftigen und stieß auf die Bergpredigt. Diese interessierte ihn brennend: „Schlägt dir einer auf die rechte Wange, so halte auch die linke hin." Oder: „Selig sind die Sanftmütigen."

Nach seiner Entlassung aus der Armee, im Oktober 1972, suchte Lothar nach Alternativen, weil er sich ein Leben im

Büromaschinenwerk Sömmerda nicht mehr vorstellen konnte. Er bewarb sich an verschiedenen Fachschulen, an der für Maschinenbau in Karl-Marx-Stadt, aber auch an der Fachschule für Archivwesen in Potsdam. In alten Papieren zu kramen und in der Geschichte zu stöbern, das konnte er sich auch gut vorstellen. Doch überall hieß es, seine gesellschaftliche Reife sei nicht hoch genug, um eine Fachschule oder weiterführende Schule besuchen zu können. In dieser Zeit arbeitete er zweimal unentgeltlich in Neinstedt am Harz in den kirchlichen Behindertenheimen. Dort gab es auch eine Diakonenschule. Das war seine Sache. Eine Voraussetzung für die Ausbildung war die Konfirmation. Also nahm er am Wochenende Privatunterricht beim Pfarrer seines Heimatortes. Nach der Konfirmation begann Lothar im September 1973 gegen den Willen seiner Eltern eine vierjährige Diakonenausbildung.

Es war politisch eine spannende Zeit. Der Liedermacher Wolf Biermann wurde aus der DDR geworfen. Der Protest, auch vieler prominenter Künstler, zeigte, dass nicht alle kuschten. Es gab die KSZE-Konferenz in Helsinki, die Konferenz der kommunistischen Parteien in Ostberlin, auf der die französische, italienische und spanische KP einen anderen Kurs verfolgten als den von Moskau vorgegebenen. Immer wieder war da die Suche nach einem „Sozialismus mit menschlichem Antlitz“, wie er 1968 in Prag versucht worden war. Wie kann eine Gesellschaft aussehen, die das Individuum ernst nimmt und es nicht gegen seinen Willen für ein vorgeblich höheres Ziel opfert? Die diakonische Ausbildung hatte Lothars politisches Denken geschärft. Seine Abschlussarbeit trug den Titel: „Der christliche und der marxistische Eigentumsbegriff oder die Frage nach der höheren Gerechtigkeit“. Dazu hatte er auch Standardwerke von Marx, Engels und anderen Philosophen gelesen.

Er wurde Jugenddiakon mit der speziellen Qualifikation für den Gemeindeaufbau in Neubaugebieten. Staats- und SED-Chef Honecker hatte auf dem VIII. Parteitag verkündet, bis 1990 sei die Wohnungsfrage als soziale Frage gelöst. Überall in der DDR begann man, Plattenbauten aus dem Boden zu stampfen. Kirchengebäude waren dabei nicht erwünscht. Doch die Kirche fand Wege, ihr Angebot zu machen, und zwar nach dem Slogan: „Wir wollen Kirche im Sozialismus sein." Dieser war bei den evangelischen Christen umstritten. So manchem roch das zu sehr nach Anbiederung an den religionsfeindlichen Staat. Es gab ja auch keine „Kirche im Kapitalismus". Lothar fand es spannend, in einer sozialistischen Musterstadt zu arbeiten. Er bekam 1977 eine Stelle in Halle-Neustadt. Die „Neue sozialistische Stadt" wurde um den kleinen Ort Passendorf gebaut. Dort stand schon immer eine Kirche, in deren Gemeinde Lothar arbeiten konnte. Das Durchschnittsalter der Bewohner von Halle-Neustadt betrug damals 29 Jahre, 93 Prozent der Frauen waren voll berufstätig. Pro Familie gab es 2,4 Kinder, heute sind es in ganz Halle nur noch 1,2 Kinder. Lothar hatte als Jugenddiakon sehr schnell großen Zulauf. Es sprach sich herum: „Am Rande von Neustadt, in Passendorf, da gibt es einen Jugenddiakon, bei dem kann man angstfrei über alle Dinge persönlicher oder gesellschaftlicher Art reden, ohne mit den üblichen sozialistischen Phrasen belehrt und abgespeist zu werden." Es kamen überwiegend Lehrlinge und junge Facharbeiter, die sonst keinen Kontakt zur Kirche hatten. Über 70 Prozent waren nicht konfirmiert. Lothar baute einen Freundeskreis auf, der die sogenannte „Offene Arbeit" sehr unterstützte. Dazu gehörten Frank und Katrin Eigenfeld, die später als Bürgerrechtler bekannt wurden.

Die Gruppe versuchte, die christliche Botschaft zu vermitteln. Glaubwürdigkeit spielte dabei eine ganz große Rolle. Die Jugendlichen testeten die Verantwortlichen, schauten genau hin, ob Worte und Taten auch übereinstimmten. Worin zeigte sich, dass jene, die ihnen sagten, das Evangelium sei eine befreiende Kraft, auch Christen waren? Es ging aber nicht nur darum, offen seine Gedanken über die im Lande herrschenden Zustände zu äußern. Auch Unterstützung in konkreten, materiellen Notsituationen wurde erwartet, etwa von jenen, die mit dem Gesetz in Konflikt geraten waren. Wenn Lothar oder ein anderer Mitarbeiter denen sagte: „Du darfst hier nicht rausfallen, du musst arbeiten gehen", dann wurde erwartet, dass jemand mitkam und mit den Verantwortlichen im Betrieb sprach oder eine Arbeitsstelle suchte. Leute, die aus dem Gefängnis kamen, erwarteten, dass man ihnen bei der Wohnungssuche half. Es war ganz praktische soziale Arbeit. Nur zu sagen: „Du musst dich ändern", genügte nicht. Die jungen Menschen erwarteten auch Auseinandersetzung und Streitvermögen. Sie suchten Menschen, an denen sie sich reiben konnten, wollten die Widersprüche, die sie in der Gesellschaft und im eigenen Elternhaus erfahren hatten, Erwachsenen gegenüber zum Ausdruck bringen, auch als Provokation. Und oft provozierten sie schon allein durch ihr Äußeres: lange Haare, Jeans, selbst genähte Klamotten, nur nicht aussehen wie Spießer. Sie verlangten Engagement bis zur Erschöpfung. Lothar war immer im Dienst, seine Tür stand immer offen. Es war eine bedingungslose Annahme der Menschen mit ihren Problemen. Davon wurde Gebrauch gemacht, bis zur Zerreißprobe für seine Familie. Dieser „Offenen Arbeit" stellten sich auch in anderen Teilen der DDR Diakone und Pfarrer. So war in Ostberlin zum Beispiel Rainer Eppelmann engagiert. Immer saßen inoffizielle Mitarbeiter der Staatssicherheit in den Veranstaltungen, wie Lothar aus seinen Stasiakten weiß. Er und seine Freunde hatten allerdings damals auch immer damit gerechnet. Bei den Werkstatttreffen begrüßte Lothar diese Leute jeweils offiziell, ohne zu wissen, wer es genau war.

Lothars Kirchengemeinde positionierte sich damals bewusst zur sozialistischen Gesellschaft. Bewusst heißt, man wollte die sozialistische Gesellschaft mitgestalten, sie nicht nur ertragen. Man unterstützte bei Wahlen die Kandidatenvorschläge des von der SED dominierten Parteienbündnisses „Nationale Front". So wurde beispielsweise in der Presse bekundet, die CDU-Kandidaten seien wählbar. Lothar und seine Freunde gingen nicht zur Wahl, weil sie diese nicht für eine demokratische hielten. Sie lehnten es auch ab, wenn die Kirchengemeinde die staatliche Politik gegenüber der Unterdrückung von Menschen in anderen Teilen der Welt offen unterstützte. Denn wenn in der DDR Menschenrechtsverletzungen begangen wurden und Menschen aufgrund ihrer politischen Ansichten hinter Gittern verschwanden, wurde der Mund gehalten. Nicht wenigen in der Gemeinde erschien es suspekt, wenn Lothar Themenabende organisierte, die sich mit der Verschärfung des Wehrdienstgesetzes oder des Strafgesetzbuches beschäftigten. Im Jahr 1979 organisierten der 26-jährige Diakon und sein Arbeitskreis ein mehrtägiges Werkstatttreffen unter dem Dach der Kirchengemeinde. Es kamen rund 600 Interessierte aus der ganzen DDR. Sie wurden privat untergebracht, schliefen in Zelten, in anderen kirchlichen Räumen. Achtzig Prozent des Programms war selbst gestaltet durch Musik, Theater, Malerei, Grafik. Andere hatten Gottesdienste vorbereitet, liturgische Nächte. Lothar und seine Vorbereitungsgruppe sagten, in jedem jungen Menschen schlummere etwas. Vor Beginn dieses Treffens kreuzten auf einmal Herren von der Abteilung Inneres der Stadtverwaltung auf und verlangten das innerkirchliche Programm des Treffens zu sehen. Die Leitung der Kirchengemeinde erwartete, dass Lothar das Programm präsentiert. Außerdem musste er die damals vom SED-Staat beargwöhnte Liedermacherin Bettina Wegner wieder ausladen. Die guten Beziehungen, die zwischen staatlichen Stellen und der Kirchengemeinde aufgebaut worden seien, dürften nicht durch seine Aktion zerstört werden.

Zum offen Bruch kam es 1981. Zwei Freunde von Lothar wurden zu zweieinhalb Jahren Gefängnis verurteilt, wegen „staatsfeindlicher Hetze“. Einer war Ingenieur, der andere Schlosser, beide Mitglieder im Arbeitskreis zur Aufarbeitung der DDR-Militarisierung. Dort wurde die Doppelzüngigkeit angeprangert, mit der die SED-Propaganda Front machte gegen die Pershings der NATO, die SS-20-Raketen der Russen aber quasi als „Friedenswaffen“ verteidigte. Lothar und die Gruppe waren gegen jede Art von Raketen und erarbeiteten eine Denkschrift zum Frieden. Nach der Verhaftung gestattete die Kirchengemeinde keine weiteren Werkstatttreffen. Der Arbeitskreis zog deshalb in die Christusgemeinde in der Freiimfelder Straße. Doch meist trafen sich die Freunde in Wohnungen. Sie beschäftigten sich mit aktuellen, kritischen Texten, zum Beispiel von Christa Wolf oder Stefan Heym. Sie lasen „Haben oder Sein“ von Erich Fromm oder „1984“ von George Orwell, Bücher, die von Besuchern aus Westdeutschland eingeschmuggelt worden waren. Texte von westdeutschen Linken, wie der Theologin Dorothee Sölle oder dem Theologen Helmut Gollwitzer, kamen ebenfalls auf diesem Wege ins Land. Es war die Zeit, in der in der Bundesrepublik die Grünen und die Friedensbewegung entstanden. 1982 verschärfte sich die Lage noch weiter und Lothar in Halle-Neustadt hatte fast keine Arbeitsmöglichkeiten mehr. Die Gemeindeleitung distanzierte sich völlig von ihm und erwartete vom Kirchenkreis eine Lösung des „Falles Rochau“. So wurde er im Herbst 1982 von diesem beurlaubt. Offiziell hieß es, er solle sich auf sein Theologiefernstudium konzentrieren und dieses abschließen. Ihm wurde nahegelegt, sich Arbeit in einer anderen Kirchengemeinde zu suchen. Aber niemand wollte sich auf ihn und seine unkonventionelle Arbeit einlassen. Im März 1983 wurde er von der Kirche entlassen. Er hätte sich nicht an Absprachen gehalten, hieß es.

Somit war er fürs Erste arbeitslos. Die Familie lebte von dem wenigen Geld, das seine Frau als Reinemachefrau verdiente. Eigentlich war sie Erzieherin in Halle-Neustadt, aber diese Arbeit hatte sie aufgeben müssen, weil sie, wie ihr begründet wurde, mit so einem Mann keine Kinder zu „sozialistischen Menschen" erziehen könne. Die Staatssicherheit startete eine groß angelegte Beobachtungskampagne. Vor dem Haus in Dölau, in dem die Familie wohnte, stand ständig ein Auto mit Besatzung. Lothar besaß kein Auto, fuhr mit dem Rad oder der S-Bahn. Auch dabei folgten ihm Stasileute, immer ganz offensichtlich. Man wollte ihn einschüchtern, doch Lothar gab sich unbeeindruckt. Im Juni 1983 organisierte er mit Freunden eine Fahrradtour nach Buna, zu den Chemiewerken, die hemmungslos die Umwelt verpesteten. Anlass war der Weltumwelttag, der auch in offiziellen Kalendern der DDR ausgewiesen war, wie der Tag des Lehrers oder Tag des Eisenbahners. So radelten etwa 150 Leute gemeinsam durch die Stadt, viele trugen einen Mundschutz, um auf die hohe Belastung der Luft mit gesundheitsschädlichen Stoffen aufmerksam zu machen. Wie man heute weiß, schätzte selbst die Staatssicherheit in geheim gehaltenen Lageberichten an die Partei die Umweltsituation als äußerst bedenklich ein. Die Polizei löste die Ansammlung auf, Lothar wurde festgenommen und 48 Stunden festgehalten. Die Nachricht erreichte Westberliner Freunde, die sie an die Presse weitergaben. Abends meldete es die Tagesschau der ARD. Die Genossen schäumten vor Wut. Diese Öffentlichkeit schmeckte ihnen überhaupt nicht. Lothar wurde als „Rädelsführer einer nicht genehmigten Demonstration" zu einer saftigen Ordnungsstrafe verurteilt. Er musste der DDR 500 Mark zahlen. Sein Diakonengehalt hatte im Monat 452 Mark betragen. Jetzt war er sogar ganz ohne Arbeit. Seine Freunde sammelten bei den anderen Teilnehmern der Demonstration und die Summe kam schnell zusammen. Lothars Vater wurde von den Genossen in Sippenhaft genommen. Sie entließen ihn als Referatsleiter beim Rat des Kreises Sömmerda und steckten ihn in die staatliche Friedhofsverwaltung. Dort musste er selbst Gräber ausheben. Er erlitt seinen zweiten Herzinfarkt und war fortan nicht mehr arbeitsfähig.

An Lothars Haus klingelte es bald darauf morgens um sechs Uhr an der Tür: die Staatssicherheit. Lothar wurde festgenommen, die Wohnung durchsucht. Auch am nächsten und am übernächsten Morgen kamen sie wieder und durchsuchten die Wohnung erneut. Lothar wurde im Gefängnis mehr als vier Monate festgehalten und immer wieder verhört. Dabei machte er deutlich, dass er kein Gegner des Sozialismus sei. Den Absolutheitsanspruch der SED konnte er nicht unterschreiben, aber das Recht auf Arbeit, Recht auf Wohnung, das hieß er gut. Er fand, das Gesellschaftsmodell müsste weiterentwickelt werden.

Schon kurz nach der Verhaftung bekam er den Verteidiger Wolfgang Schnur zugewiesen, einen der wenigen Anwälte, die in der evangelischen Kirche engagiert waren und das Vertrauen der Kirchenleitung genossen. (Nach dem Mauerfall kam heraus, dass Wolfgang Schnur die ganze Zeit auch für die Staatssicherheit gearbeitet hatte.) Der Prozess vor dem Bezirksgericht in Halle am Hansering fand unter Ausschluss der Öffentlichkeit statt. Die Anklageschrift umfasste beinahe eintausend Seiten. Lothar wurde zu drei Jahren Freiheitsentzug verurteilt, wegen „ungesetzlicher Verbindungsaufnahme", wegen „Beeinträchtigung der staatlichen Ordnung und Sicherheit", wegen „staatsfeindlicher Hetze" und wegen „illegaler Gruppenbildung". Kurze Zeit nach seiner Verurteilung erschien im Magazin „Der Spiegel" ein Artikel über seine Geschichte. Da kreuzte Anwalt Schnur wieder auf und erklärte, nach diesem Artikel könne Lothar nicht mit vorzeitiger Haftentlassung rechnen. Er müsse die vollen drei Jahre absitzen oder sofort in den Westen ausreisen. Er solle an seine Frau und seinen Sohn denken, die dann mit ihm gehen dürften. Und der Druck auf ihn wurde noch erhöht. Schnur gab zu erkennen, dass, sollte Lothar gehen, noch einige andere Leute in den Westen ausreisen dürften.

Aber Lothar wollte eigentlich nicht in den Westen. In der DDR sah er seine Aufgabe und seine Gestaltungsmöglichkeit. Er hatte ja auch kapitalismuskritische Literatur gelesen, an welche die meisten DDR-Bewohner nie gelangten. Kurz darauf wurde er aus der U-Haft in den Strafvollzug nach Cottbus verlegt und von dort 14 Tage später nach Karl-Marx-Stadt. Dort kam ein Anwalt vom Büro der Berliner Kanzlei Vogel zu ihm, die den Freikauf von Häftlingen organisierte. Der Anwalt legte ihm nahe, einen Ausreiseantrag zu stellen. Lothar gab zu Protokoll, dass er das nur unter Druck und eigentlich gegen seinen Willen tue. Schon zwei Tage später, am 1. Dezember 1983, kam Lothar mit dem Gefangenentransport in den Westen. Es war der übliche westdeutsche Reisebus. Anwalt Vogel mit einem großen Westauto fuhr bis zur Grenze vorneweg, dann ging es über Herleshausen nach Gießen in das Notaufnahmelager. Lothars Frau und sein Sohn kamen bald nach. Drei Jahre später ließen die Genossen auch Lothars Eltern, seine Schwester und nahezu die gesamte Verwandtschaft in den Westen ziehen, insgesamt 15 Personen.

Lothar ging mit seiner Familie nach Darmstadt. Dort hatte er einen Freund, einen Diakon, der ein Altersheim leitete. Nach Westberlin, wo viele seiner ausgereisten Freunde lebten, wollte er nicht. Er empfand den Weggang in den Westen als persönliche Niederlage. Er wollte Abstand und so schnell wie möglich ein neues Leben aufbauen und dachte, der Integrationsprozess gelingt tief im Westen besser als in Berlin, der „Insel im roten Meer". Er bekam eine Anstellung bei einer Kirchengemeinde und war zuständig für Jugendarbeit und Erwachsenenbildung. Er erlebte, dass die Kirche im Westen und seine Arbeit ein hohes Ansehen genoss. Wer sich in der DDR im kirchlichen Bereich einbrachte, wusste, dass ihm dies berufliche und andere gesellschaftliche Nachteile bringen konnte. Neben seiner Arbeit in der Kirchengemeinde engagierte sich Lothar als Referent beim Gesamtdeutschen Institut, wo er Lehrer, Schüler und Interessierte aus allen Berufen auf Gruppenreisen in den Osten vorbereitete. Im Arbeitskreis der Grünen war er auch, trat aber nicht in die Partei ein. Und er qualifizierte sich in seinem Beruf weiter. In Frankfurt am Main absolvierte er an der Fachhochschule einen Studiengang Sozialarbeit/Sozialpädagogik. In Strafanstalten bildete er ehrenamtliche Mitarbeiter aus, die Gefangene besuchten und auf ein Leben danach vorbereiteten. Seine Frau machte eine heilpädagogische Ausbildung und arbeitete in einer Einrichtung für Behinderte.

Während einer Vortragsreise auf der Insel Spiekeroog hörte Lothar vom Fall der Mauer. Zwei Tage später fuhr er nach Ostberlin. Bisher war ihm die Einreise immer verweigert worden. Jetzt stellte sich ihm die Frage: „Kannst du nun noch im Westen leben oder gehörst du nicht umgehend in deine Heimat zurück?" Anfang Dezember 1989 entschied er sich für das Letztere. Von seiner Arbeit in der Kirchengemeinde in Darmstadt ließ er sich für zwei Jahre freistellen und ging zurück nach Halle. Eine Arbeit im kirchlichen Bereich fand er dort nicht, es gebe keine Stellen, hieß es. Er hatte das Gefühl, dass man ihn nicht wollte. Vielleicht gab es die Sorge, dass er seine Erlebnisse in der DDR und die Rolle kirchlicher Stellen aufarbeiten würde. Das geschah Jahre später in verschiedenen Veröffentlichungen seinerseits und vonseiten der Kirche. Lothar erkennt an, dass die Rolle der Kirche damals schwierig war. „Es gab in diesem Prozess sehr glaubwürdige Personen und andere", urteilt er heute.

Im März 1990 ließ sich der Heimkehrer als Kandidat des „Neuen Forum" für die Wahlen zum Stadtparlament von Halle aufstellen. Dafür musste er wieder DDR-Bürger werden, ganz offiziell mit Einbürgerungsurkunde. Die bundesdeutsche Staatsbürgerschaft durfte er behalten. Nachdem er in das erste frei gewählte Stadtparlament gewählt worden war, stürzte er sich in die Arbeit beim Neuaufbau der Stadtverwaltung. Im selben Jahr wurde er von der Personalauswahlkommission zum neuen Amtsleiter des Jugendamtes berufen. Die Familie blieb in Darmstadt. Seine Frau fühlte sich dort sehr wohl. Doch ihre Ehe hielt dieser Pendelbeziehung nicht stand, 1993 wurden sie geschieden.

Für Lothar lagen die spannendsten Dinge, das Herausfordernde immer im Osten, das, was seinem Naturell, seiner Persönlichkeit näherkam, fand er hier. „Das ist mein Menschenschlag", sagt er, „das Heimatgefühl ist hier." Wäre er nicht zurückgekommen, das ist ihm klar geworden, wäre er ein Leben lang jemand gewesen, der die einmalige Chance der Umwandlung einer Gesellschaft von einer Diktatur in eine Demokratie ungenutzt gelassen hätte. Eine solche Chance bekommt man im Leben nur einmal. Für ihn war es auch zwingend, aus einer Opposition heraus in Verantwortung zu gehen. Heute sieht er es als seine größte Aufgabe an, junge Menschen in Halle zu halten, weil er an eine Zukunft Ostdeutschlands glaubt. Im Jahr 2008 übernahm Lothar in der Stadtverwaltung die Leitung des neuen Ressorts „Soziale Nachhaltigkeit".

Eine verhängnisvolle Hochzeit

Uta Letz, 1984 freigekauft, damals 26 Jahre alt

Drei Wochen bevor Uta im Frühjahr 1982 heiraten wollte, wurde die junge Lehrerin für Deutsch und Sport von der Direktorin der Talamtschule in Halle zu einem Gespräch gebeten. „Sie wollen einen gewissen Herrn Letz heiraten?“, fragte die Vorgesetzte. Die 24-Jährige bekam große Augen. Nur ihr Freund Peter und ihre Eltern wussten, dass sie das Aufgebot bestellt hatten. Die Direktorin bat Uta, es nicht persönlich zu nehmen, aber sie müsse das fragen: „Wissen Sie, dass dieser Herr einen Ausreiseantrag gestellt hat?“ Natürlich wusste sie das. „Dann muss ich Ihnen leider mitteilen“, sagte die Direktorin mit nicht gespieltem Bedauern, „dass es Ihr letzter Arbeitstag hier sein wird, wenn Sie diesen Herrn heiraten.“ Uta war so überrascht, dass sie keine Fragen stellte. Wie benommen ging sie zurück zum Unterricht. Drei Wochen später gratulierte ihr die Direktorin zur Hochzeit und überreichte ihr „im Namen des Lehrerkollegiums“ sogar ein kleines Geschenk. Die Anweisung, Uta zu warnen, hatte die Schulleiterin von der Schulbehörde erhalten, die wiederum von der Abteilung Inneres des Rates des Stadtbezirkes Ost informiert worden war, wo Peter den Antrag gestellt hatte.

Uta war bereits ein Jahr Lehrerin gewesen, als sie Peter kennengelernt hatte. Er hatte ihr von vornherein erklärt, dass er in den Westen wolle und sich auch durch eine Beziehung zu ihr nicht davon abbringen ließe. Sie wusste, worauf sie sich einließ. Er war Klempner, machte aber auch immer wieder andere Jobs. Uta war zu Hause nicht angehalten worden, groß Hurra zu schreien, die Mitgliedschaft bei den

Jungen Pionieren, in der FDJ und die Teilnahme an der staatlich organisierten Jugendweihe waren aber selbstverständlich. Ihre Mutter arbeitete in einem privaten Steuerbüro. Ihr Vater war Leiter der Eissporthalle. Uta studierte Sport und Germanistik und arbeitete seit 1980 als Lehrerin. Auch sie hatte mit ihrem Vater kontrovers über Politik oder das Westfernsehen diskutiert. Jeder wusste, dass es alle sahen, aber sie durfte in der Schule nicht laut über Filme wie „Raumschiff Enterprise" reden. Ihr Vater warnte: „Kind, wenn du weiterkommen willst, wenn du mal Abitur machen möchtest, mach dir solche Gedanken, aber äußere sie nicht laut. Du verbaust dir sonst deinen Weg. Ich bin nicht in der Partei. Ich kam auch nur mit Vorsicht voran." Aber sie hätte gern ihre Fragen und Ansichten offen mit anderen diskutiert und sich die Welt angeschaut.

Nun steuerte sie auf einen offenen Konflikt mit diesem Staat zu. Nach ihrer Hochzeit wurde sie im Mai 1982 zum Stadtschulrat bestellt. Mit dem saßen noch vier Leute im Zimmer. Diese fragten, wie Uta zum Ausreisebegehren ihres Mannes stünde. „Ich gehe natürlich mit, wenn es so weit ist", erklärte sie. Der Schulrat sprang auf und sagte wütend: „Dann ist es vorbei mit dem Unterrichten." – „Aber ich habe doch bisher alles erzählt, was im sozialistischen Sinne verlangt wurde", gab Uta zurück. Der Schulrat schnappte nach Luft und erklärte: „Ein Ausreiseantrag und sozialistische Erziehung von Kindern geht nicht zusammen. Sie sind entlassen. Das Gremium ist beschlussfähig." Nach den Ferien gab Uta am ersten Schultag ihre Schlüssel ab. Bei ihrer Verabschiedung in der Klasse stand ein parteitreuer Lehrer neben ihr und achtete darauf, dass sie den wahren Grund nicht nannte. Sie bat die Schüler der zehnten Klasse, ihre Sportprüfung gut zu machen. Damit könnten sie ihr einen Gefallen tun. Als sie ging, traf sie auf dem Schulhof eine Lehrerin, bei der sie selbst in der Oberschule Unterricht gehabt hatte und die immer sehr gut auf sie zu sprechen war. Nun sagte diese Frau: „Also Uta, ich bin persönlich enttäuscht von dir." Als die Mauer gefallen war, ließ sie Uta immer herzlich grüßen, wenn sie ihren Eltern in der Stadt begegnete.

Nach der Entlassung wurde der jungen Lehrerin beim Amt für Arbeit kein Job angeboten. Wenn sie in Sportgeschäften oder Buchläden nach Arbeit fragte und den Ausreiseantrag erwähnte, wurde sie abgelehnt. Glücklicherweise waren sie und ihr Mann handwerklich begabt. Uta nähte modische Kleidung, Peter baute irgendwelche originellen Dinge zusammen – Lampen oder Ähnliches. Das verkauften sie auf Flohmärkten. Uta nähte auch für Freunde, wenn jemand eine Steppweste haben wollte oder andere Mode, die es im Laden nicht zu kaufen gab. Manchmal verkauften sie auch etwas schwarz über Kunstgewerbeläden. Die nahmen das stets mit Kusshand. Einmal waren Sachen von ihnen bei einer Versteigerung in der Kunsthochschule Burg Giebichenstein dabei. Davon erschienen Fotos in der Zeitung und sie wurden als besonders gekonnt und pfiffig beschrieben. Offiziell als Gewerbe durfte sie diese Tätigkeit aber nicht anmelden. So waren es harte Zeiten, immer wieder fehlte Geld für das Nötigste.

Für Utas Eltern war das alles ein Schock. Sie meinten, der Mann ihrer Tochter habe einen schlechten Einfluss auf sie. Es dauerte, bis sie akzeptierten, dass alles, was sie tat, ihrem freien Willen entsprang. Sie stellte nun gemeinsam mit Peter einen Ausreiseantrag. Beim Rat des Stadtbezirkes West gab man sich überrascht: „Was wollen Sie, einen Ausreiseantrag stellen? So etwas gibt es gar nicht. Da fehlt jede rechtliche Grundlage. Wo nehmen Sie so etwas her?" Es wurde ins Lächerliche gezogen. Das war deren Masche, das wussten sie von anderen. Sie ließen ihren Antrag dort und begannen zu warten. Ein Jahr verging, nichts bewegte sich. Im Juni

Hallmarkt in Halle mit dem Polizeipräsidium, 1981.

1983 nahm Peter am Weltumwelttag an einem Fahrradkorso zu den Buna-Werken teil. Ein Protest gegen die Umweltverschmutzung in der DDR. Dabei wurden er und andere festgenommen und über Nacht in Polizeigewahrsam gehalten. Daraufhin fuhren Uta und Peter nach Ostberlin zur Ständigen Vertretung der Bundesrepublik in der Hannoverschen Straße. Diese hatte die Funktion einer Botschaft. Da aber Westdeutschland die DDR völkerrechtlich nicht als Ausland anerkannte, hatten die beiden deutschen Staaten 1974 jeweils eine solche Ständige Vertretung eingerichtet. Uta und Peter hofften, etwas geschützt zu sein, wenn ihr Ausreisewunsch im Westen bekannt wäre. Nach dem Besuch wurden sie von Polizisten kontrolliert, aber nicht weiter behelligt. Andere hatten weniger Glück. Als in den späten 1970er Jahren immer wieder DDR-Bürger Zuflucht in der Ständigen Vertretung gesucht hatten und so in den Westen gelangt waren, wurden Besucher immer öfter überprüft. Mehr als 400 wurden festgenommen und wegen „unerlaubter Kontaktaufnahme" verurteilt. Diese Zahl nennt das Bundesministerium für Bildung und Forschung, welches jetzt in dem Gebäude untergebracht ist. Uta und Peter warteten weitere Monate, nichts rührte sich in Sachen Ausreise. Um den Jahreswechsel herum schrieben sie einen Brief an die UNO-Menschenrechtskommission, den westdeutsche Freunde mitnahmen und in Westberlin abschickten. Darin taten sie kund, dass sie aufgrund ihres Ausreiseantrags in der DDR keine Arbeit mehr fänden und Uta sogar mit Berufsverbot belegt worden sei.

An einem Sonntagnachmittag, im Februar 1984, kam die Staatssicherheit. Peter reparierte gerade ihren alten F9. Die Herren forderten ihn auf, wegen der „Klärung eines Sachverhaltes" mit ihnen zu kommen, er könne auch in seinem Auto hinter ihnen herfahren. Als er am Montag früh noch nicht wieder da war, ging Uta zur Post in der Bernburger Straße und schickte zwei Telegramme an die Freunde im Westen mit dem Wortlaut: „Peter von Verhör nicht zurückgekehrt." Die Postbeamtin stutzte und fragte leise: „Soll ich das wirklich so durchgeben?" Dann tat sie es. Anschließend lief Uta zum Polizeipräsidium am Hallmarkt. Dort stand ihr Auto auf dem Parkplatz. Im Präsidium fragte sie nach ihrem Mann. Sie musste eine Weile warten. Ihr Herz raste. Dann hieß es, sie solle am Gimritzer Damm nachfragen. Dort saß die Staatssicherheit. Zunächst fuhr sie mit dem Bus zu ihren Schwiegereltern. Von dort rief sie bei der Staatssicherheit an. Die Nummer stand im Telefonbuch. „Ich hätte gern Auskunft über den Verbleib meines Mannes." Am anderen Ende der Leitung war ein kurzes, aber tiefes Atemholen zu hören. Das klang wie: „Die traut sich was." Seinen Namen nannte der MfS-Mitarbeiter nicht. „Ich bin der Diensthabende, das muss Ihnen reichen", hieß es. „Klack, klack, klack" machte es in der Leitung, dann war die Stimme wieder dran und fragte: „Von wo rufen Sie an?" Uta nannte die Adresse und die Stimme sagte: „Bitte warten Sie. Sie werden gleich von einem Kollegen abgeholt, der wird Sie über den Verbleib Ihres Mannes informieren." Nach zwanzig Minuten standen zwei Herren vor der Tür und forderten sie auf mitzukommen. Im Auto sagte keiner ein Wort. Ihr ging durch den Kopf, dass die Genossen in ähnlichen Fällen einen Partner in den Westen abgeschoben hatten. Den anderen hatten sie versucht, mürbe zu machen, damit er bleibt. Zu Utas Verwunderung ging es zu ihr nach Hause in die Ulestraße. Als sie in Begleitung der beiden Herren ihren Schlüssel hervorkramte, ging die Tür plötzlich auf. Drei Leute standen in ihrer Wohnung. Bevor Uta etwas sagen konnte, hielt ihr einer ein Schriftstück entgegen und erklärte: „Das ist eine Hausdurchsuchung. Einige Sachen wurden beschlagnahmt. Sie müssen hier noch unterschreiben." Briefe, Notizbücher, Telefonverzeichnisse, solche Dinge hatten sie eingepackt. Sie waren mit Peters Schlüssel in die Wohnung gelangt. Uta erfuhr, dass er in der Untersuchungshaftanstalt der Staatssicherheit, im „Roten Ochsen", saß, keine hundert Meter von ihrem Zuhause entfernt. Was ihm vorgeworfen wurde, blieb offen. „Da müssen Sie die Staatsanwältin fragen", hieß es. „Aber Sie können ihrem Mann etwas zu Rauchen mitgeben. Darum hat er gebeten. Ihr Auto dürfen Sie auch abholen." Uta bat Freunde darum. Sie war nach den Geschehnissen so flatterig, sie hätte es an einen Baum gesetzt. Dann ging sie zur Staatsanwältin und fragte, warum ihr Mann im Gefängnis sei. „Sie müssen doch wissen, was Ihr Mann verbrochen hat", sagte die Frau. „Ohne Grund sperren wir niemanden ein." Mehr sagte sie nicht. Uta ging umgehend zur Post und schickte ein weiteres Telegramm an die Freunde im Westen. Anschließend fuhr sie wieder nach Berlin zur Ständigen Vertretung und berichtete von der Verhaftung, dann zum Büro von Rechtsanwalt Vogel in Berlin, dem Spezialisten für Häftlingsfreikauf. Dort verwies man sie an einen Unteranwalt von Vogels Büro in Halle. Dem lag aber schon ein Ersuchen von Peter aus der U-Haft vor.

Ehemaliges Vernehmerzimmer in der Gedenkstätte „Roter Ochse“ in Halle. ©Constantin Hoffmann

Am Wochenende kamen ihre Eltern und machten ihr Vorwürfe: „Lass dich doch scheiden, Kind, und ziehe den Ausreiseantrag zurück. Es kann wieder alles werden wie früher. Du könntest sicher auch wieder als Lehrerin arbeiten. Wir wollen unser einziges Kind nicht verlieren. Wenn du im Westen wärst, dürften wir dich nie wieder sehen.“ Eigentlich hätte Uta in dieser bis dahin schwersten Situation ihres Lebens jemanden gebraucht, der sie in den Arm nimmt und versucht, sie zu verstehen. Sie sind dann sehr aufgebracht auseinandergegangen. Erst Jahre später erfuhr Uta, dass die Staatssicherheit Druck gemacht hatte. Auf den Arbeitsstellen ihrer Eltern waren welche aufgekreuzt und hatten sie nachdrücklich aufgefordert, Uta zur Scheidung und zum Zurückziehen ihres Ausreiseantrages zu drängen. Zugleich war ihnen verboten worden, irgendjemandem von dem Treffen mit der Staatssicherheit zu erzählen.

Zwei Wochen nach der Hausdurchsuchung standen ein paar Leute vor Utas Wohnungstür: „Bitte kommen Sie mit, zur Klärung eines Sachverhalts.“ Als sie vorher noch auf die

Toilette im Treppenhaus ging, stand dort auch eine Aufpasserin mit dem Gesichtsausdruck: „Fluchtversuch zwecklos." Sie fuhren sie nur um die Ecke zur U-Haft. Als Uta ihren Ausweis abgeben musste, war ihr schlagartig klar: „Hier kommst du heute nicht mehr raus." Sie kam in ein Verhörzimmer. Bevor der Vernehmer loslegte und alles auf Tonband aufnahm, verlangte sie einen Anwalt. Der Vernehmer lachte und fragte: „Aus welchem Westkrimi haben Sie denn das?" Erst Monate später, als die Verhöre abgeschlossen waren und der Gerichtstermin feststand, konnte sie einen Anwalt sprechen. Bei der Vernehmung sollte Uta erklären, warum sie in der Ständigen Vertretung gewesen war, warum bei Rechtsanwalt Vogel, warum sie an die UNO-Menschenrechtskommission geschrieben habe und wovon sie lebe. Uta sagte, es sei doch nichts Böses dabei, in eine Botschaft zu gehen, die von der DDR genehmigt wurde. Auch an die UNO zu schreiben könne nicht falsch sein. Die DDR sei ja dort Mitglied. Die Fragen verrieten Uta, dass die Staatssicherheit von ihren Telegrammen wusste. Nach ihrer Ausreise erfuhr sie, dass die Schreiben tatsächlich bei den Freunden angekommen waren. Den Antwortbrief hatte die Staatssicherheit jedoch abgefangen. Den fand Uta in ihrer Stasiakte. Irgendwann sagte der Vernehmer unvermittelt: „Ihr Mann hat seinen Ausreiseantrag zurückgezogen." Doch darauf fiel sie nicht rein. Die Eheleute hatten sich auf diese Situation vorbereitet und ausgemacht, zu erklären, dass sie auch allein auf jeden Fall aus der DDR rauswollten. Am Ende des Tages verkündete der Vernehmer: „Ich muss Sie hierbehalten." Er hatte wohl erwartet, dass sie in Tränen ausbricht oder herumschreit. Sie sagte aber nur: „Wenn Sie meinen."

Im Hafttrakt musste sie ihre Sachen abgeben und die Anstaltskleidung anziehen: Schuhe ohne Schnürsenkel, einen Trainingsanzug, furchtbare, abgetragene Unterwäsche, viel zu große Omaschlüpfer. Vor der Zelle wurde sie belehrt, was sie alles nicht dürfe und wie das Personal anzusprechen sei: „Herr Major, Herr Obermeister." Sie sollte sich die Streifen auf der Schulter merken, um zu wissen, welcher Dienstgrad etwas von ihr wollte. Wenn die Tür aufging, musste sie sich mit ihrer Nummer melden. Da saß sie nun in Einzelhaft, belehrt, dass sie keinen Kontakt aufnehmen dürfe, nicht klopfen, nicht rufen, nicht singen. Bücher gab es, das hat sie genutzt. Licht kam durch Glasbausteine, Luft durch ein bewegliches Brett zwischen den Steinen. Hinausschauen war unmöglich. Es dauerte nicht lange, da hörte sie Klopfzeichen an der Wand. Sie dachte: „He, hier ist Leben." Irgendwann wurde dieses Klopfzeichen monoton. In einem Geistesblitz erkannte sie, dass jemand das Alphabet klopfte. Sie zählte mit und entzifferte die Frage: „Wer da?" Sie klopfte ihren Namen. Es klopfte zurück: „Frau von Peter?" Die kannten sich also. Uta erfuhr, dass ihr Mann drei Zellen über ihr saß. Am nächsten Tag hörte sie jemanden ihren Namen rufen. Es war ihr Mann beim Hofgang. Er fragte: „Uta, geht's dir gut?" Sie öffnete das Brett so weit es ging und rief mit dem Mut von hundert Leuten: „Mir geht's gut, wir sind doch alle nur aus einem Grund hier." Als sie das gerufen hatte, brach im ganzen Stasigefängnis ein Tumult los. Es klopfte und trommelte an alle Mauern, viele riefen irgendetwas. Die Zellentür wurde aufgerissen und ein Wärter schrie sie an: „Ihnen ist doch jede Verbindungsaufnahme verboten worden. Geschieht das noch mal, kommen Sie in verschärfte Einzelhaft." Tür zu.

Einige Tage später wurde sie in eine Zelle verlegt, in der bereits zwei Frauen waren. Die zeigten ihr, wie man sich noch auf andere Weise verständigen konnte, nämlich indem man mit dem Zahnputzbecher die Toilette leer schöpfte. Wenn das ein paar Zellen weiter ihr Mann auch machte, konnten sie durch das Verbindungsrohr, welches durch den ganzen Trakt verlief, miteinander sprechen. Leer geschöpft werden mussten die „Sendertoilette" und das „Empfängerklo". Es saßen mehrere Pärchen in diesem Trakt. Damit nicht alle zugleich „telefonierten", sendeten sie vorher verabredete Zeichen. Geklopft wurde nicht mit dem Knöchel, der war schnell blutig, der Ellenbogen auch. Uta benutzte die Ferse. Es war eine Technik wie beim Morsen. Natürlich wurden sie mehrfach erwischt. Peter saß deshalb zweimal in verschärfter Einzelhaft. Aber die Aufseher konnten nicht immer überall sein. Gesehen hat Uta die Leute nie, mit denen sie Nachrichten austauschte. Die Gefangenen wurden in der Regel einzeln zum Hofgang oder zum Verhör geführt. Wenn ihnen dabei doch einmal jemand begegnete, mussten die Häftlinge sich sofort mit dem Gesicht zur Wand stellen, die Hände auf den Rücken. Als Uta mit den zwei anderen Frauen die Zelle teilte, brachte man sie allerdings zu dritt in einen kleinen Hof, von hohen Mauern umsäumt und einem Gitter überdacht.

In den Verhören während der U-Haft versuchte der Vernehmer auch, sie zu agitieren, erläuterte, warum der Sozialismus gut und der Westen schlecht sei. Uta wies immer wieder darauf hin, dass ihre Meinungs- und Reisefreiheit massiv eingeschränkt werde und sie deshalb unbedingt wegwolle. Nach vier Monaten war der Prozess. Uta und Peter wurden in Handschellen vorgeführt. Die Öffentlichkeit war ausgeschlossen. Diese Praxis von DDR-Gerichten bei politischen Prozessen hat Amnesty International immer wieder in seinen Jahresberichten gerügt. Denn sie verstieß gegen den auch von der DDR unterzeichneten Internationalen Pakt über bürgerliche und politische Rechte. Uta und Peter wurde „ungesetzliche Verbindungsaufnahme" vorgeworfen. Das waren die Besuche in der Ständigen Vertretung. Der Brief an die UNO-Menschenrechtskommission und die Telegramme waren für die Anklage „strafbare Verbreitung von Nachrichten, die geeignet sind, dem Ansehen der DDR im Ausland zu schaden". Ihr Anwalt hatte ihnen geraten, alles in Ruhe über sich ergehen zu lassen. Unangenehm waren vor allem die Schöffen. „Das waren Superrote aus der Bevölkerung, 150-prozentige Fanatiker", sagt Uta und hat ihre bösen Gesichter auch mehr als zwanzig Jahre danach noch vor Augen. Am Ende verzichteten die beiden Angeklagten auf ein Schlusswort, weil sie vor denen nicht ausflippen wollten. Peter wurde zu zweieinhalb Jahren Haft verurteilt, sie zu einem Jahr. Er kam dann nach Brandenburg, sie nach Hoheneck.

Doch zunächst verlegten sie Uta aus der U-Haft der Staatssicherheit in den normalen Teil des Gefängnisses. Jetzt war sie unter Kriminellen. Zehn Leute teilten sich einen Raum. Es war dreckig, es gab Kakerlaken. Sie war froh, als es im Mai 1984 hieß: „Verlegung." Sie musste auf dem Bahnhof in Halle zusammen mit anderen Häftlingen in Handschellen auf den Transport warten. Normale Reisende schauten argwöhnisch hinüber. Am liebsten hätte Uta geschrien: „Nein, ich bin keine Kriminelle, ich bin politische Gefangene." Sie dachte an ihre Eltern. Ihr Vater hatte sie einige Male in der U-Haft besucht. Ihre Mutter nicht, weil sie das nervlich nicht verkraftete. Bei einem Besuch tat Utas Vater etwas Überraschendes. Er sprach plötzlich den Vernehmer direkt an, der immer dabeisaß und aufpasste, dass man nichts Falsches sagte. Er fragte mit dem Mut der Verzweiflung: „Jetzt sagen Sie mir doch mal, was mein Kind verbrochen hat, warum ist es hier? Hat mein Kind jemanden erschlagen, hat es jemanden beraubt. Warum ist mein Kind in Haft?" Er bekam natürlich keine Antwort. Dem Vater wurde klar, was in der DDR alles möglich war. Wenn man wie er nie aufgefallen, nie angeeckt war und immer machte, was der Staat von einem erwartete, hatte man mit solchen Sachen keine Berührung.

Der Gefangenentransport rollte ein. Außen sah er aus wie ein Postwagen. Innen gab es keine Einzelzellen, wie in dem berüchtigten „Grotewohl-Express“, sondern größere Abteile. Die Gefangenen hatten Pappkartons mit ihrer Zivilkleidung dabei. Uta kam im Frauengefängnis in eine Acht-Personen-Zelle. Dort traf sie auf drei weitere politische Gefangene, eine Ärztin, eine Lehrerin und eine Schriftstellerin. Es gab das hoffnungsvolle Gerücht, Bayerns Ministerpräsident Strauß würde der DDR wieder einen Milliardenkredit verschaffen. Im Gegenzug sollten politische Häftlinge freikommen. Aber leider tat sich für Uta und die anderen nichts. Unter den Kriminellen in der Zelle waren Kindesmörderinnen, Diebinnen. Sie hörte grausame Geschichten.

Uta war froh, dass sie arbeiten konnte, weil so die Zeit schneller verging. Sie nähte im Drei-Schicht-System Bettwäsche. Solche hatte sie ihr Lebtag nicht gesehen in der DDR, von der Qualität her und von den Motiven. Biberbettwäsche oder mit Micky-Maus-Bildern. Die ging in den Westen. Manche Gefangenen erklärten, sie arbeiteten für diesen Staat nicht mehr. Aber das war ein sinnloses Unterfangen. „Am Ende hat man alle dahin bewegt“, erklärt Uta. Sie dachte sich: „Zieh das hier durch, erhalte dich gesund, so weit du das beeinflussen kannst.“ Bei der Arbeit hatte sie Ruhe. Die Kriminellen, die das Sagen hatten, setzten sie an eine gut funktionierende Nähmaschine. Sie hätten sie auch an ein altes Teil setzen können, an dem sie verzweifelt wäre. Aber die Vorarbeiterinnen hatten ihr Talent zum Nähen erkannt und mussten ja auch einen Plan erfüllen. Da war Uta nützlich. Für Arbeit gab es Bons, mit denen man während des Freigangs in einer kleinen Verkaufsstelle mal Milch bekam oder ein Brötchen, etwas Obst, Vitamintabletten. Das Essen war schrecklich. Brot wurde mit feuchten Tüchern frisch gehalten und hatte dadurch die Tendenz zum Schimmeln. Es gab viele Suppen,

Saure-Flecke-Suppe und andere undefinierbare Geschichten. Bei fast allen Frauen war die Menstruation ausgeblieben. Die Gefangenen gingen davon aus, dass ihnen etwas ins Essen gemischt wurde. Auch Haarausfall grassierte, Zähne fielen aus. Aufrecht hielt Uta, dass immer wieder welche verschwanden, in Richtung Westen. Bestätigt hat das niemand, aber alle ahnten es.

Eines Tages, im November 1984, Uta war gerade von der Arbeit gekommen, ging die Zellentür auf und ihr wurde zugerufen: „Sachen packen." Für den Tag X war es üblich, den Zellenkameradinnen zu sagen, wer das bisschen Geld bekommt, wer die Creme, wer den Bohnenkaffee. Jetzt regelte sie das auch für sich. Man brachte sie mit ihrem Bündel nach Karl-Marx-Stadt in das Gefängnis, aus dem politische Gefangene in den Westen freigelassen wurden. Einige Wochen später rief man sie in ein Büro, wo Uta ihren Mann traf. Beide wurden gefragt, welche Vermögenswerte sie hätten, ein Haus oder Ähnliches. Wer würde die Wohnung auflösen? Das übernahmen ihre Eltern. Das Schönste kam am Schluss: „Hier ist die Aberkennung Ihrer Staatsbürgerschaft. Bitte unterschrieben Sie hier." – „Hurra", dachte Uta still. Sie war viel zu stolz, den Genossen ihre unendliche Freude zu zeigen.

Zwei Tage später, am 5. Dezember 1984, nahm Uta ihre Zivilsachen entgegen, in denen sie verhaftet worden war. Dann ging es in den Gefängnishof. Dort standen zwei wunderschöne Panoramabusse mit verdunkelten Scheiben. In einem saßen schon einige Gefangene, darunter auch Peter. Alle waren ruhig, nur sehr verhaltene, kurze Gespräche. Sie rollten aus dem Gefängnis, durchquerten Karl-Marx-Stadt und kamen auf die Autobahn. Vorneweg fuhr Anwalt Vogel in einem goldfarbenen Mercedes. Am Grenzübergang Herleshausen stieg Vogel zu ihnen in den Bus und hielt eine kurze Rede, an deren Inhalt sie sich nicht erinnern kann. Es ging irgendwie darum, dass sie nicht vergessen sollten, was er für sie getan habe. Als er ausstieg, folgte ihm ein Mann, ein Stasibeobachter.

Unmittelbar hinter der Grenze sprach sie der Busfahrer über Bordmikrofon an: „Meine Damen und Herren, ich darf Sie begrüßen auf dem Gebiet der Bundesrepublik Deutschland.“ Dann packte er eine Kassette in das Radio mit dem Lied „Sonderzug nach Pankow“ von Udo Lindenberg. Gänsehaut! Alle heulten. Es fiel eine solche Last ab. Bis zuletzt hatten alle gedacht: „Vielleicht verarschen die uns, bringen uns an die Grenze, kehren wieder um und sperren uns wieder ein.“ Das trauten sie denen zu. Man hatte ja schon viele Sachen gehört, was die Staatssicherheit unternahm, um Leute mürbe zu machen. Auf dem nächsten Rastplatz stiegen Beamte vom Innerdeutschen Ministerium ein und verteilten Proviant. Natürlich auch Bananen und Zigaretten. Draußen war es dunkel geworden. Als sie weiter durch die Ortschaften fuhren, ging es im Bus immer nur: „Oh, ah, oh, guck mal.“ Es war nicht nur das übliche, helle Licht im Westen. Die Geschäfte hatten auch noch Adventsbeleuchtung. Im Aufnahmelager Gießen wurde ihnen gleich nach der Ankunft gesagt, was sie in den nächsten Tagen tun sollten: „Beim Arbeitsamt anmelden, damit die Arbeitslosenversicherung gleich vom ersten Tag an läuft. Sie stellen sich beim Arzt vor, damit wir auch sichergehen können, dass da nichts ist, was schnell behoben werden muss. Sie melden sich bei einer Stelle, die Sie mit neuer Kleidung versorgt. Der Bundesnachrichtendienst wird Sie befragen. Es gibt Begrüßungsgeld. Damit können Sie ihre Verwandten anrufen. Es gibt ein Bahnticket in die Stadt Ihrer Wahl.“ Anschließend bekamen die Leute aus dem Bus alle Tüten mit Papieren. Das waren persönliche Dokumente, bei Uta ihr Abiturzeugnis, ihr Hochschulzeugnis, ihre Geburtsurkunde, ihre Heiratsurkunde. Diese Sachen hatte

Wochen vorher das Büro des Rechtsanwalts Vogel von ihren Eltern angefordert. Da wussten ihre Eltern viel eher als sie, dass sie ausreisen durfte, konnten es ihr aber nicht mitteilen.

Die beiden neuen Bundesbürger fuhren zu einer schon früher ausgereisten, ehemaligen Schulkollegin von Uta nach Ulm. Von dort aus orientierten sie sich. In Aschaffenburg bekamen sie über drei Ecken eine bezahlbare Wohnung. Der Vermieter traute ihnen. Beide hatten noch keine Arbeit und konnten keine Kaution hinterlegen. Vom Sperrmüll beschafften sie sich Möbel. Peter wurde bei einer Versicherung Außendienstmitarbeiter. Uta konnte allerdings nicht als Lehrerin arbeiten. Dafür hätte sie ein zweites Staatsexamen machen müssen. Doch das Kultusministerium in Bayern ließ sie wissen, dass danach die Einstellungschancen gegen null gehen würden. Es gebe zu viele Lehrer. Sie solle sich gleich bei Privatschulen bewerben. Aber Uta war gar nicht mehr so interessiert am Schuldienst. Sie suchte sich andere Arbeit. Beim Paritätischen Wohlfahrtsverband erteilte sie Deutschunterricht für Ausländerkinder. Im Sportverein war sie Übungsleiterin in der Schwimmschule. Bis sie einen Tipp vom Arbeitsamt bekam, sich bei einem neuen, privaten Radiosender zu bewerben, Radio Primavera. Dort eignete sie sich das journalistische Handwerk durch Learning by Doing an. Es machte ihr Spaß. Sie war als Reporterin unterwegs, schrieb und sprach Nachrichten, produzierte Werbung. Anfang 1989 bekam sie das Angebot, auf den Kanarischen Inseln einen Rundfunksender für deutsche Urlauber mit aufzubauen. Die beiden ausgereisten Hallenser entschlossen sich, gemeinsam in die Sonne zu gehen. Davon hatten sie geträumt, Deutschland zu verlassen und einige Zeit an einem anderen schönen Ort der Erde zu leben. Die Rundfunkmacher auf der Insel hatten jedoch bei näherem Hinsehen außer Flausen im Kopf nicht viel zu bieten. So zog Uta von Hotel zu Hotel und suchte sich

Arbeit. Sie landete im Robinsonclub, wo sie sich seither bei der Gästebetreuung sehr wohlfühlt. Peter suchte sich Gelegenheitsjobs und betreute Ferienhäuser. Ein paar Jahre später trennten sich die beiden. Peter ging zurück nach Deutschland.

Vom Ende der DDR erfuhr Uta am 10. November morgens bei ihrer Arbeit. Ein Tourist fragte: „Hast du schon gehört, dass die Mauer gefallen ist?“ Sie kurbelte am Radio, hörte Nachrichten der Deutschen Welle. Satellitenfernsehen gab es damals noch nicht im Club. Aber schon zwei Tage später hatte ein neuer Gast aus Deutschland eine Videokassette mit Fernsehberichten vom 9. November im Gepäck. Die sahen sich alle auf einer großen Leinwand im Hotel an. Uta wird die Bilder nie vergessen, wie die Leute durch den Grenzübergang strömten, wie die Trabis begrüßt wurden von den Westberlinern und wie auf einmal die Volkspolizisten ein Grinsen im Gesicht hatten. Dass die zu so einer Gefühlsregung fähig waren, hatte sie nicht für möglich gehalten. Uta dachte an ihren schwierigen Weg aus der DDR. Aber sie war nicht deprimiert, nur erleichtert. Ihr flossen die Tränen auf Fuerteventura. Sie hatte von den Montagsdemonstrationen gehört, von den Tausenden Botschaftsflüchtlingen, von der Vermittlung des westdeutschen Außenministers und „Hallensers mit Leib und Seele“, Hans-Dietrich Genscher. Das alles waren Vorzeichen gewesen. Aber auf einmal ging es Knall auf Fall.

Uta reiste über Westberlin nach Halle. An der Grenze wurde sie von den einst so biestigen Grenzern mit ausgesuchter Freundlichkeit abgefertigt. Sie spürte keine Bedrohung mehr. In Halle hatte sich in den sechs Jahren ihrer Abwesenheit so gut wie nichts getan. Angesichts der abgewohnten und einfallenden Gebäude dachte sie: „Lieber Gott, hier muss ja viel passieren.“ Aber es ist ihre Stadt, in der sie viel mehr Schönes als Unschönes erlebt hat. Mit ihrer persönlichen Geschichte ist sie im Reinen. Sie beschreibt sich als ein „irgendwie immer

Türme von Halle, 2008. ©Constantin Hoffmann

positiv denkendes Wesen". In der Haft erlebte sie viele, die ganz anders drauf waren. Verständlicherweise machten sich Frauen mehr Sorgen, die wegen eines Ausreisebegehrens eingesperrt worden waren und deren Kinder man in Heime gesteckt hatte. Sie spürt zum Glück keinen Hass auf die Leute, die ihr übel mitgespielt haben, auf die Mitmacher, die widerlichen Schöffen im Gericht.

Manchmal wird Uta gefragt, ob sie ihren schwierigen Weg nicht bereut. Dann antwortet sie: „Wenn es nicht so viele Leute gegeben hätte, die so gehandelt haben wie ich, die Risiken eingegangen sind und sehr Unangenehmes in Kauf genommen haben, um frei zu sein, dann würde die Mauer noch stehen. Jeder kann sich ausmalen, wie meine Heimatstadt Halle heute aussehen würde. Denn der Staat DDR war pleite. Ich bin ein kleiner Teil des Aufbegehrens und ein kleiner Teil einer Geschichte, die gut ausgegangen ist."

Die haben sogar die Sonne

Dirk und Kathrin Jangel, 1985 freigekauft, damals 24 und 22 Jahre alt

Dirk haben sie gleich zweimal eingesperrt, weil er in den Westen wollte. Er hatte Träume, die in der DDR nicht erfüllt werden konnten. Der erste Fluchtversuch war eine Schnapsidee. Er musste büßen, wurde wieder in die DDR entlassen und fand sich zunächst damit ab. Doch das Gefängnis hatte ihn verändert. Als die Genossen anfingen, ihn zu schikanieren, spielte er nicht mehr mit, so wollte er nicht mit sich umgehen lassen.

Angefangen hatte alles mit einem BMW-Motorrad. Als einmal jemand von „drüben" zu Besuch war, durfte sich Dirk auf dessen Maschine setzen. Seine Freunde umringten ihn. Danach ging die Fantasie mit ihnen durch. In jugendlichem Überschwang malten sie sich ein Leben in der Bundesrepublik aus. Gemeinsam sahen sie die Sonne im Westen verschwinden und dachten: „Die haben sogar die Sonne." Das weckte unbändige Freiheitsgedanken. Ein weiterer Traum war auch der VW Käfer 1303. Den hatte er ebenfalls bei Besuchern aus dem Westen erlebt. „Das war damals eine Rakete, der pfiff immer so ein bisschen, wenn man Gas gab", erinnert er sich mit verträumtem Blick. Eines Tages wollte Dirks Cousin aus dem Westen ihm seinen gebrauchten Käfer schenken. Die DDR-Behörden teilten ihm mit, dass er den Wagen einführen dürfe, wenn er den Neupreis in Westmark an die DDR-Firma Genex Geschenkdienst GmbH zahlt. Das waren 15.000 D-Mark. Also war auch dieser Traum ausgeträumt. Dirks Eltern hatten einen gebrauchten VW 1500, Baujahr 1961, gekauft, der auf irgendwelchen Wegen in die DDR gelangt war. Der Sohn war stolz, dass die Familie nicht in einem Trabant oder Wartburg fahren musste. Ein VW-Zeichen auf der Motorhaube, das war einfach nur toll! Ersatzteile bekamen sie von „drüben".

Die Familie lebte in Lieskau bei Halle. Dirk lernte nach der Schule Heizungsinstallateur in der Produktionsgenossenschaft des Handwerks Zensa, an der Berliner Brücke in Halle. Nach Abschluss der Lehre wurde er übernommen. Er erinnert sich gern an diese Zeit. Alles war dort ein bisschen legerer als in einem volkseigenen Betrieb. Am 1. Mai wurde nicht demonstriert, man sagte, was man dachte. Als Dirk 19 Jahre alt war, flatterten ihm und einem Freund die Einberufungsbefehle zur Armee ins Haus. Auf Militär hatten sie gar keine Lust. So planten sie kurzerhand, in den Westen abzuhauen. „Besonders clever waren wir allerdings nicht", gibt Dirk zu. Es geschah am 31. August 1981. Dirks damalige Freundin war mit von der Partie. Doch unmittelbar vor dem Start ging ein Motorrad kaputt. Sie borgten sich von einem anderen Freund dessen MZ, allerdings ohne ihm zu sagen, wohin sie damit aufzubrechen gedachten. Das sollte ihn davor schützen, eventuell als Mitwisser belangt zu werden. Nach einer gelungenen Flucht wollten sie ihm das Geld für eine neue Maschine zukommen lassen. Ihr Plan war, in die ČSSR zu fahren und von dort aus weiter nach Bayern zu flüchten. In ihrer Naivität glaubten sie, dass dort die Grenze nicht so streng bewacht würde. Außerdem brauchten DDR-Bürger an der Grenze zu diesem „sozialistischen Bruderland" nur den Personalausweis vorzuzeigen. Langes Warten auf ein Visum entfiel also.

Ihr Traum begann morgens um 9 Uhr und endete am frühen Nachmittag am DDR-Grenzübergang Zinnwald. Nach der Ausweiskontrolle wurden die drei getrennt. Jeder kam allein in eine bunkerartige Zelle. Etwa eine Stunde ließ man sie schmoren, ohne dass etwas geschah. Im Verhör erklärten die

Ehemaliges Gefängnis am Hansering, 2003. Blick aus der Wachstube auf Freigangzellen. ©Constantin Hoffmann

Vernehmer jedem, die anderen hätten längst zugegeben, dass sie flüchten wollten. Leugnen war allerdings sowieso zwecklos, denn sie hatten auf ihre angebliche Urlaubsfahrt wichtige Dokumente, wie ihre Facharbeiterbriefe, mitgenommen.

Gegen Abend wurden die drei erwischten Flüchtlinge in einen Lkw mit Einzelzellen verfrachtet und in ein Gefängnis in Karl-Marx-Stadt gebracht. Stundenlange Verhöre folgten, immer dieselben Fragen: „War die Flucht von langer Hand geplant?" – „Wer wusste Bescheid?" – „Wie genau sollte die Flucht vor sich gehen?" Nach zwei Wochen wurden sie nach Halle überstellt, in die Untersuchungshaft am Hansering. Dort traf Dirk auf Gefangene, die Leute verprügelt hatten, irgendwo eingebrochen waren – Kriminelle aller Schattierungen, eine richtig schlimme Atmosphäre. Zudem rauchten die meisten wie die Schlote. Dirk war Nichtraucher. Es gab kaum frische Luft, dafür Kakerlaken. Die liefen nachts übers Gesicht. Wenn er morgens die Klamotten ausschüttelte fiel das Ungeziefer scharenweise heraus. Es war nicht zu stoppen. Sein einziger Trost war die Bücherei. Er las den ganzen Tag. Für die anderen in der Zelle war er bald ein Spinner.

Nach einem viertel Jahr kam es zur Verhandlung. In Handschellen wurden die drei Jugendlichen in den Gerichtssaal geführt. Die Verhandlung fand unter Ausschluss der Öffentlichkeit statt. Nur jeweils ein Vertreter der Arbeitsstelle war zum Termin vorgeladen worden. Diese sollten aussagen, was die Angeklagten für Charaktere seien. Dirks Meister sagte nur Gutes über ihn. Er sei ein klasse Mann. Dirk hatte gleich nach der Lehre den Reparaturservice in der PGH übernommen und ein, wenn auch altes, Auto dafür bekommen. Damals ein Privileg. Der Meister gab weiter zu Protokoll, dass er sich die Tat gar nicht erklären könne, bestimmt sei es ein Kurzschluss gewesen. Bis heute hat Dirk zu seinem ehemaligen Meister einen guten Kontakt. Das Gericht jedoch hat die Aussage kalt gelassen. Die drei jungen Leute wurden regelrecht beschimpft und als Staatsfeinde dargestellt, als Abschaum. Sie hätten den Staat tief enttäuscht. Der habe alles für sie gegeben, immens in ihre Ausbildung investiert. Sie seien einfach nur undankbar und kehrten ihm den Rücken. Eine einzige Standpauke. Der Anwalt, den Dirk in der U-Haft willkürlich aus einer Liste ausgesucht hatte, spielte keine große Rolle. Der sagte nur ein paar Sätze, die alles ein bisschen abmildern sollten. Zum Beispiel, dass Dirk ja noch nie negativ aufgefallen war. Heute weiß Dirk, dass ihn die Genossen irgendwie doch halten wollten. Denn seinem Freund war gleich in der U-Haft nahegelegt worden, sich an das Berliner Anwaltsbüro Vogel zu wenden, das Häftlingsfreikäufe organisierte und dafür vom Westen bezahlt wurde. Auf diese Weise kam sein Freund schon 1982 in den Westen. Der Vertreter seiner Arbeitsstelle hatte ihn als verzichtbar charakterisiert. Die Dritte im Bunde, Dirks damalige Freundin, hatte sich unter dem Druck der Vernehmer schon in der U-Haft von ihm losgesagt und wurde bald entlassen. Aber zunächst wurden alle zu jeweils einem Jahr und acht Monaten Gefängnis verurteilt. Dirks Anwalt riet ihm, sich im Gefängnis ruhig zu verhalten, es werde schon nicht so schlimm und er tue alles, um ihn vorzeitig wieder freizubekommen.

Zum Strafvollzug kam er in das Gefängnis in Naumburg. Jeden Werktag wurden die Gefangenen in einem vergitterten Bus zur Arbeit gebracht. Noch heute fährt Dirk manchmal die Strecke ab, wenn er in der Gegend zu tun hat. Damals ging es besonders im Sommer an die Nieren, die fröhlichen Menschen zu sehen, während er in so einem Gefängnisbus saß; im Winter war es nicht ganz so heftig. Er wurde zu schlimmer Arbeit eingeteilt, musste Möbelteile verchromen oder in anderer Weise beschichten, ohne jeden Arbeitsschutz. „Eine richtige Giftküche war das. Ohne Fenster, nur mit Kunstlicht. Die Gefangenen wurden verheizt", beschreibt Dirk die Situation. Nach einem Vierteljahr kippte er um. Blut kam aus der Nase, das nicht mehr zu stoppen war. Seine Schleimhäute waren verätzt von den offenen Säurebädern, ohne Abluftanlage, ohne Filter. Die Zivilmeister, die dort freiwillig arbeiteten, mussten mit Geld geködert und medizinisch besonders betreut worden sein, wie beim Uranbergbau der Wismut, vermutet Dirk. Nach seinem Zusammenbruch wurde der junge Gefangene aus dieser Arbeit herausgenommen. Nun baute er Türen in Schranktresore für Hotels und machte diese versandfertig. In diesem Bereich gab es Fenster und es stank nicht. Für die Gefängnisleitung waren politische Häftlinge unterste Kategorie. Alle Gefangenen, die etwas zu sagen hatten, waren Kriminelle, ob bei der Postausgabe, der Essenausgabe oder in der Küche. Das funktionierte wie eine interne Verwaltung. Die Kriminellen haben den Wärtern zugearbeitet und fühlten sich offensichtlich wohl in der Hierarchie. Das war ihr Leben.

Nach einem Jahr wurde Dirk tatsächlich vorzeitig auf Bewährung entlassen. Am 1. Juni 1982 wurde er zur Anstaltsleitung bestellt. Dort gab man ihm ein neues Urteil bekannt: „Im Namen des Volkes, die Strafe wird in Bewährung umgewandelt.“ Dann holten ihn sein Vater und seine Mutter ab. Er fühlte sich ganz leicht, als er aus dem Tor kam, nicht mehr im vergitterten Bus. Er wollte auch zurück nach Hause und nicht in den Westen. Nach dem Erlebten suchte der 21-jährige die Geborgenheit seiner Familie, seiner Arbeitskollegen. Und auch in seinem Privatleben hatte sich etwas ergeben. Er hatte Post bekommen von einem Mädchen aus Lieskau, schon während der U-Haft. An ihr war er immer schon sehr interessiert gewesen, aber nie hatte es geklappt. Heute ist dieses Mädchen seine Frau. Ihre Post haben die Wärter wohl gern durchgelassen, hielt sie den aufstrebenden Facharbeiter doch in der DDR. Sie heißt Kathrin und war damals Dekorateurin beim staatlichen Einzelhandelsunternehmen „HO“.

Seine Eltern waren nach seiner Verhaftung von Repressalien verschont worden. Allerdings hatten die Leiter ihrer Arbeitsstellen Gespräche darüber geführt, wie sie künftig auf ihren Sohn Einfluss nehmen sollten. Die Mutter war Lehrerin, der Vater in einem Militärbetrieb tätig und deshalb verpflichtet, Mitglied in der SED zu sein. Beide sahen den Fluchtversuch, ähnlich wie das Gericht, als Fehltritt an.

Dirk traf noch am Tag seiner Freilassung seine neue Freundin und war überglücklich. Im Betrieb gab es auch keine Probleme. Zur Armee brauchte er nicht mehr. Man sagte ihm, er sei „wehrunwürdig“. Er freute sich, ohne es zu zeigen und rechnete das Jahr Gefängnis gegen die eineinhalb Jahre Armee auf. Trotzdem hatten die Behörden mit dem Tag der Entlassung auch schon den Grundstein für seine spätere Ausreise gelegt. Ihm wurde eröffnet, dass er sich in den zwei Jahren Bewährungszeit regelmäßig bei der Polizei melden müsse. Sein Personalausweis wurde durch einen sogenannten PM 12

Propaganda am Haus Glauchaer Straße 15, 1977. ©Walter Nauhaus

ersetzt. Dieser stigmatisierte den Inhaber als potenziellen Staatsfeind und bedeutete Schikane.

Mit seinen Freunden fuhr Dirk wieder viel Motorrad. Damals war es üblich, dass überall in der Stadt Polizeistreifen unterwegs waren, vor allem abends. Mehrfach passierte es, dass die Gruppe willkürlich angehalten wurde, zur „allgemeinen Verkehrskontrolle". Zu Dirk sagten die Genossen jedes Mal als Einzigem aus der Gruppe: „Sie kommen bitte mal mit in den Wagen." Sie fragten, woher, wohin und was er so mache. „Die auf der Straße waren die Schlimmsten", erinnert sich Dirk schaudernd: „Jemanden mit einem PM 12 behandelten die wie den letzten Kunden. Das war furchtbar, entwürdigend." Einmal fuhr der ganze Freundeskreis zur Ostsee. Das war Dirk mit seinem PM 12 eigentlich nicht erlaubt, da er sich dort im Grenzgebiet befand. Er aber nahm sich die Freiheit. Nach einer zufälligen Ausweiskontrolle auf dem Zeltplatz in Heringsdorf wurden er und seine Freundin verhaftet, 24 Stunden eingelocht und zehn Stunden verhört, zur Person und zu ihren Plänen. Es gab zwar keine weitere Strafe, aber sie mussten umgehend nach Halle zurückfahren. Zur Meisterschule wurde Dirk ebenfalls nicht zugelassen. Die staatliche Auswahlkommission erachtete ihn als „nicht würdig“ für diese Qualifikation.

In Dirks Wohnort Lieskau hatte der westdeutsche Außenminister Hans-Dietrich Genscher Verwandte, die er manchmal privat besuchte. Dass Genscher anreiste, wusste man nicht aus den Nachrichten, das hörte man über den Buschfunk. Dirk und Kathrin hatten immer Gewissheit, dass er kommt, wenn sie ohne Angabe von Gründen zum Rat des Saalkreises bestellt wurden. Das Gebäude in der Wilhelm-Külz-Straße betrachten sie noch heute mit Argwohn. Dort wurden die beiden stundenlang festgehalten und zu allem Möglichen befragt. Das sollte sie einschüchtern und davon abhalten, mit Genscher Kontakt aufzunehmen.

Auch auf seiner Arbeitsstelle machten die Genossen Druck. Immer wieder einmal hörte Dirk von Kollegen: „Sie waren wieder da.“ Die Staatssicherheit hörte sich um, wie er sich verhielt. Und trotz allem genoss er auch seine Jugend. Ein wunderbarer Blödsinn war 1984 die Sache mit dem „Jugendzug“. Dirk entgingen die vom Staat verursachten Mängel in der PGH nicht. Material war schwer zu beschaffen, dauernd war jemand unterwegs, um etwas zu organisieren. So hatten die Genossen der PGH zum Beispiel ein Treibstoffkontingent zugeteilt, welches hinten und vorne nicht ausreichte. Von ihrem Meister bekamen Dirk oder andere Kollegen hin und wieder 50 Mark, mit denen er sie zu den Russen schickte. Angehörige der Besatzungsmacht verdienten sich etwas nebenher, indem sie Treibstoff abzweigten und nachts in der Nähe der Kasernen heimlich verkauften. Auch neue Fahrzeuge waren für eine PGH nur sehr schwer zu bekommen. Ihr Lieferwagen war 30 Jahre alt, ein Vorläufer des Barkas. Aber in den Zeitungen las man immer wieder etwas von den „Jungen Kollektiven“, dank derer es nun überall vorwärtssgehen würde. Im Rahmen dieser Propaganda wurden manche Lkws der volkseigenen Betriebe mit der Aufschrift „Jugendzug“ versehen. Das wollten Dirk und einige Kollegen auf die Schippe nehmen. In jugendlichem Übermut überzogen sie ihre lausige Kiste ebenfalls mit diesem Schriftzug und bemalten sie mit Blumen. Nichts Verbotenes. Aber ein paar Scharfmacher beschwerten sich bei der Leitung der PGH. Der Meister bat seine Jungs lächelnd, es wieder abzuwischen. Bei der ganzen Aktion hatten sie einen mörderischen Spaß.

Dirk und Kathrin waren inzwischen verheiratet und wohnten ebenfalls in Lieskau im Grünen und genossen ihren großen Freundeskreis. Das Fernweh war allerdings immer noch da. Gemeinsam fuhren sie zu Ortschaften, die verheißungsvolle Namen hatten und fotografierten sich an den Eingangsschildern. So waren sie in „München“ in Thüringen und in „Rom“ in Mecklenburg. Eines Tages konnte der Spaß die ständigen Schikanen nicht mehr aufwiegen. Dirk wollte nicht mehr. Auch auf mehrfache Nachfrage hatten ihm die Genossen nicht gesagt, wann er seinen normalen Ausweis wiederbekommen würde. Für ihn war ein Staat dumm, der so seine Leute vergrault. Er war ja kein Verbrecher, hatte nur einmal Blödsinn gemacht. Im Mai 1984 stellten Kathrin und Dirk einen Ausreiseantrag. Sie wurden zu einem Gespräch geladen, wo es klipp und klar hieß: „Machen Sie sich keine Hoffnung, Sie kommen hier nie raus.“ Kathrin wurde nun auch der Ausweis weggenommen und auch sie bekam wie Dirk einen PM 12.

Die Genossen versuchten darüber hinaus, die Eltern gegen ihre Kinder aufzuhetzen. Kathrins Vater, von Beruf Elektri-

Der „Jugendzug“ mit Dirk und Kathrin Jangel. ©Dirk Jangel

ker, zeigte jedoch keinen Respekt vor diesen Leuten. Auch zur Wahl ist er nie gegangen und hat ihnen so gezeigt, was er von ihrer Scheindemokratie hielt. Bei ihm prallten sie ab. Dirks Vater erhielt den Parteiauftrag, seinen Sohn umzukrempeln. Ihr Verhältnis war danach ziemlich angespannt. Seine Mutter akzeptierte Dirks Entscheidung. Sie hatte zudem ihren Bruder im Westen und erklärte, dass sie sich von diesem auch niemals lossagen würde. Dirks Vater traf in der Folge eine Vereinbarung mit seiner Arbeitsstelle, dass er keinen Kontakt mehr zu seinem Sohn haben wird. Er kam nach dessen Ausreise auch nicht mit in die Tschechoslowakei, wo sich Dirk und seine Frau mit Leuten aus dem Osten trafen. Heute ist das Verhältnis längst wieder gut. Dirk schrieb einen Brief an Staats- und Parteichef Honecker, in dem er sich über die ganze Situation beschwerte. Was sie mit ihm machten, dass sie sich in der DDR wie in einem großen Gefängnis fühlten und Ähnliches mehr. Er schrieb auch an das Ministerium für innerdeutsche Beziehungen in Bonn. Der Brief wurde jedoch abgefangen, wie er bald darauf erfuhr. Dann meldete sich der Staatsanwalt.

Im Januar 1985 stand früh um sieben die Staatssicherheit in der Tür von Dirks Arbeitsstelle. Er musste sich in einem Trabant-Kombi hinten neben einen Aufpasser setzen, dann ging es in den „Roten Ochsen“, das Gefängnis der Staatssicherheit. Kathrin wurde ebenfalls abgeholt. Es begannen quälende Verhöre. Auf Kathrin redeten sie ein, sich von Dirk zu trennen: „Das wird doch nichts mit dem, Sie können studieren, Sie bekommen dann auch schnell eine eigene Wohnung.“ Dirk versuchten sie zunächst fürchterlich Angst zu machen, indem sie ihm Spionage vorwarfen: „Sie haben Nachrichten verbreitet, die den Interessen der DDR schaden.“ Das bezog sich auf den abgefangenen Brief. Sie drohten mit zehn Jahren Knast. Aber er befand sich in einer völlig anderen Situation als damals 1981. Dieses Mal hätten sie mit ihm machen können, was sie wollten. Er war einfach so weit. Er wollte jetzt mit dem Kopf durch die Wand nach dem Motto: „Ihr könnt mich mal!“ Die Genossen erklärten ihm in einem weiteren Verhör, dass er sich einen Anwalt zu nehmen habe und rieten ihm zu Dr. Vogel. „Für die war klar“, da ist sich Dirk heute sicher, „der wird verhökert, der wird zu Geld gemacht. Mit dem hat es keinen Zweck mehr.“

Die Bedingungen in der Untersuchungshaftanstalt der Staatssicherheit im „Roten Ochsen“ waren deutlich besser als damals am Hansering. Die Staatssicherheit hielt ihr Gefängnis sauber. Es gab keine Kakerlaken. In der Drei-Mann-Zelle saßen nur politische Häftlinge. Ein Wachmann, den alle „Normi“ nannten, brachte Bücher. In einer Liste konnten die Häftlinge ihre Wünsche ankreuzen. Es war viel rot angehauchtes Zeug darunter, aber immerhin hatte Dirk etwas zu lesen. Auch mal ein Indianerbuch, unschuldiges Rot.

Dirk und Kathrin Jangel mit Freunden und Fernweh. ©Dirk Jangel

Doch zum Lesen braucht man Licht und in der Zelle hing lediglich eine 25-Watt-Birne. So verdarb man sich die Augen. Dirk schrieb an den Staatsanwalt und beschwerte sich, und als seine Eltern ihn besuchten, sprach er von „unmenschlichen Haftbedingungen“. Bei diesen Worten brüllte der Aufseher, der das Gespräch vom Nebentisch überwachte: „Stopp, halt!“ So etwas durfte man nicht sagen. Schließlich bekam er aber sogar eine 100-Watt-Birne.

In der U-Haft gab es eine Art Telefonsystem. Abends leerten die Gefangenen die Toilettensiphons, indem sie das Wasser ausschöpften oder mit der Klobürste herunterdrückten. Das hat zwar gestunken, aber Dirk konnte über das Abwasserrohr, das die Toiletten verband, sogar mit Kathrin ein paar Worte wechseln, die einige Zellen weiter eingesperrt war.

Verurteilt wurden sie gemeinsam. Beide hatten einen Anwalt vom Büro Vogel. Der hatte gleich beim ersten Treffen gesagt: „Sie kommen hier raus, machen Sie sich keine Sorgen. Bewahren Sie nur die Ruhe, fallen Sie nicht auf.“ Alles andere sei eine Farce, gab er ihnen zwischen den Zeilen zu verstehen. Bei der Verurteilung war diesmal keiner vom Betrieb dabei. Kathrin bekam ein Jahr und zehn Monate, Dirk zwei Jahre und zehn Monate. Das eine Jahr und zehn Monate erhielten beide für den Brief an das Ministerium für innerdeutsche Beziehungen. Das war in den Augen des Gerichts „ungesetzliche Verbindungsaufnahme“. Dirk erhielt ein Jahr zusätzlich für den Brief an Honecker, den er allein unterschrieben hatte und der den Straftatbestand der „öffentlichen Herabwürdigung“ erfüllte. Kathrin verlegten sie nach der Gerichtsverhandlung in das Frauengefängnis Hohenleuben, Dirk steckten sie im Januar 1985 wieder nach Karl-Marx-Stadt. Aber nicht in jenes Gefängnis, von dem aus die Gefangenen in den Westen gelangten. In Karl-Marx-Stadt fertigte er Teile für die Motorradfirma MZ. Die Werkhalle befand sich auf dem Gefängnisgelände. Durch eine Sicherheitsschleuse kamen die Gefangenen hinein, rechts und links von Bewachern mit Hunden flankiert. Gearbeitet wurde im Drei-Schicht-System. Mit den Zivilmeistern ging es gut, die ließen Sympathien erkennen und arbeiteten vielfach mit den Politischen lieber als mit den „Knackis". Wenn die Bewacher draußen waren, wurde zugeschlossen. Wollten die Meister zwischendurch hinaus, mussten sie anrufen. Es herrschte Frieden in der Halle. Sonst war zwischen den Kriminellen und den politischen Gefangenen eine Front. Die Kriminellen haben immer mal neidisch gestichelt: „Ihr kommt hier nie raus, aus der DDR." Das haben die Aufpasser gerne gehört.

Eines Tages kam nach der Arbeit ein Mitgefangener zu Dirk. Mit ihm ist er bis heute befreundet. Auch er war wegen Briefen, die er im Zusammenhang mit Ausreiseanträgen an Behörden und Politiker geschrieben hatte, inhaftiert. Nach der Schicht lümmelten die Gefangenen noch etwas auf den Werkbänken und warteten auf die Hundestaffel, die sie zurückbringen würde. Da nahm der Freund Dirk beiseite und sagte leise: „Guck dir noch mal alles genau an. Du wirst es nie mehr wiedersehen." Der junge Hallenser schaute ihn staunend an. Der Mitgefangene war um einiges älter als Dirk und ein ruhiger, ausgeglichener Mann. Er hatte sich mit einem der Zivilmeister angefreundet, und der hatte ihm an diesem Tag heimlich mitgeteilt: „Die haben dich abgemeldet." Als er unauffällig zurückgefragt hatte: „Wen noch?", hieß es: „Jangel haben sie auch abgemeldet." Jetzt wussten sie, es geht los. „Wahnsinn", sagte Dirk leise.

Am nächsten Morgen, noch vor dem eigentlichen Aufschließen der Zellen, hörte er Schritte im Gang. Das Herz schlug ihm bis zum Hals. Eigentlich hatte er in seiner Euphorie schon mit der Sache abgeschlossen. Dann dachte er wieder: „Vielleicht haben sie dich doch vergessen und du musst hier noch Jahre schmoren." Doch in diesem Moment wurde die Tür aufgeschlossen. Er und noch drei andere Inhaftierte, die einen Ausreiseantrag gestellt hatten, waren an der Reihe. Ein paar von den kriminellen Vormännern, die die Politischen mit Vorliebe zum Toilettenputzen einteilten, sagten gehässig: „Ihr werdet nur verlegt in einen anderen Knast, ihr kommt nicht rüber, das wissen wir." Wahrscheinlich ist es denen auch genauso erzählt worden, um sie ruhig zu halten. Sie wurden ja auch verlegt, aber ohne dass man ihnen auch nur ein Wort darüber sagte, wohin. Zunächst durften sie ihre Zivilsachen wieder anziehen, doch noch immer wussten sie nicht, ob es nun wirklich so weit war. Dann wurden sie in einen Gefangenentransporter gesetzt und los ging es. „Hoffentlich zum Ausreiseknast", beteten sie. Und so war es! Dirks Herz hüpfte vor Freude, er wusste, die anderen gingen jetzt alle runter zu ihren Motoren, ihre Schicht schieben und er kam raus. Aber dann wurden alle vier zusammen wieder in eine Zelle gesperrt. Nach einigen Tagen forderte man sie auf, ihr Geld auszugeben, das sie mit ihrer Gefängnisarbeit verdient hatten. In einem dafür vorgesehenen Laden gaben sie das meiste Geld für Lebensmittel aus. Und noch immer hatte ihnen niemand offiziell gesagt, dass sie würden ausreisen dürfen.

Wieder Tage später wurde Dirk in einen Raum geführt. Dort sagte ihm ein Genosse mit todernster Miene: „Herr Jangel, Sie verlieren jetzt die Staatsbürgerschaft der Deutschen Demokratischen Republik." Die Ausreisekandidaten wurden nun zudem angewiesen, ihre zivilen Dinge zu klären. Es kam vor, dass Leute noch Monate im Ausreisegefängnis festgehalten wurden, bis sie endlich ihr Haus verkauft hatten. Dirks neuer Freund aus dem Gefängnis in Karl-Marx-Stadt hat sein Haus in Merseburg an einen Mann von der Staatssicherheit verkauft. Dieser war zu ihm ins Gefängnis gekommen und hatte angeboten, es zu übernehmen. Und weil sein Freund so schnell wie möglich aus dem Gefängnis und der DDR wollte, gab er es dem. Dirk hatte nichts zu klären. Er und seine Frau hatten ja die vergangenen Jahre immer so gelebt, dass sie jederzeit schnell weg konnten. Wieder einige Tage später hörten sie von draußen ein Geräusch, dass ihnen nur aus dem Fernsehen bekannt vorkam, oder von der Transitstrecke: westdeutsche Reisebusse. Große, brummige Motoren. Kraftvoll, aber leise. Die Busse kamen immer mittwochs – und es war Mittwoch, der 20. November 1985. Dirk war 24 Jahre alt. Er wurde aus der Zelle geholt. Alle paar Meter standen links und rechts Stasileute in Uniform, keiner sagte ein Wort. Und immer noch dachte er: „Vielleicht kommt noch was dazwischen." Dann ging es auf den Hof, auf dem zwei Kässbohrer-Busse standen. Ein Uniformierter fragte ihn: „Mit Frau oder ohne Frau?" – „Mit Frau." – „Dann steigen Sie in den ersten Bus ein." Da saß Kathrin. „Das geht eigentlich gar nicht", dachte Dirk. Er war immer davon ausgegangen, dass sie sich erst irgendwann im Westen wiedersehen würden. Aber da saß sie, am Fenster gleich links.

Es ging los. An der Grenze in Herleshausen stieg Anwalt Vogel in den Bus. Dieser war in einem eleganten Westwagen dem Bus gefolgt. Im Bus sprach er von seinen Bemühungen als Mittler zwischen den Systemen und von den innerdeutschen Beziehungen. Sie wunderten sich über Vogels gestelzte Sprache. Zum Schluss wünschte er alles Gute und bat darum, dass sich die Freigelassenen auch drüben ruhig verhalten, mit ihren Geschichten nicht in die Öffentlichkeit gehen sollten. Das würde anderen, die auch noch rauswollten aus der DDR, diesen Weg verbauen. Als Vogel den Bus verließ, standen noch einige andere Männer auf und stiegen ebenfalls aus. Staatssicherheit.

Für den Busfahrer war die ganze Angelegenheit reine Routine. Das war irgendein Reiseunternehmen, welches immer wieder für diese Zwecke angeheuert wurde. Der Bus fuhr los, der Schlagbaum ging auf. Dirk kann sein Gefühl von damals auch heute nicht beschreiben, zwischen Glück und Wehmut. Der Bus fuhr durch, dann beschleunigte er, der Fahrer gab richtig Gas. Und er legte eine Kassette mit Honecker-Witzen ein. Die Leute haben getobt. An der ersten Raststätte im Westen hielten sie. Dort wartete schon der Bundesgrenzschutz mit einem Buffet vom Feinsten. Das war eine Art schnelle Hilfe. Kathrin und Dirk waren völlig am Ende. Der Druck fiel nun von ihnen ab. Bis zum Schlagbaum hatten sie es noch nicht ganz glauben wollen. Irgendetwas könnte denen vielleicht doch noch eingefallen sein.

Im Notaufnahmelager Gießen bekamen die beiden gleich etwas Handgeld. Sie gingen in eine Kneipe und bestellten Coca Cola, die sie zwar wahnsinnig teuer fanden, zwei D-Mark, aber Coca Cola war der Westen. Sie staunten über die vielen Lichter in der Stadt. Eigentlich hatten sie gedacht, durch das Westfernsehen vorbereitet zu sein. Aber die Realität hat sie doch überwältigt. Nachdem sie die Formalitäten erledigt hatten, gingen die Jangels nach Mühlheim, da in der Nähe Freunde lebten. In einer kleinen Wohnung in einem Wohnheim kam das Paar anfangs unter. Schon am nächsten Tag war Dirk beim Arbeitsamt. Man nannte ihm eine Stelle bei einer Heizungsbaufirma, bei der er schon am folgenden Tag erscheinen sollte. Dort wollten sie, dass er sofort anfängt. Andere in seiner Situation, die ebenfalls frisch aus einem DDR-Gefängnis gekommen waren, sind zunächst für Wochen krankgeschrieben worden. Und das nicht ohne Grund. Doch Dirk erfuhr erst später von dieser Möglichkeit. Andererseits hatte er durch seine Arbeitsstelle sofort Kontakte mit Einheimischen. So brachten ihnen Menschen, die ihnen eigentlich völlig fremd waren, eine Kaffeemaschine, einen Kühlschrank, da gab es einen Staubsauger, ein Fernsehgerät. In der Firma war Dirk schnell unentbehrlich. Der Chef war bestrebt, ihn und seine Frau auch privat kennenzulernen, lud sie zu Feiern ein, besorgte ihnen eine Wohnung. Dirk dachte: „Das ist ja was ganz anderes, als sie dir vom knallharten Kapitalismus immer erzählt haben." Kathrin fand eine Anstellung als Dekorateurin. Nicht so anspruchsvoll wie sie es sich gewünscht hatte, aber ihr Gehalt sicherte mit das Familieneinkommen.

Dirk, mit seiner Erfahrung aus der DDR-Mangelwirtschaft, stand in seiner neuen Arbeit sehr schnell über den Dingen. Die Arbeit in der DDR war viel komplizierter und schwerer gewesen. Dort hatte er richtig was können müssen als Handwerker; ein Stahlrohr übers Knie biegen und vorher warm machen, damit es nicht faltet, das war im Westen nicht angesagt. Hier gab es Fertigteile. In seiner neuen Heimat ging Dirk zur Meisterschule, was er in Halle nicht gedurft hatte. Die Ausbildung zahlte er selbst. Nach fünf Jahren hatte er sogar zwei Titel: Heizungsbaumeister und Gasinstallationsmeister. Er wechselte in einen anderen, größeren Betrieb, in dem er noch dazulernen konnte, Industriefeuerung und wie der Mineralölhandel funktioniert. Dieses Wissen hat er später in seine eigene Firma in Halle einfließen lassen. Eines Tages kam ein Kollege zu ihm, den er sehr schätzte, und fragte, ob sie nicht gemeinsam eine eigene Firma aufziehen könnten. Gesagt, getan. Die Handwerkskammer vermittelte in Frankfurt am Main eine kleine, etwas heruntergekommene Firma, die sie für nur 30.000 Mark übernahmen. Diese bauten sie gemeinsam neu auf. Sie arbeiteten Tag und Nacht, bis Dirk sogar einmal zusammenbrach. Unbedingt wollten die beiden Jungunternehmer die Firma zu einem erfolgreichen Unternehmen machen. Und sie haben es geschafft.

Im Mai 1989 durften die Jangels das erste Mal wieder zurück nach Halle, zur Beerdigung von Dirks Großmutter.

Trotz der Trauer war es ein freudiges Wiedersehen. Dirk hat immer an seiner Heimat gehangen: Lieskau, die Dölauer Heide, eine schöne Gegend. Mittlerweile fand er auch im Westen nicht mehr alles so golden. Die Vorstadt zum Beispiel, in der sie lebten, wirkte auf sie steril, kaputtsanierte Plastikfassaden und alles gepflastert, der Hof, die Wege.

Kurz darauf kam der Mauerfall. Sie waren fassungslos. Was hatten sie nicht alles durchgemacht in diesem Staat. Mit welcher Härte waren die Genossen gegen sie vorgegangen, und auf einmal zeigte sich, wie labil der Laden war. Ziemlich schnell kam ihnen so der Gedanke: „Da drüben gibt es Arbeit ohne Ende, so runtergekommen wie dort alles ist." Aber noch war unklar, wie sich alles entwickeln würde. Etwas später hörten sie, es solle eine Währungsreform geben. Da fuhr Dirk wieder nach Halle und nahm seinen Kompagnon Lothar Klatt mit. Der hatte eine weltmännische Ausstrahlung, drückte sich gewählt aus, war selbstsicher, dabei ohne jede Arroganz. Auch das schätzte Dirk an ihm. Lothar war hellauf begeistert von dem Plan, sich in Halle zu engagieren. Er sah das Potenzial, was es zu tun gab, wie groß der Bedarf an Heizungen war. So inserierte die Firma „Jangel und Klatt" in der SED-Parteizeitung „Freiheit". In dieser Zeit, kurz nach dem Mauerfall, weckte eine Westfirma bei den Leuten noch den Glauben an das Gute. Später kippte die Stimmung, weil Glücksritter den Ruf demolierten. Aber Dirk und Lothar hatten zunächst reichlich Aufträge. So rüsteten sie unter anderem den Kaffeeröster Venag von Braunkohle- auf Ölheizung um – das ist heute wieder die Firma Kathi. Es war die größte Anlage, die sie bis dahin gebaut hatten. Ihren Firmensitz richteten Dirk und Lothar in Halle-Neustadt in den ebenerdigen Gebäuden der ehemaligen SED-Parteileitung des Obsthandels ein. Am 1. September stellten die beiden Geschäftspartner ihre ersten drei Angestellten ein. Dirk wollte in Frankfurt bleiben, weil seine Familie sich dort eingelebt hatte. Lothar sollte die Firma in Halle übernehmen. Das tat er sehr gern. Er liebte die Aufbruchstimmung und hatte einen unwahrscheinlichen Erfolg. Frauen umschwärmten ihn. Er war der positive „Wessi“. In Dölau kaufte er sich eine alte Villa. Die Besitzerin, eine ältere Dame, wollte nach dem Mauerfall den Rest ihres Lebens mit Reisen verbringen.

Dann kam der schlimme Tag. Der 4. Januar 1991. Lothar fuhr auf dem Weg von Halle nach Frankfurt am Main übermüdet gegen einen Baum. Das Fahrzeug wurde völlig zerrissen. Lothar überlebte, konnte aber kein Wort mehr sprechen und war vom Hals an gelähmt. Wie sollte es nun weitergehen? Nach langem Aufenthalt im Krankenhaus übernahm Lothars Mutter die Pflege des völlig gelähmten Mannes. Dirk erwarb seine Unternehmensanteile. Von dem Geld kaufte die Mutter sich und ihren Sohn in ein Pflegeheim ein; sie haben dort jeder eine Wohnung. Dirk besucht sie beide immer wieder. Der tragische Unfall hat mit dazu geführt, dass die ganze Familie Jangel im Frühjahr 1991 wieder zurück nach Halle zog. Die Firma war schnell gewachsen. Sie drohten in der Arbeit zu ersticken. Bald hatten sie 50 Angestellte. Die Firma in Frankfurt wurde verkauft. Kathrin war zunächst nicht begeistert. In Halle war ja noch das meiste wie zu DDR-Zeiten. Sie hatte sich an das Leben drüben gewöhnt, mit der intakten Infrastruktur. Die Boomjahre nach der Wende, mit den vielen Aufträgen, gingen 1994 zu Ende. Auch andere Firmen hatten sich auf dem Markt etabliert. Heute hat die Firma „Jangel und Klatt“ 30 Angestellte und ist damit immer noch die größte ihrer Art in Halle. Nach der EU-Osterweiterung kaufte Dirk zwei Häuser an der polnischen Ostsee, die er mit seinen Mitarbeitern zu einem Betriebsferienheim ausbaute. Er hat es nicht bereut, zurückgekehrt zu sein. Auch wenn er sich sorgt, dass es in Halle seit dem Ende des Waggonbaus Ammendorf keine nennenswerte Industrieproduktion mehr gibt. Die Familie richtete sich in einem Dorf bei Halle eine alte Mühle her, wo sie nun lebt.

Im Jahr 2005 kam ein überraschendes Schreiben von der Staatsanwaltschaft Halle. Darin wurde Dirk mitgeteilt, dass die Konfiszierung seines Motorrades und seines Fernglases bei der missglückten Flucht 1981 unrechtmäßig war und er dafür vom Staat eine Entschädigung bekommt, 50 Euro für das Fernglas und 1.000 Euro für das Motorrad. Sein Freund Michael, von dem er sich das zweite Motorrad für die Flucht borgte, hatte seine Maschine damals wiederbekommen. Die Polizei hatte ihm geglaubt, dass er von der geplanten Flucht nichts wusste. Dirk und er sind immer noch Freunde. Michael floh mit seiner späteren Frau 1989 über Ungarn in den Westen. Heute leben sie mit ihren Kindern in Kleinmachnow bei Berlin in ihrem Haus, in das Dirks Firma die Heizung einbaute.

Die Urteile gegen Kathrin und Dirk wurden für rechtsstaatswidrig erklärt und aufgehoben, beide erhielten Haftentschädigung. Die Zeit im Gefängnis kann leider nicht mit einem Schriftstück für null und nichtig erklärt werden. Noch heute hat Dirk manchmal Alpträume. In diesen ist er wieder im Gefängnis, und das Gefühl, unschuldig hinter Gittern zu sitzen, ist wieder da. Er weiß von einigen Leuten, die einst gegen ihn gearbeitet haben, doch empfindet er für diese nur noch Mitleid. Dafür aber stehen heute zwei Träume von damals in Halle vor seiner Tür: ein Käfer 1303 und eine BMW.

Sie kommen hier nie raus!

Stephan Rammelt, 1986 freigekauft, damals 24 Jahre alt

Auf dem Weg zur Bushaltestelle fühlte Stephan diese gnadenlose Ohnmacht, die er sonst nur spürte, wenn er in Ostberlin an der Mauer stand. „Wer das erlebt, der will da nicht bleiben“, schildert er seine Gemütslage, damals, im April 1985. Er war 23 Jahre alt und kam vom Rat des Stadtbezirkes West in Halle. Dort war gerade sein sechster Antrag auf Ausreise aus der DDR abgelehnt worden, ohne Begründung.

„Ich konnte die ständige Bevormundung und Verdummung der Bevölkerung nicht mehr ertragen“, erklärt er seinen damaligen Schritt. „Ich wollte nicht vorgeben, linientreu zu sein, die Klappe halten, meine Arbeit machen, abgestumpft das Parteiorgan lesen und mich mit den täglichen Lügen abfinden. Das war mir zu fett. Das war, als ob jemand am Hals würgt. Ich wollte mich mit jedem offen über alles unterhalten können.“

Auch was seine berufliche Entwicklung anging, hatten ihm die Behörden einen dicken Strich durch die Rechnung gemacht. Er war Kellner im „Haus am Leipziger Turm“, das aber wegen Renovierung geschlossen wurde. Alle Mitarbeiter bekamen eine Stelle in einem neuen Nobelrestaurant in der Silberhöhe, das für österreichische Bauarbeiter eingerichtet worden war, die im Chemiewerk Leuna eine große Anlage bauten. Der Einzige, der nicht übernommen wurde, war Stephan. Eine Begründung bekam er nicht. „Sie wissen schon warum“, hieß es nur. Er wusste es nicht, konnte es sich aber denken. Er war wohl politisch nicht zuverlässig genug, um mit Arbeitern aus dem Westen umzugehen. Die Meisterschule, die er gern besucht hätte, wurde ihm auch verwehrt. Es gebe zu viele Bewerber, hieß es. Das glaubte er nicht. Immerhin hatte er seine Lehre mit Auszeichnung abgeschlossen. Ihm wurde aber auch gesagt, sein gesellschaftliches Engagement lasse zu wünschen übrig. Das stimmte. Er war in keiner Organisation und schwänzte gerne die Parade am 1. Mai. Bei der wollten die Genossen möglichst das ganze Volk auf der Straße sehen. Wer nicht erschien, dem wurden schon mal Vorhaltungen gemacht im Betrieb oder er konnte bei der Vergabe von Urlaubsplätzen in Gewerkschaftsheimen leer ausgehen.

Drei Jahre zuvor hatte Stephan schon einmal deutlich gemacht, dass er nicht alles mit sich machen ließ. Bei der Musterung für die NVA verkündete er, dass er den Wehrdienst verweigern würde, sollten sie ihn einberufen. Dummerweise schnappte die Musterungskommission auch noch einen Spruch von ihm auf, den er mehr zu sich selber gesagt hatte: „Ich verweigere nicht nur, weil ich Christ bin. Ich nehme für die Roten keine Waffe in die Hand." Warum sie ihn dafür nicht gleich eingesperrt haben, wundert ihn noch heute. Sie sagten nur: „Herr Rammelt, das haben Sie nicht umsonst gesagt". Von da an war er im Visier der Staatssicherheit, steht in seiner Akte.

Nachdem das „Haus am Leipziger Turm" geschlossen worden war, fand Stephan nur schwer eine neue Arbeit. Unterstes Niveau boten sie ihm an, übelste Kaschemmen. Immerhin war er zuletzt Oberkellner in einem Weinrestaurant gewesen! Durch freundschaftliche Beziehungen seines Vaters, der Musiker im „Interhotel" war, bekam er dann doch eine Anstellung, als Oberkellner in der „Alchimistenklause" in der Reilstraße. Doch er hatte nur noch einen Gedanken: „Ich muss hier raus." Das nächste und zugleich letzte Gespräch über sein Ausreisebegehren beim Rat des Stadtbezirkes wurde heftig. Der Genosse erklärte: „Herr Rammelt, Sie arbeiten in einem der besten Restaurants von Halle, Ihnen steht alles offen. Sie können auch zur Meisterschule und später studieren. Sie müssen es nur neu beantragen. Es gibt überhaupt keinen Grund, weshalb Sie ausreisen müssten." Er gab zurück: „Ich verzichte auf Ihre Schmeicheleien. Ich habe mich entschieden, die DDR zu verlassen. Wer ist dafür zuständig?" Wieder gab es keine befriedigende Antwort. „Das ist doch albern", sagte Stephan. „Sie können mir doch sagen, wie der Werdegang ist. Ich kriege es ja doch früher oder später raus." – „Ich muss Ihnen gar nichts sagen", antwortete der Genosse hinter dem Schreibtisch. Jetzt reichte es Stephan. Er sprang vom Stuhl und schmetterte beim Hinausgehen: „Wenn Sie nicht wollen, ich werde einen Weg finden aus der DDR." Der Genosse rief ihm nach: „Sie kommen hier nie raus, Herr Rammelt!"

Einige Tage nach diesem Auftritt klingelte es morgens gegen acht Uhr an der Wohnung seiner Eltern in Dölau, wo er noch lebte, da auch Wohnungen in der DDR knapp waren. Sein Vater weckte ihn und sagte: „Vor der Tür steht Staatssicherheit. Die wollen dich mitnehmen." Zwei Genossen forderten ihn auf, mitzukommen „zur Klärung eines Sachverhalts". In einem Trabant brachten sie ihn in das Gefängnis „Roter Ochse". Angst hatte er keine, dachte nur: „Jetzt machen die aber ordentlich Druck." Der Vernehmer gab sich als cooler Typ in Lederjacke, machte auf freundlich. „Herr Rammelt, warum wollen Sie weg? Erzählen Sie mal, ich habe Ihre Geschichte nur kurz gelesen." Er erzählte. Der Vernehmer eröffnete ihm, dass eine Anzeige gegen ihn vorliege von Mitarbeitern der Abteilung Inneres des Rates des Stadtbezirkes West. Danach habe Stephan gedroht, über die Mauer zu klettern, wenn sein Ausreiseantrag nicht bewilligt würde. Stephan erwiderte überrascht: „Niemals habe ich das Wort Mauer in den Mund genommen. Für die Ausreise würde ich nie mein Leben aufs Spiel setzen!" Bis dahin hatte er noch gedacht, es sei ein Spaß, er würde später zur Arbeit gehen und ein Gläschen auf den Schrecken trinken. Aber das Gespräch verschärfte sich. Gegen Mittag sagte der Vernehmer plötzlich: „Jetzt ist Schluss. Ich nehme Sie vorläufig fest wegen Verdunkelungs- und Fluchtgefahr. Sie werden heute Nachmittag dem Haftrichter vorgeführt." Da schluckte Stephan nun doch. Das hatte er nicht erwartet. Ein Alptraum begann. Zum ersten Mal sah er ein Gefängnis von innen. Die Zellentür ging auf und wieder zu und er hockte drin. Jetzt fing es an, in ihm zu arbeiten: „Was ist eigentlich passiert?" Selbst da hatte er noch Hoffnung und sagte sich: „Heute ist Freitag. Du musst dir noch einen Anwalt besorgen, der dich hier rausholt, denn es ist ja alles Quatsch, was die erzählen." Nachmittags wurde er der Haftrichterin vorgeführt. Die schaute nur kurz auf einen Zettel und murmelte: „Fluchtgefahr." Dann krachte der Stempel auf das Papier. Seine Version der Geschichte hörte sich die Genossin gar nicht bis zum Ende an. Wieder in der Zelle, wurde ihm ein Zettel hereingereicht: „Schreiben Sie Ihrem Vater. Er soll Ihnen einen Anwalt besorgen." Das war am 26. April 1985.

Zehn Tage saß Stephan in einer Einzelzelle. Einmal am Tag gab es Freigang, allein, in einer oben offenen Betonzelle auf dem Hof. Den Himmel sah er durch Gitter. Jeden Tag wurde er verhört. Was er so macht, mit wem er befreundet ist. Sie versuchten, sich ein Bild von ihm zu machen. Ist er radikal oder hat er nur eine Lippe riskiert. In Vorbereitung seines Antrags hatte Stephan alles verbrannt, was ihn mit anderen Leuten in Verbindung brachte. Denn es kursierten schlimme Geschichten von anderen Ausreiseantragstellern. Er wollte niemanden belasten. Heute vermisst er vor allem die Fotos. Bei der Hausdurchsuchung war denn auch nichts Belastendes gefunden worden. Die Vernehmer wunderten sich, dass er offenbar ohne großen Freundeskreis war. Er erklärte, er sei eher

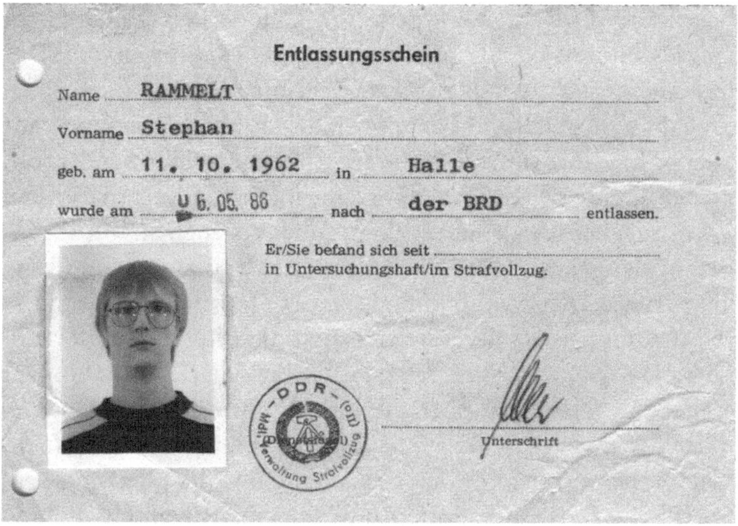

Entlassungsschein

Name RAMMELT

Vorname Stephan

geb. am 11. 10. 1962 in Halle

wurde am 06. 05. 86 nach der BRD entlassen.

Er/Sie befand sich seit
in Untersuchungshaft/im Strafvollzug.

Unterschrift

Entlassungsschein von Stephan Rammelt.

ein Einzelgänger. So bohrten sie nicht lange nach, wer eventuell noch so „gefährlich" sein könnte wie er. Sie sahen ihn als Einzeltäter, vom Westfernsehen verführt.

Stephans Vater fuhr nach Ostberlin zu Anwalt Vogel, dem Ansprechpartner für den Häftlingsfreikauf. Schon die Dame im Vorzimmer nannte ihm einen Anwalt in Halle, der in Vogels Auftrag arbeitete. Dieser kam dann zu Stephan und sagte: „Verhalten Sie sich ruhig. Lassen Sie sich zu nichts hinreißen, was Ihnen als Hetze gegen die DDR ausgelegt werden könnte, das schadet." Er versprach, alles zu tun, um ihn rauszuholen. Bei der Verhandlung erwartete Stephan, dass er ein Plädoyer zu seiner Verteidigung hält, wie im Fernsehen. Aber der Anwalt unternahm nichts. Für Stephan war das alles nur ein Affentheater. Am Tag der Verhandlung wurde er vom „Roten Ochsen" zum Gericht am Hansering gefahren und dort wieder in eine Zelle gesperrt. Nach einer Weile erschienen zwei Zwei-Meter-Typen mit kleinen Maschinenpistolen, legten ihm Handschellen an und führten ihn hoch. „Das muss man sich vorstellen“, sagt er grinsend, „als ob ich einen umgebracht hätte und gemeingefährlich bin.“ Sie kamen auf einen Flur, dort standen seine Eltern, einer seiner Brüder und zwei Freunde aus der Nachbarschaft. Die schauten natürlich. „Was machen sie denn mit dem, in Handschellen?“ Alle gingen in den Verhandlungssaal. Der Richter kam und erklärte als Erstes: „Die Verhandlung ist nicht öffentlich.“ Alle mussten den Gerichtssaal verlassen, auch die Eltern. Seine Freunde riefen „Buh“, bekundeten offen ihr Missfallen. Das war stark. Das rechnet er ihnen noch heute ganz hoch an. Denn es hätte für sie in diesem System auch ein unangenehmes Nachspiel haben können. So war er alleine mit dem Richter, dem Staatsanwalt, zwei Schöffen und seinem Anwalt. Es folgten zwei Verhandlungstage. Am ersten wurde die Anklage verlesen und er sollte sich dazu äußern. Er sagte: „Das ist alles Blödsinn, das habe ich niemals gesagt. Ich will legal in den Westen, das ist das Einzige, was ich will.“ Angeklagt wurde er wegen „Bedrohung und Erpressung staatlicher Behörden“. Am zweiten Tag wurde das Urteil verkündet, 18 Monate Gefängnis. Stephan sagte sich: „Das ist nicht so schlimm, wie wenn man zehn Jahre bekommt.“

Zunächst saß er noch mal 14 Tage im „Roten Ochsen“, solange lief die Widerspruchsfrist. Der Anwalt riet ihm aber, das Urteil zu akzeptieren. Es könnte sonst sogar schlimmer kommen. Wo er seine Strafe antreten würde, erfuhr er nicht. Dann ging es los. Zunächst zum Bahnhof, immer zwei Gefangene mit Handschellen aneinandergekettet. Stephan stieg als Letzter aus dem Bus. Da brüllte ein Aufseher: „Du nimmst die Kiste.“ Das war die Kiste mit den restlichen Handschellen. Es war gegen 19 Uhr. Ein warmer Septembertag ging zu Ende. Da stand er nun, mit der einen Hand die schwere Kiste auf der Schulter balancierend, mit der anderen an einen Kriminellen gekettet. Er schaute in den Sonnenuntergang und dachte: „Das ist dein Abschied von Halle. Du wirst die Stadt vielleicht nie wiedersehen."

Der Gefangenenzug kam. Die Handschellen wurden abgenommen und wieder saß er in einer winzigen Zelle, mit ihm drei weitere Männer. Er sagte kein Wort, dachte nur: „Erst mal Klappe halten, damit ich nicht irgendwo anecke." Denn es waren augenscheinlich Kriminelle, finstere Gesichter, alle tätowiert. Einen politischen Gefangenen mit Tätowierung hat er nie gesehen. Im Laufe der Fahrt unterhielten sie sich dann doch. Die Kriminellen hatten alle schon Erfahrung und erzählten, wie die verschiedenen DDR-Gefängnisse so waren. Am meisten Angst hatten sie vor dem in Waldheim. „Überall hin, nur nicht dorthin", sagten sie. So fuhren sie durch die Nacht. Irgendwann, gegen ein, zwei Uhr ging die Tür. Wieder klickten Handschellen. Stephan war in Naumburg gelandet. Im Gefängnis bekam er alte Militärklamotten. In alle Hemden, Jacken und Hosen waren gelbe Streifen eingenäht. Dazu gab es fürchterlich kratzende Unterwäsche und ausgelatschte Militärschuhe. Seine Zivilkleidung wurde in eine Schachtel getan, die zu den Effekten gegeben wurde. Er sah aus wie eine Vogelscheuche. In seiner Zelle waren 15 Mann.

Er lernte das „System Knast" kennen: Wer hat was zu sagen, wer ist der Macker in der Zelle, wer der Macker auf dem Gang, wie bekommt man bessere Klamotten, wie kommt man zu annehmbarer Arbeit. „Es ist wie im richtigen Leben", erklärt Stephan. „Man musste die richtigen Leute kennen. Die lernt man kennen, indem man Gespräche führt, die lustig sind, welche die richtigen Leute unterhalten." Er arbeitete für die MeWa, eine Metallbaufirma, die unter anderem Scharniere für Möbel herstellte. Jeden Werktag wurden die Gefangenen in den Betrieb gebracht, im Schichtdienst. Wer die Norm nicht erfüllte, dem wurde Besuchszeit gestrichen. Besuch durfte einmal im Monat kommen. Dabei hat sein mutiger Vater manchmal Geld reingeschmuggelt. Das steckte er in Schokoladentafeln, die wieder sauber zugeklebt waren. Manche Zivilmeister bei der Arbeit waren bestechlich. Über sie bekam man Tabak, Kaffee, Tee, Alkohol. Aber alles mit Aufschlag. Stephan war es zu gefährlich, selbst die Meister zu bestechen, als politischer Häftling, der noch in den Westen wollte. Er gab den Kriminellen Geld, die dann von dem Eingeschmuggelten auch noch was bekamen. Wie die das genau organisierten, wollte er damals gar nicht wissen. Er glaubt, diese außerplanmäßige „Versorgung" wurde so halb und halb geduldet, um Unruhen vorzubeugen.

Kriminelle hatten sowieso ein bisschen mehr Rechte als die politischen Gefangenen. Sie wurden von den Schließern bevorzugt. Ungeachtet dessen gab es immer wieder Razzien in den Zellen, die alle trafen. „Razzien waren besonders erniedrigend", erinnert sich Stephan. „Da kamen die Gefangenen nach neun Stunden Schuften zurück in die Zelle und dort war alles verwüstet, alles durcheinander, alles. Die Schränke waren ausgekippt auf den Boden, die Matratzen, das Bettzeug, alles verstreut. Jeder suchte sein Zeug zusammen. Und das mit zehn Mann und mehr auf der Zelle." Eine wirklich bedrohliche Situation hat er Gott sei Dank nicht erlebt. So etwas konnte er immer abbiegen. Er bekam mal eine gescheuert bei einer Rempelei, aber unmittelbar bedroht fühlte er sich nie. Elend fühlte er sich, weil er eingesperrt war. Er sah die ganze Zeit kein Grün, nur Beton. Auch das Essen hat er in schlimmer Erinnerung: „Das hat immer irgendwie gestunken." So aß er vor allem Brot.

Ab und zu konnte einer gehen, von denen, die in den Westen wollten. Beim Morgenappell wurde dem Glücklichen dann gesagt: „Strafgefangener Müller bleibt heute hier."

Oder ein Genosse kam auf die Zelle und rief: „Strafgefangener Meier, mitkommen!“ Ob die Aufgerufenen wirklich freikamen oder nur in ein anderes Gefängnis verlegt wurden, wie manchmal behauptet wurde, wussten die anderen nicht. Nach einem Jahr war Stephan an der Reihe. Mit zwei anderen zusammen wurde er nach Karl-Marx-Stadt gebracht, in das Gefängnis, über welches freigekaufte Häftlinge in den Westen kamen. Kurz bevor er freigelassen wurde, musste er eine Erklärung unterzeichnen, dass er niemals einen Antrag auf Wiedereinreise in die DDR stellen wird. Warum, erschloss sich ihm nicht. Sie hätten ihn doch einfach nur an der Grenze abweisen brauchen, wenn er mal wieder rein wollte. Das hatten sie mit vielen anderen schon so gemacht. Die Genossen wollten verhindern, dass ehemalige DDR-Bewohner bei Besuchen im Osten erzählen, wie schön der Westen ist. Das hätte noch mehr Leute angeregt, Ausreiseanträge zu stellen. Stephan unterschrieb die Erklärung, ohne mit der Wimper zu zucken. „Du hast die einmalige Chance, rauszukommen aus diesem Land, da unterschreibst du alles“, erklärt er. Er rechnete fest damit, seine Familie im Urlaub in anderen sozialistischen Ländern sehen zu können, wohin alle reisen durften. Dann dauerte es noch eine Woche. Die war schlimm. Klappt es vielleicht doch nicht? Denen traute er jede Schweinerei zu. Aber dann, am 6. Mai 1986, ging die Tür auf. Den ganzen Gang entlang standen Polizisten. Auf dem Weg zum Hof wurde er von verschiedenen Wärtern mehrmals nach Name und Geburtsdatum gefragt.

Draußen schien die Sonne! Und ein Bus aus dem Westen wartete. Vorne und hinten saßen Mitarbeiter der Staatssicherheit. Die erkannte man immer sofort. Das Tor ging auf und er sah den Frühling. Alles grün. Nach etwa drei Stunden Fahrt hielt der Bus auf einem Parkplatz an der Grenze. Anwalt Vogel stieg ein und sagte: „Sie haben es geschafft. Sie werden jetzt ohne Kontrolle rüberfahren. Verhalten Sie sich bitte ruhig. Ich wünsche Ihnen alles Gute für Ihr Leben." Er stieg wieder aus, mit ihm die Stasileute. Der Fahrer sagte: „Bleibt ruhig sitzen. Ich sage euch, wenn ihr Party machen könnt." Im Westen hielt er nach ein paar Kilometern auf einem Parkplatz. Da gab es Sekt und was zu knabbern, alle fielen sich in die Arme und jubelten. Es waren fast nur junge Leute. Die Fahrt in das Notaufnahmelager in Gießen dauerte weitere drei Stunden. Auf diesem Weg sind viele nachdenklich geworden. Wie geht's jetzt weiter? Stephan war guter Dinge. Er wusste, sein Onkel erwartet ihn. Der arbeitete auch in der Gastronomie und kannte sich aus. In Gießen wurde er gleich nach dem Abendbrot noch vom Bundesnachrichtendienst befragt, vor allem nach dem Gefängnis, nach Aufsehern, die als gewalttätig bekannt waren. Dann Gesundheitskontrolle, Notausweis beantragen, Kleiderkammer, wer wollte. Wenige Tage später reiste er mit einer Freifahrkarte an den Tegernsee zu seinem Onkel. Eben noch im finstersten DDR-Gefängnis und jetzt in dieser wahnsinnig schönen Gegend. Er bekam sofort Arbeit als Kellner im Hotel „Zur Post" in Kreuth. Da sahen sie schnell, dass er sein Fach beherrschte. Von der Bundesrepublik bekam er eine Haftentschädigung, einige Tausend D-Mark für zwölf Monate. Als er die Ankündigung erhielt, fragte er sich zunächst beschämt: „Warum sollte mich der deutsche Staat, der mich immer korrekt behandelte, entschädigen?" Aber dann nahm er es doch dankbar an. Natürlich konnte er es für seinen Neuanfang im Westen gut brauchen. Von zu Hause kamen auch gute Nachrichten. Seinen Eltern und Geschwistern hatten die Genossen kaum Schwierigkeiten gemacht. Nur sein Vater verlor vorübergehend seine Arbeit als Musiker im „Interhotel". Wahrscheinlich, weil dort auch Besucher aus dem Westen untergebracht wurden.

Als die Mauer fiel, war Stephan gerade in China. Er las in der Zeitung „China Daily“ von zehn Kilometern langen Staus an der innerdeutschen Grenze, weil die Ostdeutschen in den Westen fuhren. Das konnte er kaum glauben. Er fragte den Dolmetscher, der das bestätigte. Als er dann in Frankfurt am Main aus dem Flughafen kam, fuhr tatsächlich ein Trabant vorbei. Er stutzte noch einmal ungläubig, dann fand er es „Wahnsinn“. Das war es, was er immer gewollt hatte, dass der Spaß vorbei ist.

Bald darauf eröffnete ein Freund in Halle das ehemalige Kino „Capitol“ neu als Kulturstätte und Restaurant. Stephan übernahm den gastronomischen Teil. Das hat ihn gereizt. Er wollte auch gerne wieder nach Halle. So gute Freunde wie hier hatte er im Westen nicht wieder gefunden. „Dort waren die Kontakte oberflächlicher“, erklärt er. „Im Osten gehen die Leute ehrlicher miteinander um. Im Westen wird zu viel geschauspielert.“ Irgendwann war er sich mit seinem Freund und Geschäftspartner nicht mehr einig, wie das „Capitol“ wirtschaftlich und künstlerisch weiter betrieben werden sollte. Er wechselte als Prokurist zu einem Getränkegroßhändler für die Gastronomie.

Stephan hat es nie bereut, über das Gefängnis in den Westen gegangen zu sein. So konnte er schon viel früher als die eingesperrte DDR-Bevölkerung die Vorzüge des Westens genießen. Er ist viel in der Welt herumgereist. Und er lebte einige Jahre in einer der schönsten Gegenden Deutschlands, am Rande der Alpen. Offen geblieben sind ein paar politische Wünsche. Er hätte gern schnellere Entscheidungen. Die Demokratie bewegt sich für seinen Geschmack einfach zu langsam, weil sie viele Interessen ausgleichen muss. Dafür ist Stephan ein viel zu ungeduldiger Mensch. Das ist auch der Grund, weshalb er in den Mittelstand gegangen ist und nicht in die Großindustrie. Dort ist es seiner Meinung nach ähnlich. Von der Zeit als politischer Gefangener im DDR-Gefängnis ist bei ihm nichts hängen geblieben. Er träumt nicht davon, hat keine Angstzustände, das ist alles vorbei. Aber er weiß, andere, die Ähnliches erlebten, haben nicht dieses Glück. Das Urteil gegen ihn wurde aufgehoben. Von den Staatssicherheitsleuten oder Justizmitarbeitern hat er in Halle keinen wiedergetroffen, sie sind ihm auch egal. Rachegedanken sind ihm fremd. „Die müssen mit dem klarkommen, was sie sich selbst aufgeladen haben", sagt er. „Halle ist meine Stadt. Ich kann jetzt überall hin in der Welt und ich komme immer wieder gerne hierher zurück, nach Hause."

Zuvor hat er sich etwas Mut angetrunken

Wolfgang Gerdes, 1989 freigekauft, damals 30 Jahre alt

Am 1. August 1988 bestieg Wolfgang in Halle den Zug um 7.15 Uhr nach Berlin-Lichtenberg. Er wollte eine Flucht nach Westberlin vortäuschen, sich festnehmen und von der Bundesregierung freikaufen lassen. Dann wollte er seine Frau Kerstin und seine Kinder Nora und Christoph im Rahmen einer Familienzusammenführung aus der DDR nachholen. Im April hatten sie gemeinsam einen Ausreiseantrag beim Rat des Stadtbezirkes Halle-Ost gestellt. Der war jedoch umgehend ohne Begründung abgelehnt worden.

Materiell ging es der Familie ganz gut. Sie bekamen auch oft Pakete von Verwandten im Westen und Westgeld. Damit konnten sie im Intershop einkaufen. Diese Läden ermöglichten einen Ausflug in die bunte und äußerst vielfältige Konsumwelt des Westens und teilten die DDR-Bürger in zwei Klassen, in die mit Westgeld und in die ohne. Dies sorgte immer wieder für Unmut in der Bevölkerung. Eine öffentliche Debatte darüber war aber tabu. Die Läden brachten dringend benötigte Devisen. Deshalb nahmen die Genossen den ideologischen Spagat in Kauf, einerseits den bevorstehenden Untergang des Westens an die Wand zu malen, andererseits den Ostdeutschen einen Blick auf den blühenden Wohlstand zu gewähren. Wolfgang schmerzte, dass er seinen großzügigen Verwandten im Westen nicht auch einmal was schenken konnte, was denen wirklich gefallen würde. Noch mehr störte ihn, dass er die Verwandten nicht besuchen durfte. Zum

Wolfgang Gerdes an der Berliner Mauer mit DDR-Grenzer, Frühjahr 1990. ©Wolfgang Gerdes

Staatsfeind ist er dadurch nicht geworden. Ihm war klar, dieses Schicksal teilte er mit Millionen. Und wie diese suchte er seinen Weg zwischen Anpassung an das DDR-System und einem selbstbestimmten, bürgerlichen Leben.

Wolfgangs Vater ist eigentlich Österreicher. Er war durch die Kriegswirren in der DDR gelandet. Dem Experiment „Aufbau des Sozialismus“ konnte er auch einiges abgewinnen. Zumal er eine gute Stellung als Dozent an der Landwirtschaftlichen Fachschule innehatte. Aber eines Tages fiel er in Ungnade bei den Genossen. In einem Prozess gegen einen seiner Studenten, der beim Fluchtversuch in den Westen geschnappt worden war, hatte er ein gutes Wort eingelegt. Danach galt er als ideologisch nicht mehr zuverlässig und verlor seinen Posten. Sie schickten ihn in eine LPG als wissenschaftlichen Mitarbeiter. Das brachte auch erhebliche Gehaltseinbußen mit sich und machte Westpakete noch wertvoller. Wolfgangs Mutter arbeitete als Hortnerin in der Wittekindschule. Er war bei den Jungpionieren, später in der FDJ. Aber er ging auch in die Christenlehre und in den evangelischen Kinderhort der Bartholomäus-Kirche, in den Konfirmandenunterricht und in die Junge Gemeinde. Er schätzte die Atmosphäre fern vom Staat, wo über alles frei geredet und der Westen nicht verteufelt wurde.

Alles aus dem Westen erschien ihm spannender, bunter, freier. Er saugte auf, was von dort kam. In erster Linie die Musik. Emerson, Lake & Palmer, Ekseption, Deep Purple. Das war seine Welt und die Welt seiner Freunde. Wer eine Westplatte hatte, überspielte sie für die anderen auf Tonbandkassetten. Als 1972 in der DDR der amerikanische Film „Blutige Erdbeeren“ über Studentenunruhen in den USA gezeigt wurde, sah er ihn gleich mehrmals hintereinander. Er war fasziniert von der dort gezeigten westlichen Lebensart. Dabei hatten die Genossen den Film nur zugelassen, weil sie annahmen, dass der Streifen „Hass auf den Imperialismus“ erzeugen würde. Wolfgang und seine Freunde fragten sich jedoch: „Was muss das für ein freies Land sein, wo solche staatskritischen Filme gemacht werden dürfen.“ „Blutige Erdbeeren“ wurde Kult in der DDR, der Soundtrack irgendwo mitgeschnitten und auf Partys gespielt. Einmal hörten Wolfgang und seine Freunde diese Musik auf einem Zeltplatz in Graal-Müritz so laut es der Kassettenrecorder hergab. Dabei diskutierten sie offen die Verhältnisse in der DDR. Irgendwann, im Überschwang der Gefühle, bildeten sie einen Kreis und sangen laut mit, den Song „Give Peace a Chance". Dabei klatschten sie die Hände auf den Boden vor sich. So hatten es die protestierenden Studenten in dem amerikanischen Film gemacht, als die Räumung durch die Polizei bevorstand. Plötzlich stand auch vor ihnen die Polizei. Nachbarn hatten die Gruppe angeschwärzt. Alle, die im Kreis sitzend gesungen und diskutiert hatten, bekamen ein Jahr lang verboten, sich im Bezirk Rostock aufzuhalten, „wegen Störung des sozialistischen Zusammenlebens". Zu diesem Zeitpunkt ist eine Stasiakte über Wolfgang angelegt worden. Das geht aus einer Karteikarte hervor, die in der Stasiunterlagenbehörde gefunden wurde. Die Akten, auf welche die Karteikarte verweist, sind noch nicht aufgetaucht.

Über den Dämpfer seines Freiheitsdrangs kam der 16-Jährige schnell hinweg. In Halle wurde das Bühnenstück „Die neuen Leiden des jungen W." von Ulrich Plenzdorf aufgeführt. Das war für DDR-Verhältnisse ganz schön gesellschaftskritisch. Für Wolfgang war das „der blanke Wahnsinn, ein bisschen Revolution". Auch im Rahmen der Kirche lebte er Freiheit. Er engagierte sich in den Jugendgottesdiensten der Marktkirche, die unter dem Motto „Phantasie für Gott" immer wieder Hunderte aus der ganzen Region anzogen. Sein Vater war nach dem Abtritt von Staats- und Parteichef Ulbricht und der Machtübernahme von Erich Honecker rehabilitiert worden und wieder Dozent an der Universität. „Wir dachten, es geht voran, wir können auch in der DDR etwas ändern", beschreibt Wolfgang die Stimmung damals.

Nach der zehnten Klasse entschied er sich für eine Lehre als Schlosser im Energiekombinat. Er hatte genug von der Schule, verzichtete auf das Abitur, was ihm möglich gewesen wäre. Während des anschließenden 18-monatigen Wehrdienstes heiratete er und sein Sohn Christoph kam zur Welt. Nach der Armee arbeitete er wieder im Energiekombinat und legte die Meisterprüfung ab. Er galt als engagierter Kollege, der auch gut mit Menschen umgehen kann. Eines Tages trugen sie ihm den Posten des FDJ-Sekretärs an. Bis zu diesem Tag war Wolfgang eine Karteileiche in dem Verein, noch aus seiner Schulzeit. Jetzt ließ er sich breitschlagen. Schon bei der Einarbeitung stellte er fest: „Da läuft was schief." Im sogenannten FDJ-Lehrjahr lasen Ingenieure aus dem SED-Zentralorgan „Neues Deutschland" vor. Er wunderte sich und dachte: „Das sind doch gar nicht unsere Probleme. Es funktioniert so vieles nicht in diesem Laden. Man müsste alles Mögliche ändern und keine Märchenstunden veranstalten." So verkündete er als eine seiner ersten Amtshandlungen, dass die Versammlungen ab sofort nur noch außerhalb der Arbeitszeit stattfinden. Bald darauf war er nicht mehr FDJ-Sekretär. Er wandte sich wieder mehr seinen Freunden zu, hörte wieder mehr Lieder von Wolf Biermann, der 1976 aus der DDR ausgebürgert worden war. Auch diese Musik wurde in Wolfgangs Freundeskreis von eingeschmuggelten Schallplatten aus dem Westen auf Kassetten überspielt. Die Texte inhalierten sie regelrecht.

Noch mehr Freiheit gewann Wolfgang durch den Wechsel vom volkseigenen Energiekombinat in einen kleinen Privatbetrieb. Die Arbeit bei einem Schmiedemeister war für ihn eine Insel im Osten. Es gab überhaupt keine politische Belastung. Allerdings konnte ihm das auf Dauer auch nicht über die Situation hinweghelfen, dass er eingesperrt war in dieses Land. Und mit ihm seine liebsten Menschen. Inzwischen war seine Tochter Nora zur Welt gekommen. Dann geschah etwas, was er nie für möglich gehalten hatte. Er bekam 1987 die Genehmigung für eine Reise nach Österreich, zur goldenen Hochzeit seiner Großeltern. Seine Familie durfte nicht mit. „Die behielten die Genossen als Geiseln in Halle“, kommentiert Wolfgang das. Als er Wien gesehen hatte, wusste er: „Wir werden im Osten nicht alt.“ Ausschlaggebend war nicht das unfassbare Warenangebot. Wolfgang war vor allem von der Zeitungsvielfalt fasziniert. „Was für eine Meinungsfreiheit“, dachte er am Kiosk in Wien. Auch wenn er nie alle Zeitungen lesen würde, allein die Tatsache, dass es sie gab, erfüllte ihn mit großer Zufriedenheit. Trotz allem, wegbleiben wollte er da noch nicht. Sein Schwiegervater war Berufssoldat im Musikkorps der Armee und hätte wegen der Flucht eines Angehörigen große Probleme bekommen können. Aber im Frühjahr 1988 waren Wolfgang und Kerstin dann so weit. Sie wollten unbedingt in den Westen, auch um der Zukunft ihrer Kinder willen. Wie könnte es gelingen? Eine gemeinsame Flucht schlossen sie aus. Auch allein über Mauer und Stacheldraht zu klettern, hatte Wolfgang nie ernsthaft ins Auge gefasst. Die Genossen bestritten immer einen Schießbefehl. Aber die vielen im Todesstreifen erschossenen Flüchtlinge sprachen eine andere, klare Sprache. Nachdem der Ausreiseantrag der Familie abgelehnt worden war, kamen sie überein, dass es Wolfgang über den Umweg eines DDR-Gefängnisses probieren sollte. Den Kindern erzählten sie erstmal nichts.

So machte sich der 29-Jährige auf den Weg. In Berlin holte er sich im Kaufhaus am Ostbahnhof eine schwarze Kneifzange und ein gekrümmtes Kisteneisen, auch Kuhfuß genannt. Diese Utensilien sollten bei seiner Festnahme bezeugen, dass er abhauen wollte. Er steckte die Werkzeuge zu seinem Proviant in den Rucksack und erkundete den ganzen Tag lang unauffällig an verschiedenen Punkten die Grenze. Der Übergang Checkpoint Charly schien ihm am besten geeignet. Der lag mitten in der Stadt in der Friedrichstraße und war ausschließlich für die Alliierten und internationales Publikum da.

Wolfgang rechnete damit, dass seine gescheiterte Flucht gesehen würde und ihm das irgendwie vor besonders üblen Übergriffen der Staatssicherheit Schutz gäbe. Am Abend des sehr schönen Sommertages begab er sich in die Nähe des Grenzüberganges. Zuvor hatte er sich etwas Mut angetrunken. Von der Krausenstraße, Ecke Friedrichstraße aus beobachtete er die Szenerie. Als von Osten her ein mattgrünes Auto der US-Militärmission anrollte, dachte er: „Jetzt." Er war noch nicht in der Kreuzungsmitte, da kam wie aus dem Nichts ein Ostberliner Polizeiauto, ein Lada. Plötzlich war er umringt von grünen Uniformen und schon brausten sie mit ihm davon. Auf dem Revier in der Keibelstraße, nahe dem Alexanderplatz, warfen sie ihm vor, er habe Republikflucht begehen wollen. Mit Inbrunst antwortete Wolfgang: „Das stimmt."

Am nächsten Tag brachten sie ihn zum Bahnhof Berlin-Lichtenberg. In Handschellen wurde er über den Bahnsteig geführt, vorbei an den Reisenden. Auf einmal war er also ein Verbrecher. Obwohl er nichts geklaut, niemanden verprügelt hatte. Im Gefangenentransport teilte er sich mit noch drei Häftlingen eine winzige Zelle. Es war heiß und stickig. Fast einen Tag dauerte die Fahrt nach Halle und nur viermal bekamen sie eine Tasse Tee. Man verteilte die Häftlinge auf Gefängnisse in verschiedenen Orten. In Halle kam Wolfgang in die U-Haft am Hansering. Dort traf er zum ersten Mal in seinem Leben auf Kriminelle. In seiner Zelle saß zum Beispiel ein alkoholabhängiger Mörder. Der hatte seine Frau, seine Schwiegermutter und seinen Schwiegervater umgebracht und war offensichtlich glücklich damit. Nachdem Wolfgang ein paar Tage mit dem zusammengesessen hatte, wurde ihm klar: „Der hat sich befreit." Die Familie hatte ihn offenbar lange Zeit seelisch gequält. Er sagte zu Wolfgang: „Die können mich verurteilen, zu was sie wollen, niemals ging es mir so gut wie jetzt." Der gehörte eigentlich in die Psychiatrie.

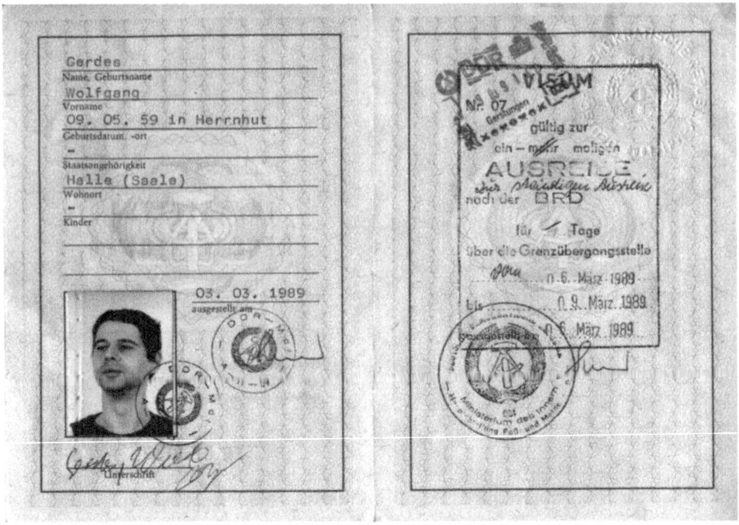

Identitätsbescheinigung von Wolfgang Gerdes zur Ausreise aus der DDR.

Zu Wolfgangs Verhandlung kamen seine Familie, ein Vertreter der Firma und eine Freundin. Dass sie erschien, war für ihn der totale Wahnsinn. Es hätte negative Folgen haben können, ins Gericht zu gehen, zur Aburteilung eines „Staatsfeindes“. Die Freundin ist später von einer Westreise nicht zurückgekehrt und lebt als Ärztin im Ruhrgebiet. Zu Beginn des Prozesses wurde die Öffentlichkeit aber ausgeschlossen. Nur noch der Vertreter der Firma, der „Kollektivvertreter“, durfte bleiben, auch wenn er Vertreter einer Privatfirma war. Wolfgangs Anwalt kam von der Kanzlei des Ostberliner Anwalts Vogel, der als Mittler bei Häftlingsfreikäufen eingesetzt wurde. Einfluss auf das Urteil konnte er nicht nehmen. Wolfgang wurde zu einem Jahr und drei Monaten Freiheitsentzug verurteilt, wegen „versuchten ungesetzlichen Grenzübertritts“. Er hatte den empfindlichsten Nerv der Genossen getroffen, ihr mangelndes Vertrauen in das eigene System, dessen sichtbarstes Zeichen die

Mauer war. Er bekam es im Urteil schwarz auf weiß, dass er „eine Straftat mit erheblicher objektiver Schädlichkeit beging, die aufgrund seines Charakters und der Örtlichkeit des Vorgehens geeignet ist, dem Ansehen der DDR zu schaden". Weiter hieß es: „Strafart und Strafhöhe sind notwendig, dem Angeklagten die Gesellschaftswidrigkeit seines strafbaren Handelns bewusst zu machen und ihn nachdrücklich zu disziplinieren." Die DDR war eben eine große Erziehungsanstalt. Ziel: „Der neue sozialistische Mensch."

Die meiste Zeit saß Wolfgang im Gefängnis in Zeithain. Die kriminellen Mithäftlinge, überwiegend mit asozialem Hintergrund, waren überrascht, wer da zu ihnen in die Zelle gekommen war. Ein Schlossermeister mit intakter Familie, der keinem was getan hatte, mit einer hübschen Frau, die ihn besuchte. Arbeiten musste Wolfgang im Walzwerk in Riesa. In einer abgesperrten Halle richtete er als Schlossermeister Maschinen ein. Etwa 14 Tage vor seiner Ausreise brachte man ihn ins Gefängnis nach Karl-Marx-Stadt. Von da an werden seine Erinnerungen etwas angenehmer. Sein restliches verdientes Ostgeld setzte er im Gefängnisladen in Schokolade und Zigaretten um. Seine Zivilkleidung schlotterte am Körper. Er hatte einiges an Gewicht verloren. Seine Haare waren ganz kurz, seine Haut weiß wie Mehl. „So stellt man sich einen entlassenen Sträfling vor", sagt Wolfgang lachend. Am 9. März 1989 wurden er und andere Freigelassene zum Bahnhof gefahren und in den Zug nach Gießen gesetzt, bis zur Grenze begleitet von Leuten der Staatssicherheit. Beim ersten Halt im Westen kam der Bundesgrenzschutz mit belegten Brötchen und anderen, lange vermissten Köstlichkeiten. Ein BGS-Mann ging mit einer Liste durch und hakte die Namen der Freigelassenen ab. Im Aufnahmelager in Gießen wurden alle zu einem großen Abendessen eingeladen. Ein Vertreter des Ministeriums für innerdeutsche Beziehungen begrüßte sie und sagte, jeder könne alles auf der Speisekarte bestellen. Er empfehle aber, nach der langen Zeit in DDR-Haft, nicht zu üppig zu essen. Doch Wolfgang haute rein, genehmigte sich Schnitzel, ein Bier und Pommes. Nach einer Stunde war alles wieder draußen.

Wolfgang zog es nach Westberlin. Am dritten Tag in Freiheit fuhren ihn die Amerikaner, die im Aufnahmelager die Ausgereisten befragten, zum Flughafen Frankfurt am Main. Die Stewardess wusste von irgendwo her, was der junge Mann aus Halle hinter sich hatte. Sie begrüßte ihn besonders freundlich und fragte, was er für Wünsche habe. Er dachte: „Was könnte ich denn noch für Wünsche haben?" Alle waren freundlich, sagten Bitte und Danke. Er war gebellte Befehle gewöhnt. Als sie über die DDR flogen, durfte er ins Cockpit. Er konnte die Wartburg erkennen und später Leipzig, Halle leider nicht. Vielleicht war das auch gut so. In Berlin verabschiedete ihn die Stewardess mit den Worten: „Alles Gute in der Freiheit." Der frisch gebackene Bundesbürger wurde von einem befreundeten Paar abgeholt, das einige Zeit vor ihm aus Halle in den Westen gekommen war. Bei den Freunden durfte er zunächst wohnen. Als ehemaliger politischer Gefangener wurde er einige Zeit krankgeschrieben. Wolfgangs Familie kam ziemlich schnell nach. Sie bezogen eine Wohnung und Ende Mai hatte Wolfgang eine Anstellung als Schlossermeister in einer Zigarettenfabrik. Seine Frau kam als medizinisch-technische Assistentin in einem Krankenhaus unter.

Mit der Mauer um Westberlin hatte Wolfgang kein Problem. „Ich bin öfter mal hingefahren und habe geschaut, ob sie noch da ist", scherzt er. Die Maueröffnung erlebte er im Café Adler am Checkpoint Charly. An der Stelle, wo er eineinhalb Jahre vorher seinen Fluchtversuch inszenierte. Die Frau des Wirts fuhr in dieser Nacht noch nach Hause, um ihren privaten Getränkevorrat zu holen. So haben die Menschen dort gefeiert.

Wolfgang Gerdes und Peter Klaußner am Berliner Grenzübergang „Checkpoint Charly“, nachdem Wolfgang im März 1989 freigekauft wurde. ©Wolfgang Gerdes

Natürlich fuhr er mit seiner Familie so schnell es ging zu Besuch nach Halle. Allerdings hat er zu der Stadt ein gespaltenes Verhältnis. Dort gibt es noch Menschen, die ihm sehr übel mitgespielt haben. Aber es ist auch seine Heimatstadt, in der sein Vater lebt und seine Schwester eine Arztpraxis betreibt. Sein Sohn entschied sich für ein Studium an der Martin-Luther-Universität.

Für seine Zeit als politischer Gefangener bekam Wolfgang eine finanzielle Entschädigung, einige Tausend D-Mark. Die nahm er allerdings mit gemischten Gefühlen an, denn er wusste, dass sich die Bundesrepublik schon seinen Freikauf aus der DDR mächtig hatte was kosten lassen. Dankbar sagt er: „Ich bin froh, in einem Staat zu leben, dem so etwas wie dieser Freikauf wichtig ist.“ Das Urteil des halleschen Gerichts gegen ihn wurde für rechtstaatswidrig erklärt und aufgehoben.

Der Richter, der ihn seinerzeit verurteilt hatte, wollte nach der Wende in Halle Gerichtspräsident werden. Als Wolfgang das erfuhr, ließ er alle vornehme Zurückhaltung fahren und wandte sich an Politiker der Grünen in Halle, bei denen seine Schwester engagiert war. Dieser Richter war ihm gegenüber damals sehr ausfällig geworden, hatte ihn beschimpft. Seine Art erinnerte Wolfgang an den berüchtigten Nazi-Richter Freisler. „Dieser Richter hatte es nicht verdient, in der Justiz weiterbeschäftigt zu werden", sagt Wolfgang mit Nachdruck. Und der wurde dann auch nicht Gerichtspräsident. Wolfgang hatte aber noch einmal indirekt mit dem Gericht zu tun. Im Juni 1990 bekam sein Vater Post von der Polizei in Halle. Darin wurde er gebeten, Gegenstände abzuholen, die 1988 bei Wolfgangs Fluchtversuch beschlagnahmten worden waren: „Eine Kneifzange und einen Kistenöffner."

Die Zeit im Gefängnis macht Wolfgang noch manchmal zu schaffen. Anfangs hatte er immer gesagt: „Das habe ich auf einer Arschbacke abgesessen." Heute würde er so schnell keinem mehr diesen Weg in die Freiheit empfehlen. „Wenn man es mit so viel Ignoranz zu tun hat, lässt man Substanz", sagt er nachdenklich. „Eingesperrt sein heißt, du bist ausgeliefert, auf Gedeih und Verderb. Wenn das erste Mal hinter einem eine Tür ins Schloss fällt, die keine Klinke hat, die einfach nur ein blankes Brett ist mit einem Loch drin, das von außen geöffnet wird oder auch nicht, das sitzt tiefer als gedacht."

Mit unserem Kind macht ihr das nicht!

Barbara und Ingolf Marek, 1989 ausgereist, damals 38 und 39 Jahre alt

Die Genossen verlangten von Barbaras Eltern, den Kontakt zu ihrer Tochter abzubrechen. Sie mussten auf ihren Arbeitsstellen sogar eine schriftliche Verpflichtung unterschreiben. Der Grund: Barbara und ihr Mann Ingolf hatten im September 1985 einen Antrag auf Ausreise aus der DDR gestellt. Sie waren entsetzt, dass die Eltern wirklich machten, was von ihnen verlangt wurde. „Aber die waren eben linientreu“, erklärt Barbara immer noch zerknirscht. Ihre Mutter leitete das Internat der Medizinischen Fachschule in Halle und war dort auch SED-Parteisekretärin. Vorher hatte sie viele Jahre im Gefängnis „Roter Ochse“ als Erzieherin für junge Gefangene gearbeitet. Ihr Stiefvater war ein sehr ruhiger und eigentlich unpolitischer Mensch, der bei der Transportpolizei die Gewehre in der Waffenkammer putzte. Mit 52 Jahren starb er an Speiseröhrenkrebs. In seinem Portemonnaie fand ihre Mutter ganz kleine Zettel, auf die er seine Gedanken geschrieben hatte. Da stand auch, dass ihm sein Vorgesetzter wegen des Ausreisebegehrens seiner Tochter enorme Schwierigkeiten gemacht hatte. Aber das erfuhr Barbara erst nach dem Fall der Mauer.

Heimlich setzten sich die Eltern manchmal über das Kontaktverbot hinweg – wegen des Enkels Sebastian. Dieser wollte gern zu Oma und Opa und auch die hatten den Wunsch, das Kind zu sehen. Dafür verabredete man sich auf Umwegen. Barbara und Ingolf brachten dann ihren Sohn zu einer

Telefonzelle in Halle, wo sie ihn alleine stehen ließen und in einiger Entfernung im Auto warteten, bis Barbaras Mutter ihren Enkel abholte. Einige Stunden später holten die Eltern den Jungen auf die gleiche Weise wieder ab.

Barbara Marek als Model für Lottowerbung, 1970. ©Michael Kröber

Einige Zeit zuvor, 1984: Ingolfs Mutter durfte als Rentnerin in den Westen ausreisen. Senioren und Behinderte ließen die Genossen ohne langes Federlesen gehen, kosteten sie doch mehr als sie nutzten. Ein Jahr nach ihrer Ausreise bekam die Mutter Herzprobleme und musste operiert werden. Ingolf war in Sorge und deshalb wollten Barbara und er im Rahmen der Familienzusammenführung zu ihr übersiedeln. Sie waren der Annahme, die DDR-Behörden könnten das nicht auf Dauer ablehnen. Die eigentlichen Beweggründe für ihre Ausreise zu erwähnen, hielten sie für zwecklos. Vieles im Sozialismus entsprach nicht ihren Vorstellungen vom Leben. Ihrem Sohn Sebastian, der gerade eingeschult worden war, wollten sie die Situation ersparen, in der Schule Lobpreisungen des Sozialismus hören zu müssen, aber nicht sagen zu dürfen, dass man zu Hause ganz anders dachte. Ihr Kind sollte in einer Gesellschaft aufwachsen, in der angstfreie Kommunikation gepflegt wird. Schon im Kindergarten war ihnen die sozialistische Erziehung übel aufgestoßen. Zu einem Elternabend baute die Erzieherin neues Militärspielzeug auf und erzählte freudestrahlend, wie schön die Kinder damit spielten. Barbara sagte: „Na bravo. Es gibt doch bestimmt auch kreative Sachen, die man den Kindern zeigen kann.“ Auch der Umgang mit dem Westfernsehen hat sie sehr gestört. Jeder schaute es, doch wenn es an der Tür klingelte, wurde es vorsorglich abgeschaltet oder leiser gestellt. So sollte ihr Kind nicht aufwachsen. Das war schon mit ihnen geschehen, der nächsten Generation sollte Gleiches erspart bleiben.

Barbara arbeitete als Sekretärin beim VEB Kombinat Geodäsie und Kartografie am Markt und hatte sogar eine VS-Berechtigung. Das heißt, sie durfte Verschlusssachen bearbeiten. Der Betrieb war dem Ministerium des Inneren unterstellt. Kurz bevor die Familie ihren Ausreiseantrag stellte, suchte Barbara sich eine andere Arbeit, weil sie ahnte, dass es in diesem Betrieb Ärger geben würde. Sie fand eine Stelle bei der staatlichen Einzelhandelsorganisation HO, als Sekretärin vom Leiter des Feinkosthauses in der Großen Ulrichstraße. Als bekannt wurde, dass sie einen Ausreiseantrag gestellt hatte, bekam sie dort den Ärger, dem sie durch den Arbeitsplatzwechsel zu entgehen gehofft hatte. Sie kam sich vor wie eine Ausgestoßene, niemand guckte sie mehr an. Kollegen machten einen Bogen um sie, wollten nicht mit ihr reden oder trauten sich nicht. Der Direktor ließ sie antreten. Mit ihm saßen elf Menschen im Raum, auch der Parteisekretär, obwohl Barbara nie in der Partei gewesen war. Sie wurde regelrecht beschimpft, eine Staatsfeindin sei sie. Man könne sie nicht weiter als Sekretärin beschäftigen. Eine Stelle als Reinigungskraft boten sie ihr an, was sie ablehnte. Zwei Tage später landete sie in der Buchhaltung. Aber immer wenn die neue Sekretärin des Feinkosthauses nicht verfügbar war, oder wenn es kompliziert wurde, wenn es nicht nur um ein Diktat ging, sondern darum, etwas selbständig in Sätze zu kleiden, wurde Barbara wieder als Sekretärin beschäftigt. So ging das bis zur Ausreise. Es kostete Nerven, bestärkte sie aber in ihrem Willen, das Land verlassen zu wollen.

Eines Tages gab Barbara ihrer Mutter über Dritte zu verstehen, dass sie sich gern mal mit ihr treffen würde, um zu erzählen, was sich in der Zwischenzeit ereignet hatte. Sie wartete nicht auf die Antwort und passte ihre Mutter im Flur ihrer Arbeitsstelle ab. Doch diese wehrte sie ab mit den Worten: „Höre sofort auf. Ich will davon nichts wissen." Sie ließ ihre Tochter einfach stehen und ging. Barbara blieb wie vom Blitz getroffen zurück. Schon manchmal waren Mutter und Tochter in politischen Dingen aneinandergeraten. Aber dass die Mutter lieber ihre Tochter verleugnete, als es sich mit dem Regime zu verscherzen, damit wurde Barbara nicht fertig.

Ingolf war Ökonom für Hotel- und Gaststättenwesen und Abteilungsleiter in der HO-Bezirksdirektion. Damit trug er auch Verantwortung für den Jugendtanz in den Gaststätten und Diskotheken im Bezirk Halle. Nach dem Ausreiseantrag wurde er degradiert. Zwar zahlte man ihm sein Gehalt weiter, aber die Mitarbeiterführung übernahmen andere. Ingolf hatte nur noch Statistiken zu erstellen, lapidare Tabellen. Ein Kollege regte sich besonders über Ingolfs Ausreisewunsch auf. Der war aus der Bundesrepublik zu den Weltfestspielen 1973 in die DDR gekommen, geblieben, und schnell FDJ-Sekretär geworden. Er fuhr ganz auf der politischen Schiene „Der Sozialismus siegt". „Nicht sehr groß gewachsen, wollte er wer sein", erklärt sich Ingolf den seltsamen Zeitgenossen. Auch Ingolfs andere Kollegen wollten plötzlich offiziell nichts mehr mit ihm zu tun haben, die meisten aus Angst, ist er sich sicher. Es ging so weit, dass sich mittags niemand mehr mit ihm an den Tisch setzte. Bis auf einen, der hielt zu ihm. Später las Ingolf in seiner Stasiakte, dass dieser Kollege inoffizieller Mitarbeiter der Staatssicherheit war. Ein IM, der durfte sich dazusetzen. Ob er Ingolf schadete, geht aus der Akte nicht hervor. Er traf ihn nach der Wende zwei Mal, sprach ihn aber nicht daraufhin an, ersparte dem ehemaligen IM die peinliche Situation. Manchmal denkt Ingolf, er hätte doch mit ihm darüber reden sollen. Der Mann hat vielleicht immer noch Angst vor Entdeckung.

Unterstützung fanden Mareks bei Gleichgesinnten, die wie sie Ausreiseanträge gestellt hatten. Man traf sich auf dem Markt, stand beieinander, tauschte Erfahrungen aus. Ein stiller Protest, bis Ingolf von der Polizei eines Tages „Marktverbot“ ausgesprochen und einen sogenannten PM 12 ausgestellt bekam – einen Ersatz-Personalausweis, der an ehemalige Häftlinge und Oppositionelle vergeben wurde, die den DDR-Behörden suspekt waren. Damit verbunden waren oft Schikanen bei Polizeikontrollen. Eines Tages kam Ingolf nach Hause und sagte zu Barbara, er müsse ihr etwas Besonderes erzählen. Nicht zum ersten Mal drehten sie in der Küche den Wasserhahn auf und stellten das Radio an, um eventuelle Lauscher von der Staatssicherheit zu irritieren. Die hätten zwar hören können, was Ingolf diesmal berichtete, aber nicht, was das Ehepaar möglicherweise darüber hinaus beriet oder verabredete. Zu Ingolfs Arbeitsstelle war Staatssicherheit gekommen. Der Kaderleiter bat ihn in einen Raum, in dem schon drei Männer saßen. Die redeten zunächst um den heißen Brei herum. Dann sagten sie ganz offen: „Sie wollen doch weg, und wenn Sie was für uns tun, dann tun wir was für Sie. Sie sind doch ein aktives Kirchenmitglied, wir würden gern Informationen bekommen, was da so geredet wird.“ Ingolf antwortete: „Vergessen Sie's. Das hat schon mal jemand probiert, als ich bei der Armee war. Ich mache so was nicht und fertig." Die Männer zogen ab, ohne ihm weiter zu drohen. Aber es war ein Schock.

Mareks lernten immer mehr Leute mit Ausreiseanträgen kennen. Jetzt trafen sie sich auch privat, im Garten, in Wohnungen. Irgendwann waren es so viele, dass die beiden beschlossen, sich etwas zurückzuziehen. Sie hatten Sorge, es könnten sich Spitzel unter die Gruppe mischen. Montags fuhren sie nach Leipzig in die Nikolaikirche zum Friedensgebet. Anschließend stellten sie sich mit anderen vor die Tür, manchmal mit Kerzen, auch das ein stummer Protest. Es waren 1986/87 noch nicht viele, vielleicht dreißig Leute, die sich das nach dem Gebet trauten. Eines Tages, als sie wieder in Richtung Leipzig fuhren, wurden die beiden Hallenser etwa auf der Hälfte des Weges von der Polizei angehalten und in einen Feldweg hineingewinkt: „Ausweiskontrolle. Wo wollen Sie hin?" – „Nach Leipzig, einkaufen." Daraufhin wurde ihnen erklärt, sie dürften jetzt nicht nach Leipzig. Eine Begründung gab es nicht. Sie mussten in das Polizeiauto steigen. Ihr Wagen blieb auf dem Feldweg stehen. Protestieren zwecklos. Am Polizeipräsidium am Hallmarkt ließ man sie gehen mit der Warnung: „Sie wandeln auf einem ganz schmalen Grat." Ingolf nahm ein Taxi zurück zu seinem Auto. Mit Barbara war er sich einig: „So etwas dürfen wir nie wieder zu zweit machen. Wenn die uns mal wegholen, kommt Sebastian irgendwo hin und wir kriegen ihn nie wieder." Fortan fuhren sie nur noch getrennt nach Leipzig.

Einige Zeit später saß Barbara im Auto von Bekannten auf dem Weg zum Friedensgebet. Auch sie wurden angehalten: „Wohin?" – „Nach Leipzig, Schuhe kaufen." Das interessierte die Volkspolizisten zunächst nicht. Sie monierten erst einmal die Sonnenblende, die innen an die Frontscheibe geklebt war: „Das ist in der DDR verboten." Die Freunde hatten sich das modische Accessoire aus dem westlich orientierten, aber immer noch sozialistischen Ungarn mitgebracht. Doch das ließen die Polizisten nicht gelten. Die Blende musste vor ihren Augen abgekratzt werden. Damit nicht genug. Alle drei Hallenser wurden getrennt voneinander im bereitstehenden Barkas der Polizei verhört. Und die wussten, wen sie vor sich hatten. Zu Barbara sagte einer: „Sie sind doch sowieso nur Wasserträger ihres Mannes. Lassen Sie sich scheiden. Sie können hier Karriere machen." Barbara war baff, lehnte jeden Kommentar ab.

Eines Tages schließlich kamen Männer von der Staatssicherheit, holten Barbara und Ingolf von ihren Arbeitsstellen ab und brachten sie unabhängig voneinander in den „Roten Ochsen". Keiner der beiden wusste von dem anderen. Sie wurden verhört und verwarnt. Barbara musste später in ihrer Stasiakte lesen, dass in der Zeit des Verhörs ihr Haus von der Staatssicherheit verwanzt wurde. Hineingekommen wa-

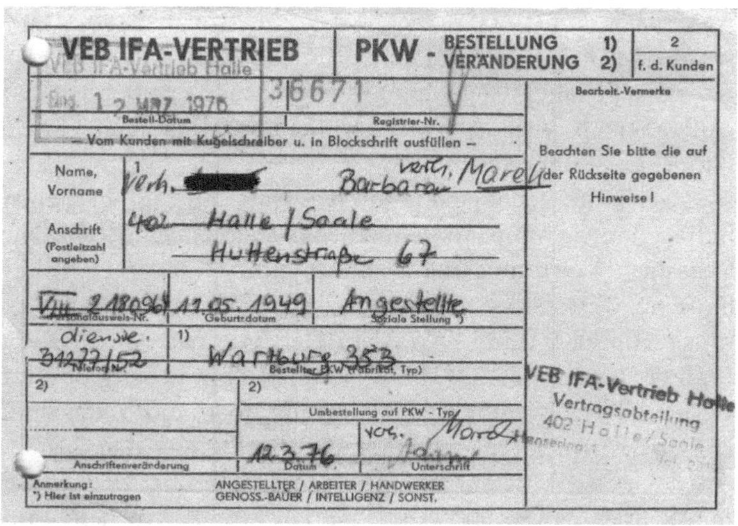
VEB IFA-VERTRIEB
PKW - BESTELLUNG 1) VERÄNDERUNG 2)
2 f. d. Kunden
VEB IFA-Vertrieb Halle
Eing. 12 MRZ 1976
36671
Bestell-Datum
Registrier-Nr.
– Vom Kunden mit Kugelschreiber u. in Blockschrift ausfüllen –
Bearbeit.-Vermerke
Beachten Sie bitte die auf der Rückseite gegebenen Hinweise!
Name, Vorname: verh. Barbara verh. Marek
Anschrift (Postleitzahl angeben): 402 Halle/Saale Huttenstraße 67
Personalausweis-Nr.: VIII 2180961
Geburtsdatum: 12.05.1949
Soziale Stellung *): Angestellte
Telefon-Nr.: dienstl.
Bestellter PKW (Fabrikat, Typ): Wartburg 353
Umbestellung auf PKW - Typ
Anschriftenveränderung
Datum: 12.3.76
Unterschrift: verh. Marek
VEB IFA-Vertrieb Halle Vertragsabteilung 402 Halle/Saale
Anmerkung: *) Hier ist einzutragen
ANGESTELLTER / ARBEITER / HANDWERKER GENOSS.-BAUER / INTELLIGENZ / SONST.

Mareks Anmeldung für ein Auto von 1976. Bis zur Ausreise 1989 war es noch nicht geliefert.

ren sie mit einem Nachschlüssel. Dafür waren sie Tage zuvor in die Schule des Sohnes gekommen und hatten, während dieser beim Sportunterricht war, den Hausschlüssel aus seiner Schultasche geholt und einen Abdruck davon gemacht. Beim Verhör im „Roten Ochsen" wurden Mareks nun aufgefordert, nicht mehr in die Kirche zu den Friedensgebeten zu gehen und sich ruhig zu verhalten, dann dürften sie in absehbarer Zeit raus. „Die haben garantiert geahnt, dass da was kippt in der DDR", meint Barbara. Die Eheleute sagten sich: „Probieren wir das mal. Wenn Ruhe nichts bringt, machen wir weiter." Und sie machten ziemlich schnell weiter. An die Antenne ihres Trabants, den Ingolf von seinem verstorbenen Vater geerbt hatte, befestigten sie ein Stück weißen Stoff, wie manche Leute es tun, die heiraten. In der DDR war das allerdings ein Zeichen, an dem sich Leute mit Ausreiseanträgen erkannten. Barbara überklebte das DDR-Zeichen an ihrem Auto, sodass nur noch das „D" zu sehen war. Bald darauf wurde sie in Halle-Neustadt von einer Motorradstreife der Polizei angehalten. Der Mann in Grün kratzte persönlich den Aufkleber ab, weil so etwas verboten sei. Das kleine weiße Bändchen nahm er auch mit.

Zwei Jahre nachdem sie ihren Ausreiseantrag abgegeben hatten und nichts passiert war, fuhr Ingolf nach Berlin zur Ständigen Vertretung der Bundesrepublik in der DDR. Er hatte im Westfernsehen gesehen, dass Leute über diesen Weg rausgekommen waren. Vor dem Gebäude patrouillierte ein Polizist. Ingolf ging auf die gegenüberliegende Seite und tat so, als ob ihn die Ständige Vertretung überhaupt nicht interessiert. Aus den Augenwinkeln beobachtete er den Posten. Als der einen Moment in eine andere Richtung sah, rannte Ingolf über die Straße. Aber die Tür war zu. In dem Moment, wo der Posten ihn fast am Ärmel hatte, ging sie auf. Der Pförtner bat ihn, in einer bequemen Sitzgarnitur Platz zu nehmen und zu warten. Schließlich kam jemand. Der schrieb zu Beginn ein Wort auf einen Zettel, sodass Ingolf es lesen konnte: „Abhören." Das hielt den Ausreisewilligen davon ab, so vom Leder zu ziehen, wie es ihm sein Herz eigentlich diktierte. Ihm wurde versprochen, dass sich jemand kümmern werde. Ob wirklich etwas unternommen wurde, hat er nie erfahren. Auf jeden Fall war die Familie registriert. Ingolf konnte die Vertretung unbemerkt vom patrouillierenden Posten verlassen.

Aber die nächste Demonstration der Staatsmacht ließ nicht lange auf sich warten. Es geschah ausgerechnet am 10. Dezember 1988, am Tag der Menschenrechte – solche Daten hatten Leute, die Ausreiseanträge gestellt hatten, im Kopf. Es war abends halb neun. Ingolf duschte gerade. Da klingelte es. Barbara dachte, es seien Freunde. Aber als sie die Klinke vom Hoftor betätigte, drückte es auf einmal mit aller Macht von außen gegen die Tür. Sie war zu Tode erschrocken. Sieben fremde Leute drängten herein, sechs Männer und eine Frau: Staatssicherheit. „Wo ist Ihr Mann?" Der war im Bad. Sie rissen die Tür auf, da stand er splitternackt: „Ziehen Sie sich was an", wurde er angeherrscht. Dann fuhren vier Leute mit ihm weg. Bis tief in die Nacht wurde er im „Roten Ochsen" verhört. Die restlichen zwei Männer und die Frau durchsuchten das ganze Haus. Sie fahndeten nach einem Bekannten der Familie, so viel wurde zur Begründung gesagt. Später erfuhren Mareks, dass sich der Bekannte zusammen mit Gleichgesinnten an diesem Tag nach einem Friedensgebet in der Marktkirche mit einer Kerze vor die Tür gestellt hatte. Protest gegen die Zustände in der DDR. Polizisten lösten die Gruppe auf und versuchten, dem Bekannten die Kerze wegzunehmen. Doch er ließ sich das nicht gefallen. Als die Polizisten grob wurden, riss er sich los und rannte davon. Nun suchte ein Großaufgebot nach ihm. Barbara bat die Stasileute, im Schlafzimmer den achtjährigen Sohn nicht zu wecken. Er würde schreien, wenn plötzlich fremde Menschen reinstürmten. Aber das war ihnen egal. Sebastian blieb glücklicherweise gefasst. Er ahnte etwas. Seine Eltern hatten ihn immer auf dem Laufenden gehalten über das, was die Familie vorhatte, und welche Rolle die Leute von der Staatssicherheit dabei spielten.

Nach der Hausdurchsuchung wurde die Familie eine Woche lang überwacht. Die Spitzel agierten dabei keineswegs im Verborgenen. Sie standen vor dem Haus, sie fuhren hinter ihnen her und sie standen vor den Arbeitsstellen, sie blieben ihnen auf dem „Boulevard" beim Einkaufen auf den Fersen. Sie versuchten, die Mareks mürbe zu machen. Den gesuchten Flüchtigen haben die Genossen schließlich in einem Dorf bei Halle ergriffen und zwei Tage festgehalten. Später durfte er ausreisen und lebt jetzt in Düsseldorf. Barbara und Ingolf beschlossen: „Jetzt gehen wir denen noch mehr auf den Keks. Wir müssen hier raus." Ingolfs Mutter schrieb an den bayerischen Ministerpräsidenten Franz Josef Strauß. Der gab den Fall an das Büro des Ostberliner Anwalts Wolfgang Vogel weiter und an die Westberliner Anwältin Barbara von der Schulenburg, der Beauftragten der Bundesregierung für die Familienzusammenführung von Ost- und Westdeutschen. Ob das was genützt hat, wissen sie bis heute nicht. Damals fühlten sie sich etwas sicherer. Sie hofften, dass die Staatssicherheit davon erführe und deshalb nicht mit ihnen machte, was sie wollte. Später lasen sie in ihrer Stasiakte, dass ihre Namen auf Internierungslisten standen. Für den Fall, dass es in der DDR Volksaufstände gegen die Regierung geben würde, hatte die SED Internierungslager planen und Namenslisten vorbereiten lassen, damit Regimegegner schnell eingesperrt werden konnten. Barbaras und Ingolfs Namen waren aber wieder durchgestrichen worden. „Die Internierung der Mareks hat sich erledigt durch Ausreise", stand auf der letzten Seite der Stasiakte.

Das Haus, in dem sie in Dölau wohnten, verkauften Mareks, als sie ihren Ausreiseantrag stellten. Denn man durfte die DDR nicht verlassen, wenn man offene Verbindlichkeiten hatte oder Grundstücke nicht verkauft waren. Doch konnten sie nicht verkaufen, an wen sie wollten. Wer ein Haus oder Grundstück anbot, musste dies beim Rat der Stadt in eine Liste eintragen lassen. Kaufinteressenten bekamen Nummern zugeteilt. Wenn die Nummer an der Reihe war, wurde den Interessenten mehr oder weniger nach Gutsherrenart ein Objekt angeboten. So kam es, dass Mareks Haus, zufällig oder nicht, an einen Kollegen von Ingolf ging. Der gab ihnen schriftlich, dass Mareks so lange wohnen bleiben dürften, bis sie ausreisen würden. Er zahlte ihnen 17.500 DDR-Mark. Doch schon nach sechs Wochen fing er an, sie zu drängen. „Jetzt müsst ihr aber mal langsam raus", verlangte er, klagte vor Gericht, verlor aber. Doch er machte weiter Druck. Die nächste Verhandlung leitete ein anderer Richter und Ingolfs Kollege hatte einen Anwalt, der wohl, wie sie später erfuhren, bei der Staatssicherheit war. Mareks fanden jedenfalls seinen Namen in den von der „Bild"-Zeitung veröffentlichten Stasilisten für Halle. Der Kollege begründete vor Gericht seinen Sinneswandel damit, dass er selber in einer baufälligen Wohnung wohne und die Mareks ja überhaupt nicht wüssten, ob sie jemals aus der DDR herausgelassen würden. Das Gericht forderte die Familie Marek auf, in die Wohnung des Klägers nach Ammendorf zu ziehen. Da sagte Ingolf: „Wir haben verloren, wir nehmen unsere Sachen und ziehen auf den Markt und bleiben da sitzen. Wir gehen nicht in eine Wohnung, die von der Baupolizei und vom Gesundheitsamt gesperrt ist." Aber so weit kam es nicht.

Mitte Januar 1989 wurde dem Ehepaar beim Rat des Stadtbezirkes verkündet, dass sie ausreisen dürften. Allerdings wurde noch kein Datum genannt. Die beiden nahmen es ohne sichtbare Gefühlsregung auf. Sie bekamen einen Laufzettel mit Namen von Behörden und Einrichtungen, bei denen sie sich abmelden und damit nachweisen mussten, dass keine Verbindlichkeiten mehr bestanden: Energie, Sparkasse, Wasserwirtschaft, Kultureinrichtungen und anderes. Dann verlangten die Behörden Listen mit allem, was die Familie aus der DDR mit in den Westen nehmen wollte, von der Nadel bis zum Schrank. Auch ihre 500 Bücher mussten aufgelistet werden, mit Titel, Verfasser, Erscheinungsjahr und Verlag. Ingolf brauchte für seine Briefmarkensammlung ein Zertifikat über deren Wert und kulturhistorische Bedeutung. Besonders wertvolle Güter hätten sie nicht mitnehmen dürfen. Dann saßen sie 14 Tage auf gepackten Koffern. Denn ihnen war gesagt worden, dass sie erst 24 Stunden vor der Ausreise erfahren, wann und von wo es losgeht. Zugleich verbot man ihnen, wenn sie den Zeitpunkt wüssten, diesen anderen mitzuteilen. Die Genossen hatten Angst, es würden sich zur Verabschiedung andere Ausreisewillige auf dem Bahnhof einfinden und es gäbe ein öffentliches Hallo. Das Umzugsgut wurde erst nach ihrer Ausreise von einer westdeutschen Spedition abgeholt. Barbara und Ingolf hatten Freunde gebeten, dabei zu sein. Bezahlt werden musste das in Westmark. Sie borgten sich das Geld, bekamen es aber vom westdeutschen Staat erstattet.

Am 28. Januar 1989 war es so weit. Vier Jahre und vier Monate nachdem sie ihren ersten Ausreiseantrag gestellt hatten, verließen Barbara, Ingolf und Sebastian mit dem Zug von Leipzig aus die DDR. Ohne einen Pfennig Geld. Das Umtauschen von DDR-Geld in D-Mark wurde ihnen nicht erlaubt. Engste Freunde und Barbaras Sohn aus erster Ehe, der damals 21-jährige Mischa, begleiteten sie zum Bahnhof. Er verkündete dort, dass er nun auch raus wolle. Im Sommer 1989 schaffte Mischa es über die westdeutsche Botschaft in Prag. Zusammen mit Hunderten anderen DDR-Flüchtlingen erlebte der Hallenser dort den historischen Augenblick, in dem der ehemalige Hallenser und große Freund dieser Stadt, Bundesaußenminister Hans-Dietrich Genscher, verkündete, dass ihre Ausreise in den Westen genehmigt worden sei.

Es war dunkel, als die Familie Marek die Grenze erreichte, aber der Stacheldraht war hell erleuchtet. Überschäumende Freude kam nicht auf. Sie hatten kaum noch Kraft, nach dem Stress und der bis zuletzt bangen Ungewissheit. Sie fuhren nach Gießen, durchliefen die Prozedur im Notaufnahmelager, dann weiter nach Regensburg zu Ingolfs Mutter.

Jetzt galt es, das neue Leben zu organisieren. Dabei wurde die Freude über die Freiheit erst einmal etwas getrübt. Barbara fand keine Arbeit als Sekretärin. Sie sei mit Ende dreißig schon zu alt, hieß es ganz offen auf dem Arbeitsamt. So absolvierte sie einen Computerkurs, den das Arbeitsamt finanzierte. Anschließend war sie ein viertel Jahr arbeitslos. Sie kümmerte sich selbst und fand einen Job als Pflegehelferin in einem Altersheim des Roten Kreuzes. Nebenher ließ sie sich zur Altenpflegerin ausbilden und wechselte dann in die Evangelische Wohltätigkeitsstiftung in Regensburg. Das Anerkennungsverfahren für Ingolfs Studienabschluss dauerte ein Jahr. Aber er ging nicht wieder in die Gastronomie, sondern heuerte bei einer Versicherung an, später bei einem Kücheneinrichter. Dann trat er eine Stelle als hauswirtschaftlicher Betreuer bei einem gut situierten älteren Ehepaar an. Mischa und Sebastian betrieben einige Jahre eine Szenekneipe, die sie schließlich verkauften. Sebastian blieb in der Gastronomie, aber in Berlin. Mischa kaufte sich ein Segelboot und segelt über die Weltmeere. Zwischendurch jobbt er.

Von den Westdeutschen fühlten sich die Mareks freundlich bis herzlich aufgenommen. Die Menschen dort haben ihnen nie das Gefühl gegeben, „Ossis“ zu sein. Barbara fand es anfangs nur ein bisschen merkwürdig, wenn sie ihre Geschichte erzählte, dass Kollegen tröstend meinten: „Na, jetzt seid ihr ja in Deutschland.“

Das schöne Gefühl, es endlich geschafft zu haben, dauerte nach ihrer Ausreise aber nur ein paar Monate. Denn dann fiel die Mauer. Als sie es im Fernsehen sahen, kam bei ihnen keine Freude auf. Was hatten sie nicht alles unternommen und hingenommen, um diesem System zu entfliehen. Jetzt stürzte es plötzlich in sich zusammen. Sie hätten ihre Heimat nicht verlassen, ihr Haus nicht verkaufen müssen. Solche Gedanken gingen ihnen durch den Kopf, während auf der Mattscheibe jubelnde und weinende Menschen den Todesstreifen durchquerten, ihr großes Gefängnis DDR hinter sich lassend. Dann siegte aber auch bei ihnen die Freude, zurück wollten sie allerdings nicht. Ihnen gefällt ihre neue Heimat Regensburg. Für ihr Haus in Halle bekamen sie eine Entschädigung vom Amt für offene Vermögensfragen, ein paar Tausend Euro, ausgezahlt in Raten über einige Jahre. Sie hatten nachweisen können, dass sie das Haus verkaufen mussten und das Geld nicht mitnehmen durften. Von dem hatten sie vor der Ausreise noch ein paar brauchbare Dinge gekauft, einiges verschenkt und so manches haben sie quasi zum Fenster hinausgeworfen.

Barbaras Mutter war es nach dem Ende der DDR sehr schwer gefallen zu erkennen, dass die Ideologie, die ihnen eingebläut worden war, nicht ins Glück führte. Wenn Barbara und Ingolf heute in Halle sind, freuen sie sich an der Wiederauferstehung der Stadt, an den bunten Fassaden und der lebendigen Kneipenszene. In ihrer Wohnung in Regensburg hängen eine Federzeichnung vom Hallmarkt, ein Foto ihres alten Hauses und eines von ihrer Kirche in Dölau.

Wo wollt ihr wirklich hin?

Michael und Cordula Hoffmann, 1989 über Ungarn geflohen, damals 26 und 23 Jahre alt

Es war eine nervöse Stimmung in der DDR, im Sommer 1989. Einerseits schaute so mancher vom Sozialismus Gebeutelte hoffnungsvoll zum „großen Bruder" Sowjetunion. Dort hatte Michail Gorbatschow 1985, nach seiner Wahl zum Generalsekretär der Kommunistischen Partei, begonnen, einen menschlicheren Sozialismus zu entwickeln. Für seinen Reformversuch standen die Begriffe „Glasnost" (Offenheit) und „Perestroika" (Umstrukturierung). Andererseits hatten viele im Osten keine Hoffnung, dass sich dieses System grundlegend ändern könnte. Die führenden Genossen in der DDR machten auch kaum einen Hehl daraus, dass sie Gorbatschows Kurs ablehnten. Sie setzten auf Einschüchterung der Menschen statt auf Reformen. Frustriert stellten deshalb immer mehr DDR-Bürger Ausreiseanträge. Michaels Antrag war Anfang des Jahres abgelehnt worden. Jetzt lief dem 26-Jährigen die Zeit davon. Unangenehme Post war gekommen. Im Herbst sollte er zur Nationalen Volksarmee eingezogen werden. Aber der Pfarrerssohn hatte dem Wehrkreiskommando bei der Musterung mitgeteilt, dass er als Pazifist den Dienst verweigern werde. Darauf stand Gefängnis. Zivildienst gab es auch im 40. Jahr des Bestehens der DDR nicht. Cordula war erst seit kurzer Zeit mit Michael zusammen. Doch für sie stand fest, wenn er geht, geht sie mit und wenn er nach Sibirien aufbrechen würde. Auch sie fühlte sich in der DDR eingesperrt. Besonders bewusst wurde ihr das 1987, als sie zur Hochzeit ihrer Cousine im Westen, mit der sie regen Briefkontakt hatte, keine Reisegenehmigung bekam. So lief Michael mit seinem Drang in die Freiheit bei ihr offene Türen ein. In der Tagesschau des Westfernsehens hatten sie im Sommer gesehen, dass DDR-Bürger unbehelligt aus Ungarn über die Grenze nach Österreich geflüchtet waren. Das war ihr Signal.

Michaels ältere Geschwister waren bereits 1981 und 1984 nach langen Kämpfen mit den Genossen in den Westen ausgereist. Ihnen war, wie Michael, der Zugang zur erweiterten Oberschule versagt worden. Die Begründung des Direktors war immer die gleiche: „Wer nicht in der FDJ ist, nicht zur Jugendweihe geht und die vormilitärische Ausbildung ablehnt, kann nicht an der Oberschule zu einem sozialistischen Kader ausgebildet werden.“ Michael war nach der zehnten Klasse mit einem erstklassigen Zeugnis nach Hause gekommen. Noch im laufenden Schuljahr hatte er sich nach einer Lehrstelle im handwerklichen Bereich umgeschaut. Ihn interessierten Berufe wie Automechaniker, Elektriker, Tischler. Doch nirgendwo gab es eine Zusage. Besonders unangenehm erinnert er sich an den Waggonbau Ammendorf. Der Betrieb verfügte über eine riesige Tischlerwerkstatt mit vielen Lehrlingen. Michael wurde auch zu einem Bewerbungsgespräch eingeladen. An dessen Ende stellte man ihm eine schriftliche Antwort in Aussicht. Tags darauf erzählte ihm ein Mitschüler, der am selben Tag zum Vorstellungsgespräch im Waggonbau war, er habe sofort eine Lehrstelle als Tischler bekommen. Michael war perplex. Er wusste, dass sein Zeugnis zum Teil erheblich besser war als das des Schulkameraden. Einige Tage später brachte ihm die Post eine Absage ins Haus. Gründe für die Ablehnung standen nicht drin. Vielleicht fürchteten die Ausbilder, selbst Schwierigkeiten zu kriegen, wenn sie einen einstellen, der nicht in der FDJ war. Diese Tatsache hatten sie erst im Gespräch erfahren.

Die zehnte Klasse war fast vorbei und Michael hatte noch immer keine Lehrstelle. Da halfen Mitglieder der Kirchengemeinde, Ärzte aus dem Bezirkskrankenhaus in Dölau. Sie ließen Michael wissen, wo er seine Unterlagen einreichen sollte, dort wüsste man Bescheid. So wurde er drei Jahre zum Krankenpfleger ausgebildet. Anschließend wollte er trotzdem aus der Atmosphäre eines staatlichen Krankenhauses heraus und wechselte in das katholische Barbarakrankenhaus. Dort qualifizierte er sich zum Anästhesiepfleger und lernte die Kinderkrankenschwester Cordula kennen. Sie stammt aus einem katholischen Elternhaus in Helbra. FDJ und Jugendweihe waren kein Thema. Der Vater ist Elektriker und hatte schon damals einen kleinen Handwerksbetrieb mit Laden. Katholisch und selbständig, das war, wie bei Pastoren, nicht gut für die Bildung der Kinder. Die erweiterte Oberschule fiel für Cordula ebenfalls aus. In der achten Klasse war sie aufgrund ihrer sehr guten Leistungen von der übergeordneten Schulbehörde mit einer Reise in die Sowjetunion ausgezeichnet worden. Doch der örtliche Direktor verweigerte die Zustimmung. Er erklärte der Schulbehörde, Cordula sei mit ihrer politischen Haltung nicht qualifiziert, offiziell ins sozialistische Bruderland zu fahren. Die zehnte Klasse schloss Cordula mit „sehr gut" ab. Ihren Ausbildungsplatz im Barbarakrankenhaus bekam sie ohne Umwege.

Michael wollte die DDR nicht nur wegen der ungleichen Bildungschancen und der drohenden Inhaftierung wegen Wehrdienstverweigerung verlassen. Er empfand, wie viele seiner Freunde, die ganze Atmosphäre als bedrückend. Ihrem Eindruck nach war der Staat generell misstrauisch gegenüber den Bewohnern. Wenn man abends durch die Stadt ging, gab es immer wieder Polizeistreifen, die ohne ersichtlichen Grund Ausweise kontrollierten und einen regelrecht verhörten, was man denn noch auf der Straße wolle. Das war für Michael die totale Willkür. „Die Leute lebten in einer ständigen Bedrohungssituation“, sagt er.

Schon als Schüler hatte er eine prägende Begegnung mit der Staatsmacht. Ein Freund und er waren per Rad von Halle in die Gegend von Stendal zu Verwandten unterwegs. In Magdeburg fragten sie einen Polizisten nach dem Weg. Der nahm sie zu ihrer Überraschung mit aufs Revier. Dort kam jeder in einen extra Raum. Sie wussten nicht, wie ihnen geschah, als sie ihre Rucksäcke auspacken mussten, gefilzt und verhört wurden. Die Polizisten fragten den einen jeweils über den anderen aus und ob die Eltern von der Fahrt wüssten. Anschließend saßen die Schüler wieder stundenlang allein in einem Raum. Keiner erklärte, warum sie festgehalten wurden. Erst abends ließen sie die beiden gehen. Da standen sie im Dunkeln in der fremden Stadt. Weit nach Mitternacht erreichten sie ihr Ziel. Die Volkspolizisten hatten vielleicht geargwöhnt, dass die Jungs in den Westen hatten abhauen wollen. Später erfuhren sie, dass Polizisten auch bei ihren Eltern in Halle aufgekreuzt waren. Die sollten sagen, wo ihr Kind ist, mit wem es unterwegs ist und was es am Zielort will. Erst nachdem sie die Geschichte ihrer Jungs bestätigt hatten, wurde den völlig verstörten Eltern gesagt, was diese Fragerei sollte.

Als Michael im Herbst 1988 seinen Eltern eröffnete, dass er auch einen Ausreiseantrag stellen wolle, versuchten sie ihn abzuhalten. Nicht nur, weil schon zwei ihrer fünf Kinder im Westen waren. „Bleib doch hier“, sagte sein Vater. „Hier werden bald wache Leute gebraucht, mehr denn je.“ Er hatte Mitglieder in seiner Gemeinde mit Einblick in die DDR-Wirtschaft. Die sagten, die Planwirtschaft sei am Ende. Überall gebe es versteckte Arbeitslosigkeit. In den volkseigenen Betrieben würden Leute weit über den Bedarf beschäftigt, weil es in der DDR aus ideologischen Gründen keine Arbeitslosen geben durfte. Dazu kam die Versorgungsmisere, die jeder in den Geschäften sehen konnte. Aber Michael traute der Entwicklung nicht so wie sein Vater. Im Sommer 1989 sah er seinen Argwohn bestätigt. In Peking richtete das chinesische Militär ein Blutbad unter Studenten an, die auf dem Platz des himmlischen Friedens für Demokratie demonstrierten. Die DDR-Volkskammer zeigte in einer Stellungnahme Verständnis für die „Niederschlagung einer Konterrevolution“. „Das kann also auch in der DDR passieren“, sagten sich Michael und Cordula. Von ihren Plänen erzählten sie ihren Eltern nichts, damit diese bei Verhören nicht in Schwierigkeiten gerieten.

Nachdem die beiden von der Fluchtmöglichkeit über Ungarn gehört hatten, beantragten sie Urlaub und zugleich Touristenvisa für 14 Tage. Sie glaubten eigentlich nicht daran, welche zu bekommen, Michael mit laufendem Ausreiseantrag und der Einberufung im Schubfach. Sie hofften aber, dass die Behörden den Überblick verloren hatten. Denn es brodelte in der DDR an vielen Stellen. Die Genossen waren im Dauerstress.

Der tägliche Blick in den Postkasten wurde zur Marter. Mit dem, was da drin lag, entschied sich der Lebensweg. Die ersehnten Briefe kamen. Michael erhielt vom Stadtbezirk West ein Visum für zehn Tage. Cordula wohnte im Stadtbezirk Ost. Sie bekam nur eine Reisegenehmigung für fünf Tage. Erklären konnten sie sich das nicht. Aber egal. Um dummen Fragen an der Grenze aus dem Weg zu gehen, packten beide nur Sachen für fünf Tage Urlaub. Eine Schachtel Pralinen und eine Flasche Wein legten sie dazu, für ihre ungarischen Gastgeber. Das war aber nur Teil der Show für die Grenzer. Am letzten Arbeitstag wurde Cordula von einer Kollegin gefragt, die auch einen Ausreiseantrag laufen hatte, wohin denn ihr Urlaub ginge. Sie antwortete wahrheitsgemäß: „Nach Ungarn.“ Da schaute die Kollegin mit wissendem Blick und sagte: „Cordula, ihr wollt abhauen." Für den Bruchteil einer Sekunde war Cordula verdutzt, dann antwortete sie: „Klar, wir wollen abhauen." Alle fingen an zu lachen. „Schöner Scherz."

Am 25. September morgens um fünf ging es los, in Richtung Grenzübergang Zinnwald. Dort standen sie mit ihrem alten, orangefarbenen Käfer in einer Reihe von Trabis. Vor ihnen einer mit umhäkelter Klopapierrolle im Heckfenster. Darüber konnten sie sich diesmal gar nicht lustig machen. Michael war schweißnass. Würden die Grenzer etwas ahnen, etwas wissen? Angestrengt schaute er, wie bei anderen Reisenden kontrolliert wurde. Die Wächter schauten in der Regel nur in die Fenster, ließen sich die Papiere geben. Zweimal mussten welche aussteigen. Dann krochen die Kontrolleure in die Autos und drückten auf den Polstern herum. Jetzt waren Cordula und Michael dran. Die Grenzer nahmen die Ausweise und sagten: „Fahren Sie bitte mal raus, da drüben in die Kraftwagenhalle." Michael musste das Auto über eine Grube stellen. Daneben wurden ihnen Sitzplätze zugewiesen. Die Kontrolleure räumten den Wagen leer und zerlegten ihn. Die Türverkleidungen mussten weichen, ebenso Abdeckteile aus dem Motor- und dem Kofferraum. Mit Drähten stocherten sie in allen Öffnungen herum. Die Schlafsäcke wurden geröntgt. Sie zählten die Unterwäsche und filzten die Adressbücher. Bei einigen Adressen von Freunden und Verwandten im Westen wollten sie wissen, wer das sei und warum sie die Adressen bei sich haben. Für Urlaubspostkarten natürlich.

Das junge Paar war dreimal froh, dass sie das Gastgeschenk dabeihatten und die ungarische Adresse. Diese hat die Grenzer ganz besonders interessiert. Am Ende lagen die Teile um das ganze Auto herum. Ihre Sachen waren auf einem langen Tisch ausgebreitet. Cordula und Michael saßen leicht eingeschüchtert daneben und betrachteten stumm die Szene. Sie dachten, die könnten ihre Gedanken lesen. Gott

Das „Fluchtauto“ von Michael und Cordula Hoffmann. ©Michael Hoffmann

sei Dank hatte Michael in die Lenksäule kein Geld eingebaut und die Zeugnisse lagen auch zu Hause. Trotzdem fürchteten sie, dass man ihnen irgendetwas unterstellt, dass die gar nichts finden mussten, um ihnen doch etwas anhängen zu können. Zu dieser Zeit ging in Halle das Gerücht um, dass Grenzer das Visum zerreißen würden und behaupten, man hätte gar keins gehabt. Es gab keine unabhängige Justiz, bei der man gegen staatliche Willkür hätte klagen können.

Irgendwann hatten die Grenzer genug und verließen die Halle. Michael und Cordula mussten das Auto wieder zusammenbauen und einpacken. Danach wurden sie durchgewinkt. Sie fuhren eine halbe Stunde und sagten kein Wort. Dann fingen sie an wie verrückt zu schreien: „Wir sind durch, wir sind durch, wir haben es geschafft.“ Doch schon setzte die nächste Panik ein. Würde man sie über die nächste Grenze lassen? Sie wussten, dass die Tschechen dicke Freunde der DDR waren, während die Ungarn sich schon von den sozialistischen Brüdern lösten.

Am tschechisch-ungarischen Übergang blickten sie in die Mündungen von Maschinenpistolen. Anders als an der Grenze DDR/ČSSR war das Personal an der Grenze zu Ungarn sichtbar bewaffnet und trug Kampfanzüge. Michael lief wieder der Schweiß unter dem Hemd am Körper hinab. Sie reichten ihre Papiere aus dem Fenster. Was die beiden Grenzer untereinander sagten, verstanden sie nicht. Nach kurzer Zeit bekamen sie alles zurück. Etwa 200 Meter weiter warteten blaue Uniformen, die Ungarn. Einer beugte sich herunter zu Michael und legte eine Hand auf das Dach. Ein Ungar, wie man ihn sich vorstellt, leicht dunkelhäutig, mit einem imposanten Schnauzbart. Er grinste in das Auto hinein und fragte in gebrochenem Deutsch: „Na, wohin?“ Michael buchstabierte mühselig den kleinen Ort in der Nähe von Budapest, wo sie offiziell hinwollten. Der Ungar nickte, klopfte mit der flachen Hand auf das Auto und fragte: „Und wo dann hin?“ Michael nannte die Adresse. Der Ungar fragte wieder: „Wo wollt ihr wirklich hin?“ Michael versuchte ihm klarzumachen, dass sie dort Urlaub machen wollten. Da lachte er noch einmal ganz laut, klopfte ein letztes Mal auf das Dach und sagte mit breitem Grinsen: „Okay.“ Da war ihnen klar, der wusste, dass sie auf der Flucht in den Westen waren.

Auf der anderen Seite hielten sie im nächsten kleinen Städtchen und überlegten: „Tun wir es jetzt oder tun wir es nicht?“ Sie sahen Wegweiser in Richtung Grenze, wussten aber nicht, ob sie mit dem Auto nach Österreich durchkamen. Sie hatten nur gehört, dass die Wachen beide Augen zudrücken, wenn Flüchtlinge zu Fuß das Grenzgebiet überschritten. Es war sehr heiß. Die Klamotten klebten. Zwei Grenzen hatten sie schon geschafft. Sie wollten es hinter sich bringen. Langsam rollten sie in Richtung Österreich. Die ungarischen Grenzer lümmelten entspannt in ihrem Glaskasten herum, die Ärmel hochgekrempelt und winkten sie durch. Die beiden Flüchtenden waren skeptisch. Alles wirkte so unwirklich. War das wirklich das letzte Hindernis auf dem Weg in die Freiheit? Langsam rollte ihr Käfer weiter. Auch bei den Österreichern war nichts los. Der Beamte nahm ihre Ausweise und verschwand in seiner Kabine. Sie warteten gespannt, waren jedem in Uni-

Michael und Cordula Hoffmann in Österreich, 1990. ©Michael Hoffmann

form gegenüber misstrauisch. Nach kurzer Zeit kam der Österreicher wieder, gratulierte ihnen zur gelungen Flucht und gab ihnen einen kleinen Wegeplan.

Es war dunkel geworden. Plötzlich ein heller Schein, den sie sich in dieser Einöde nicht erklären konnten. Eine Tankstelle. Hell wie der Tag. So etwas hatten sie noch nie gesehen. Sie stiegen aus, stellten sich davor und machten ihr erstes Foto im Westen. „Flüchtlinge vor Tankstelle vor untergehender Sonne." Leider ist es nicht so gut geworden. Nach ein paar Kilometern stießen sie auf ein großes Militärzelt, umgeben von Trabis und Wartburgs und Škodas. Drinnen wurden sie jubelnd empfangen von anderen Flüchtlingen, die gerade verpflegt wurden. Keiner musste etwas bezahlen. Es war ziemlich spät, als sie sich wieder auf den Weg machten, ausgerüstet mit Tankgutscheinen von den netten Österreichern.

Dann wurde es noch mal völlig verrückt. Sie wollten bis nach Bayern kommen. Aber das Auto ging kaputt. Der vierte Gang sprang immer heraus. Sie mussten den Ganghebel festhalten, die ganze Fahrt durch Österreich über die Autobahn.

Als Cordula dran war, schlief sie manchmal ein und ließ los. Dann heulte der Motor jeweils auf. Tief in der Nacht erreichten sie die deutsche Grenze in Passau. Die Beamten waren ebenfalls müde, begrüßten die beiden aber freundlich in ihrem alten VW mit DDR-Kennzeichen. Für Flüchtlinge wie sie war in Bayern alles perfekt vorbereitet. Sie bekamen eine kopierte Landkarte, auf der mit einem bunten Textmarker der Weg zum Auffanglager Deggendorf gekennzeichnet war. Die Beamten fragten, ob sie noch genug Benzin hätten. Es reichte. Im Lager hatten sie kaum das Auto abgestellt, da kam jemand mit einer Liste. Während sie ihre Daten eintrugen, drückte ihnen jemand einen Stapel Einwegbettwäsche in die Hand und zeigte ihnen die Kantine. Dort gab es einen Schlag Reis, obendrauf Gulasch, dazu etwas zu trinken. Dann hieß es: „Ein Bett suchen, beziehen, hinlegen, morgen geht es weiter." Sie schlichen sich in die Halle, die ziemlich gut belegt war. Ab in ein Doppelstockbett. Alle anderen schliefen, unterhalten konnten sie sich nicht und so dachte jeder für sich über diesen Tag nach. Noch am Morgen war nicht klar gewesen, ob man am Abend als geschnappter Flüchtling in einem DDR-Gefängnis sitzt oder aus dem Westen den Genossen eine Nase drehen kann. „Danke, lieber Gott." Vier Grenzen hatten sie an diesem Tag überschritten.

Am nächsten Morgen wurden sie nach dem Frühstück in einen großen Raum geschickt. Da standen viele Tische, das heißt, Platten auf Böcken. Darauf lagen neue Textilien. Auf einem anderen Tisch türmte sich ein riesiger Berg neuer Turnschuhe, in allen Größen. „Bedient euch", hieß es. Danach fuhr ein Bus vor und brachte so viele Flüchtlinge wie reinpassten zu einer provisorischen Meldestelle, ein weiterer Teil der perfekten Organisation des riesigen Flüchtlingsstroms aus der DDR. An vielen provisorischen Schreibtischen saßen viele echte Beamte. Die Hallenser legten ihre Ausweise vor. Es wurden Passfotos gemacht, Stempel drauf gedrückt und sie waren Bundesbürger. In einem anderen Raum wurden sie gefragt, wo sie hinwollten und ob man helfen könne. An der Wand hingen jede Menge Fernsprecher. Sie durften kostenlos Verwandte anrufen. Dann bekamen sie wieder Tankgutscheine und es ging weiter nach Wiesbaden zu Verwandten von Michael. Cordula musste wieder den Ganghebel festhalten. Die Einfahrt in Wiesbaden bei Nacht hat sie fast umgehauen. Eine so beleuchtete Stadt kannten sie nur aus dem Fernsehen. Die prächtige Wilhelmstraße, ein Kulturschock.

Einige Wochen wohnten sie bei den Verwandten. Den Käfer brachte eine Werkstatt wieder in Schwung, sodass sie beweglich blieben. Der Krankenpfleger und die Kinderkrankenschwester fragten in mehreren Kliniken nach Arbeit und hatten gleich drei, die sie unbedingt wollten. Obwohl sie keine Papiere vorlegen konnten. Überall hieß es: „Wann können Sie anfangen, morgen? Was brauchen Sie?“ Sie entschieden sich für die Universitätsklinik Mainz, weil da jeder wieder in seinem Spezialgebiet arbeiten konnte, Cordula auf der Intensivstation für Frühgeborene, Michael als Anästhesiepfleger. Ihre Zeugnisse brachte Michaels Bruder von einem Besuch in Halle heimlich in seinem Auto mit. Nach drei Wochen waren die beiden schon wieder mitten im Leben. Sie hatten Arbeit, wohnten in einem Wohnheim der Klinik, hatten sich ein anderes gebrauchtes Auto gekauft. Immer wieder kamen die neuen Kollegen oder Menschen aus der Kirchengemeinde und schenkten ihnen etwas: Kleidung, Küchengerät, einen Fernseher, Bettwäsche, Wolldecken. Alle waren begeistert, dass den beiden jungen Leuten die Flucht geglückt war. Und die erlebten zum Teil lustige Dinge bei der Erkundung ihrer neuen Heimat.

So steuerten sie einmal neugierig auf einen Supermarkt zu. Da kam eine Frau und bot ihnen ihren Einkaufswagen an. Sie wollten ihn nehmen, doch nun verlangte die Frau eine Mark.

Cordula dachte: „Eine Mark für den Korb? Mein schönes Westgeld.“ Sie nahmen den Wagen nicht. Die Frau schaute verdutzt, als wären die beiden vom Mond. Dass die Mark nur als Pfandchip diente, damit die Leute den Wagen wieder zurückbringen, wussten die neuen Bundesbürger nicht. So etwas gab es in der DDR nicht. Auch keine Passbildautomaten. Michael setzte sich hinein, warf Geld ein – nichts passierte. Er grinste eine ganze Weile – nichts passierte. Ratlos stand er auf. In diesem Moment kam fünfmal das Blitzlicht. Auf dem ersten Bild sah man noch gerade so seine Rückseite. Er hatte die Anleitung missverstanden.

Nach einem Jahr überlegten sie, wie es beruflich weitergehen soll. Michael entschied für sich, dass es zu spät war, das Abitur nachzuholen und Medizin zu studieren. Das hätte zwölf Jahre gedauert. Er wälzte Zeitungen, schaute, was mit seiner Qualifikation noch möglich wäre und stieß auf Pharmareferenten. Die Ausbildung würden die Firmen bezahlen. Das war interessant. Er muss heute noch lachen, wenn er daran denkt, wie er vorging. Völlig unkundig verschickte er handgeschriebene Bewerbungen mit einem Automatenfoto, auf dem er ein ausgewaschenes T-Shirt anhatte, dazu raspelkurze Haare. Es passierte längere Zeit nichts. Dann meldete sich der damals weltgrößte Pharmakonzern Glaxo. Die Personalreferentin begrüßte ihn beim Vorstellungsgespräch mit den Worten: „Na, es geht doch.“ Sie spielte auf Michaels Anzug und Krawatte an, die er jetzt selbstverständlich trug. Lächelnd erklärte sie, dass sie ihn unbedingt kennenlernen wollte. Sie wollte wissen, was hinter dieser Bewerbung für ein Typ steckt. Michael wurde Pharmareferent, lernte jede Menge, flog in der Welt herum. Aber nach fünf Jahren suchte er eine neue Herausforderung und landete in Hamburg bei einem Logistikunternehmen für Medizinprodukte. Er entwickelte sich zum Vertriebsleiter. Heute ist er Unternehmensberater im Gesundheitswesen. Cordula hat zwei Jahre in der Uniklinik in Mainz gearbeitet. Dann absolvierte sie ein Fachabitur und studierte an der Fachhochschule in Mainz Betriebswirtschaft im Krankenhauswesen. Nebenbei schob sie Dienste in der Klinik. Sie schloss mit „sehr gut“ ab und wurde in Hamburg Controllerin in einem Krankenhaus. Dann bekam sie ihre drei Kinder.

Die Eltern von Cordula und Michael hatten nach der Flucht ihrer Kinder überraschenderweise keinen Stress mit der Polizei. Sie vermuten, dass die DDR-Behörden genug zu tun hatten. Da waren die von DDR-Flüchtlingen besetzten westdeutschen Botschaften in Budapest und Prag, die Friedensgebete der Kirchen hatten enormen Zulauf und die Leute begannen hinterher draußen zu demonstrieren. Die hoch verschuldete Wirtschaft lag am Boden.

Am 10. November 1989 kam Cordula morgens zum Frühdienst in Mainz. Da lief ihr aufgeregt eine Kollegin hinterher und erzählte freudestrahlend, dass die Mauer gefallen ist. Michael erfuhr es auch erst von Arbeitskollegen. Große Gefühle kamen bei ihnen zunächst nicht auf. Sie waren selbst noch wie leicht betäubt, so neu wie sie im Westen waren. Der Osten war weit weg, im Kopf und geografisch. Wenige Tage später kündigte sich Michaels Schwester aus Westberlin an. Nach acht Stunden in immer neuen Staus von Ostdeutschen in ihren Trabis und Wartburgs in Richtung Westen gab sie auf und kehrte um. Heute ist für Michael und Cordula das Thema Wiedervereinigung und die Freude darüber weit weg. Arbeitsplätze, Rente, Gesundheit, Terrorismus, das sind die Themen der Zeit. Ihren Kindern erzählen sie von der DDR, so wie ihre Eltern ihnen vom Weltkrieg erzählen.

An Halle haben sie ihr Interesse nie verloren. Sie nehmen Anteil an der Entwicklung der Stadt. Die unangenehmen Dinge verblassen. Michael erinnert sich gern an die Zeit, in der

Berlin, Brandenburger Tor, 2009. ©Michael Hoffmann

er mit seiner Jazzband „Freeling“ musizierte. Auch die ewige Bastelei an seinem uralten VW Käfer geht bei ihm mittlerweile als schöne Zeit durch. Er freut sich, dass für ihn eine Uniform nur noch ein Kleidungsstück und keine Drohkulisse mehr ist, wie in der DDR. Er weiß es zu schätzen, dass er nicht wegen Wehrdienstverweigerung ins Gefängnis musste. Seine berufliche Entwicklung hat sich auch ohne Studium so erfüllt, wie er sich das nicht hat träumen lassen. Cordula hat einige Jahre die drei Kinder großgezogen. Dann nahm sie wieder eine Stelle als Controllerin in einer großen Berliner Klinik an. Sie sagt zum Leben der ganzen Familie: „So gut hätte man das gar nicht planen können.“